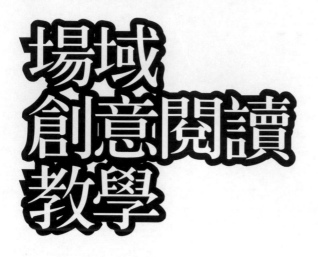

場域創意閱讀教學

黃紹恩 著

前言

　　閱讀的最終目的在於理解語文成品本身所具有的內涵形式，理解是一連串認知心理的循環歷程。閱讀是各種學習的基礎，完善的閱讀教學在於以創意的方式善於安排場域裡的教學互動。本研究採用現象主義方法、閱讀社會學方法、社會學方法、基進教學理論來建構場域創意閱讀教學理論。當中有關場域創意閱讀教學的新開展則緣於：主體發展欲求與場域創意閱讀教學、社會意識更新亟需與場域創意閱讀教學和文化演進期待與場域創意閱讀教學。而場域創意閱讀教學則可分為四部分：一、學校場域創意閱讀教學——全面性的創意閱讀教學、說演故事及科際整合與多媒體運用的輔助創意閱讀教學；二、故事屋場域創意閱讀教學——無中生有的創意閱讀教學、讀者劇場與故事劇場的輔助創意閱讀教學；三、教養院場域創意閱讀教學——製造差異的創意閱讀教學、布偶劇與廣播劇的輔助創意閱讀教學；四、志工培訓場域的創意閱讀教學——半全面性的創意閱讀教學、說演故事的輔助創意閱讀教學。因此，在所有的場域創意閱讀教學中設計相關的教學活動來作為場域創意閱讀教學理論的佐證；希望可以自我提升閱讀教學的成效、回饋給相關場域的教學者改善閱讀教學的方法，以及提供學校及社會教育擬訂政策的參考資源。

序

　　在基金會服務已將近六年的我，雖然所從事工作內容為推廣品格教育，但是所推廣的方法為利用說故事、閱讀帶領等閱讀技巧，因為閱讀為學習的基礎，也在此過程中看到孩子們因為閱讀許多關於品格教育的讀物，而看到孩子們行為上的改變，因此讓我們更堅信做好閱讀教育，必能教會孩子學習各種事物，這其中當然也包括品格這部分了。

　　閱讀的最終目的在於理解語文成品本身所具有的內涵形式，理解是一連串認知心理的循環歷程。閱讀是各種學習的基礎，完善的閱讀教學在於以創意的方式善於安排場域裡的教學互動。本研究採用現象主義方法、閱讀社會學方法、社會學方法、基進教學理論來建構場域創意閱讀教學理論。當中有關場域創意閱讀教學的新開展則緣於：主體發展欲求與場域創意閱讀教學、社會意識更新亟需與場域創意閱讀教學和文化演進期待與場域創意閱讀教學。而場域創意閱讀教學則可分為四部分：一、學校場域創意閱讀教學——全面性的創意閱讀教學、說演故事及科際整合與多媒體運用的輔助創意閱讀教學；二、故事屋場域創意閱讀教學——無中生有的創意閱讀教學、讀者劇場與故事劇場的輔助創意閱讀教學；三、教養院場域創意閱讀教學——製造差異的創意閱讀教學、布偶劇與廣播劇的輔助創意閱讀教學；四、志工培訓場域的創意閱讀教學——半全面性的創意閱讀教學、說演故事的輔助創意閱讀教學。

　　因此，在所有的場域創意閱讀教學中，我設計相關的教學活動來作為場域創意閱讀教學理論的佐證；希望可以自我提升閱讀教學的成效、回饋給相關場域的教學者改善閱讀教學的方法，以及提供

學校及社會教育擬訂政策的參考資源。期望能藉著本書的出版，讓
從事此四場域的閱讀教學者能有更寬廣的視野。

目次

圖目次

表目次

第一章　緒論

第一節　研究動機

　　我個人於財團法人黃烈火社會福利基金會服務已將近六年，所從事的工作內容為推廣品格教育，以閱讀為推廣手段，而基金會的服務對象為全民，因而需要到各種場域去推廣品格教育，然而，在進行品格教育的推廣活動上，發現如把閱讀教育作得紮實，自然在學童身上看到品格教育的再現。所到處有在國小、基金會內故事屋、教養院以及故事志工培訓的場域，而對象則有學齡前孩子、國小學童、特殊兒童或身心障礙人士以及一般民眾。以上場域以及對象在現在多元的社會裡的比例雖不多，但在品格教育的推廣上算是大多數。而在這四場域裡各有各的教學對象以及教學方法，因此引起我對如何在這四場域進行品格閱讀教學的研究動機；我深信如果能整理出有關此四場域的閱讀教育進行方式，就能對日後想從事此四場域的閱讀教學的人提供有效的閱讀策略。

　　然而，放眼臺灣教育現行潮流為閱讀教育，大多數集中在國小上，而國小教育礙於體制，往往壓縮了閱讀的時間，而坊間也在大力推廣閱讀，但還沒有人將創意跟閱讀作大膽的結合。究竟閱讀還可以如何的有創意？在我所工作的基金會內，常會訪談故事屋內的家長有關於他們子女的閱讀，有的人跟我說：閱讀不是學校會教嗎？我只是把書借回來給他們看就好了；有更進一步想法的家長會說：我都會唸故事給他們聽，但只是照圖畫書上的唸出聲而已；有的家長就是到處帶孩子去各地方聽故事。我到偏遠地區的學校作閱

讀與品格教育時，得知老師很用心，會將閱讀的情境融入到校園內，例如閱讀牆、閱讀角落等，但是一個國小生能有多少的閱讀時間？現實是我們必須在有限的時間內，提供有創意而令學童有興趣的閱讀活動，才能真正讓孩童喜歡閱讀，進而愛上閱讀；但是只有從孩童身上著手還是不夠的，閱讀應該是全民的運動，如果像故事屋的家長們把閱讀交給其他人，那麼閱讀的效果是會大打折扣的。既然閱讀是全民運動，我們該著眼的就不只是孩童身上，近年來學校晨間閱讀活動的盛行，因而許多學校都有所謂的說故事志工進駐校園，而這些故事志工大都是憑著一股熱情而志願到學校說故事給孩子聽，有時還會配合學校閱讀活動而進行。然而，說故事固然需要一股熱情，但千篇一律的說故事，難免會使活動稍嫌單調。如何使說故事變得有趣、有創意，就憑各志工的本事。基金會看到這個需求，因此持續開辦說故事培訓班，如何把說故事變得有趣的本領教授於志工，同時讓志工變成更有自信，又是一大艱鉅任務。

高敏麗（2005）的研究中提到九年一貫的課程規畫中，國語文領域課程的實施時間，嚴重不足。因此，普遍在國小的閱讀教學場域裡已經有問題，如何在有限的時間內達到閱讀教學的目的，變成是老師們所煩心的事；尤其基金會近年來接觸偏遠地區的小學，老師們的工作繁重，如何以社會福利的角度提供協助，是為基金會首要任務。由我帶領的故事夢想列車專案活動已在桃園縣內三所偏遠地區的小學實施近一年多，活動辦法為每月一次，利用學校的彈性二節課時間，由說故事志工進行全校性的閱讀活動，除了說故事之外，還加入的故事延伸活動。在這段時間內，我看到了偏遠地區小學老師們以及學童們的熱情，我還見到了因為參與此活動因而成長的志工媽媽；當然剛開始進入校園時，老師們是有點興趣缺缺，但是二次過後，老師們開始有了跟志工們的互動，例如會詢問志工媽媽挑故事的重點，還有延伸活動的創意發想是從何而來，而學童們總是殷殷期盼志工媽媽的到來，學校也配合此項活動，將當次所說

的故事列為圖書室的好書推薦，並為班級共讀書籍，使整個專案計畫實行起來有如虎添翼的妙處。當然其中還一些有待解決的問題，例如圖畫書在中高年級運用上，有老師反映太過簡單，是否可以運用經典文學名著。因此，在教材的選擇上，以及志工的專業訓練等是有待加強的。

　　說故事在這幾年變成了一種流行，每到週末時，各圖書館或是一些私人機構都會推出說故事活動；不管是用說的，用演的，還是用寫的，每個屬於孩子的故事都是幫助他們建立自我形象的力量。（黃孟嬌譯，1998）因此，基金會在五年前也成立一個故事屋，原本的目的是希望可以藉此推廣創辦人的理念，但後來不僅推廣了創辦人的理念，同時也搭上了閱讀的腳步。有很多孩子就在基金會裡面聽故事長大，同時家長在陪伴孩子聽故事時，也接收很多不同的觀念，例如某次故事屋裡的故事是圖畫書《我有友情要出租》，故事是描述一隻大猩猩要交朋友的故事，故事都圍繞著大猩猩和小女孩之間的友誼，但是最後小女孩要搬離叢林，大猩猩又沒有朋友了。在這本圖畫書的文字上，並沒有提到最後大猩猩有沒有再去交新的朋友，但是在圖像上繪者巧妙安排一隻小老鼠從頭到尾都會出現，最後還跟大猩猩一起看夕陽，這時經過故事媽媽巧妙的問孩子問題後，讓孩子明白其實朋友就在你身邊，雖然他很渺小卻是你最忠實的朋友，如果再延伸出去就是幸福就在你身邊。一本圖畫書經過了志工媽媽反覆的閱讀，可以咀嚼出這麼多有趣而深具道理的地方，進而分享給孩子與家長。曾有家長在聽完這個故事後，跟我說他好感動，因為他覺得自己總是孤單一個人在處理所有家務事，生活真的很累，甚至有時候會抱怨，但是透過由志工媽媽分享這個故事，他發現其實生活並沒那麼困難，因為身旁的家人隨時隨地都有在付出，只是自己選擇看不見。這是一件多麼鼓舞人心的事情，原來透過說故事不只孩子感覺閱讀好好玩，連家長也在受惠。

　　進入教養院說故事是基金會一大嘗試，第一，我們所服務的對象大都為無家可歸的孩童，他們小小的心靈也大多受過創傷；第二，雖然院童不多，但混齡而居，從學齡前到國中三年級都有。他們都是經由社會局轉介而來的孩子，所以在面對他們時，必須要以更專業、小心的態度去服務。為他們服務，應是身為社會福利機構所應該做的事；在服務的過程中，我看到了社工們的熱忱還有耐心，但因為院童們本身或多或少都有一些問題，像是有發展遲緩、暴力傾向、自閉等特殊兒童的現象，而院童們也不大會長期待在院內。雖然他們被安置後還是有繼續接受國民教育，但普遍課業上的表現不是很理想，更別提閱讀。不過，讓人欣慰的是，說故事能很快的引起院童的興趣，看他們專注的聽故事的模樣，就能知道說故事是推廣閱讀的一大利器，但是我們還是必須解決以上許多問題。

　　志工是社會福利機構所必須具備的，志工除了要接受志工服務法規中所必須做的基礎以及特殊志工訓練外，運用單位如基金會，也必須提供更進一步的教育訓練，因此基金會提供了說故事培訓的課程，課程時數以及內容自訂，但是必須符合服務內容所必須要的技能。曾經有一個例子讓我印象深刻，有位志工媽媽第一次接觸此類的的培訓課程後，就深深愛上說故事這件事。雖然他的孩子已經過了床邊聽故事的年齡，但是由於參加此次的訓練，先在基金會內的故事屋服務，後才進入校園當晨光媽媽。她曾經跟我說，因為有那次的訓練，讓她有勇氣去面對更多的孩子；現在她不僅在基金會服務，同時也在國小以及社福館內服務。但隨著說故事的盛行，早期類似的培訓課程至今已越來越少機構願意承辦，有的人認為說故事很簡單，以為拿一本圖畫書就可以，殊不知其中有些專業技能才能使一個故事生動。然而，在訓練課程本身的規畫也是相當重要，如何讓來接受訓練的志工們可以充分吸收，又要讓課程本身有創意卻是一大挑戰。基金會辦理此訓練已有五年近百場的課程，為了要讓此訓練可以持續，對承辦人員來說也是一大挑戰。

　　綜合以上四個說故事的場域，雖各有各的不同處，從說故事到閱讀的相關研究非常的多，我個人參閱了許多書籍以及相關文獻，不外是從朗讀故事、延伸故事內容到對故事有批判的思維活動等等，尚未有人以場域及創意的相關概念來作相關研究。在場域創意閱讀教學上，應從主體發展欲求到社會意識更新，最後到文化演進期待等三個層面去探討，才能使整個閱讀教學研究更深入，且貼近教學本身並解決以上問題。

第二節　研究目的與研究方法

一、研究目的

　　在閱讀教學這個領域，已有許多人為它付出心血耕耘，但是在眾多的理論當中，實際上並未能完全解決教學時所遭遇到的問題。林璧玉（2009：6）的研究中提到，在不同場域的教學，老師能運用的教學方法相對不同、師生各自的心態也不一樣，而且師生之間互動的方式各有差異、甚至學生的來源與組成也不一……等因素，在在都會影響到教學的效果。這正反映了我目前所處的情況。林璧玉（2009）還提出「場域」的概念，讓我可以藉此概念來推演出所面臨的困境與解決的方法，因為閱讀教學更需要有此概念的支持。在實施創意閱讀教學中，學生是否有創意的表現，最重要的影響因素就是老師。本研究針對學校場域、故事屋場域、教養院場域以及志工培訓場域這四種場域建構創造性的閱讀教學策略，希望能解決這四場域中會遭遇到的問題。因此，在上述研究本身的目的外，又擬出以下三個研究者的目的：
(一) 為自我提升閱讀教學的成效。
(二) 為回饋給相關場域教學者改善閱讀教學的方法。
(三) 為提供學校及社會教育政策擬訂的參考資源。

二、研究方法

　　為了達到上述綜合的研究目的，本研究以理論建構的方式先架構出理論基礎，然後再輔以相關的成果說明，讓本研究的整個脈絡更加清楚而可以供人依循。在這裡所提到的理論建構，周慶華《語文研究法》一書有簡要的論述：

　　　　理論建構，講究創新。大致上從概念的設定開始，經由命題的建立到命題的演繹及其相關條件的配置等程序而完成一套具體系且有創意的論說。

（周慶華，2004a：329）

據此在進行研究之前，必須先設定相關的概念，才能確認所欲研究的問題以及所要達到的研究目的。本研究要建構的理論，必須先將所涉及的面向一一列出。在研究場域創意閱讀教學的意涵上涉及場域、創意、創意閱讀教學之間的關係，這樣形成了概念一：場域、創意、創意閱讀教學。

　　此概念形成後場域閱讀教學還涉及到有關場域這部分，在不同場域中，必須有相對應的教學方法，才能使教者與被教者有比較好的互動方式，以達到最好的教學效果。這就形成了概念二：學校場域、故事屋場域、教養院場域、志工培訓場域。

　　概念一與概念二都設定後，接著要建立命題以確認所要發展的觀點。我所建立的命題有五：場域創意閱讀教學有它的必要性（命題一）；學校場域創意閱讀教學適合全面性開展（命題二）；故事屋場域創意閱讀教學可考慮透過無中生有帶動（命題三）；教養院場域創意閱讀教學可考慮透過製造差異帶動（命題四）；志工培訓場域創意閱讀教學適合半全面性開展（命題五）。根據先前的論述，場域創意閱讀教學所涉及的範圍很廣，雖然關於閱讀教學的論述非

常多,但未有人刻意把場域以及創意的概念帶入閱讀教學中。這三者其實是相輔相成,場域的不同影響教與被教者的互動關係,而要提升閱讀效果,就得要有創意,這成了我的主要研究目的所在。因此,這就可以進一步展開命題演繹:本研究的價值,可以自我提升閱讀教學的成效(演繹一);本研究的價值,可以回饋給相關場域的教學者改善閱讀教學的方法(演繹二);本研究的價值,可以提供學校及社會教育擬訂政策的參考資源(演繹三)。

　　茲將「概念設定」、「命題建立」及「命題演繹」的發展進程,圖示如下:

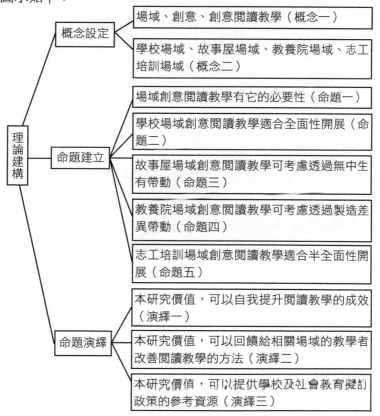

圖 1-2-1　場域創意閱讀教學理論建構示意圖

理論架構圖清楚明白後，將在後面各章節中逐一析理印證。而為達研究目的，本研究所採用的方法如下：

（一）現象主義方法

在本研究的第二章文獻探討裡，將現有關於閱讀教學、創意閱讀教學場域創意閱讀教學的實施及各種教學的設計等論述，就個人的經驗所及作個探究。現象主義方法，指的探討是凡是顯於現意識中或為意識所及的對象的方法。（周慶華，2004a：95）如「（文學現象）包括一切關於文學的人、事和作品」及其「彼此之間互動的複雜關係」。（李瑞騰，1991：43）在閱讀教學、創意閱讀教學以及場域創意閱讀教學中，從所用的題材，諸如圖畫書、布偶劇本、廣播劇本等以及文獻本身都為文學作品；而說演故事，則以演出布偶劇、廣播劇等為例，是為文學現象中的事，而所從事這些活動的人當然為其關鍵。在各文獻中已有許多人為閱讀教學付出諸多心血著墨，倘若能透過現象主義的方法，從中理出各理論對閱讀教學的貢獻，而加以整理分析和批判其不足，必能使本研究的主題場域創意閱讀教學的進行更加順利。然而，在本研究中，因礙於個人經驗的有限，所以只針對我意識所及的對象作檢視而有關「場域」中的「社會空間」，所涉及的社會環境、師生互動、學生心理、教室氛圍……等複雜的變化，也只限於顯現自己意識中或意識所及的部分作相同的處理。

（二）閱讀社會學方法

第三章所要探討的主題是場域創意閱讀教學的新開展，會運用到專門處理閱讀的社會性的閱讀社會學方法。周慶華（2007：56）指出既然閱讀教學是一種不對等的發言關係，而基於基進創新的要求又不能不放手讓學習者在社會化的過程中盡情馳騁，那麼最終所要落實的閱讀教學活動的機動安排，就有一個自我一併受用的「藍

圖」可以依循。這個藍圖，首先要設定確立閱讀的「體制性」（為過去／為現在／為未來的人閱讀）；其次要讓該體制性進入具體的社會情境中「存在活躍」；再次要為該社會情境內部釐清實質的關係網絡。（周慶華，2003）而這個關係網絡就是相關閱讀教學活動要進行機動性安排的起點，也是整體方法所能展現實力的極致範疇：

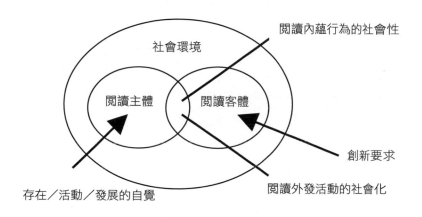

圖 1-2-2　閱讀教學活動關係圖

資料來源：周慶華，2007：57。

　　創造力所以是我們生活意義的主要來源，理由不一而足。這裡我只提兩項重要的：其一，大多數有趣的、關鍵的、合於人性的事物，都是創造力的產物。其二，人類基因的成分有 98%與猩猩相同，而我們與猩猩有別者，像語言、價值、藝術表現、科學領悟與科技，是因為個人的才情受到肯定與獎勵，並經由學習而傳承的結果。倘若非創造力，人之異於猿猴者幾希！（杜明成譯，1999：10）也就是說，場域創意閱讀教學在閱讀主體發展上是有必要的且是基於人類本身自我實現的發展；其次現今社會資訊化下的結果，導致人們對於閱讀教學於社會上的共識已有非常大的改變，例如：在現今社

會的各閱讀教學場域上都已經電子資訊化，教學者可以任意從網路上下載各類知識以結合閱讀教學，而被教者也從網路上學習更多元化的知識，教者與被教者已經不是以往單向式的教學模式，而是互相有來有往的溝通式教學。這是社會意識的更新下，亟需場域創意閱讀教學來推動閱讀教學。再來是不能不談到的是文化演進上的期待，前面已提及創意是人類進化的動力，而場域創意閱讀教學更是閱讀教學上所必須進化的一環。

緊接本章後要探討的是，各場域中的創意閱讀教學。本研究試以我個人所接觸的學校場域、故事屋場域、教養院場域以及志工培訓場域作為研究對象，各場域所觸及的議題也可以閱讀社會學方法加以研究及探討，有不足處就以以下方法來搭配因應。

（三）社會學方法

本研究的第四章到第七章要探討的是場域和創意閱讀教學的課題，場域和創意閱讀教學密不可分，不同的場域有不同教學法，因此在探討場域時會運用到社會學方法。社會學方法，是指研究社會現象的方法（雖然該社會現象也都要以語文形式存在或創發為語文形式才可被掌握）。但是這裡特指研究語文現象或以語文形式存在的事物所內蘊的社會背景的方法。（周慶華，2004a：87）在本研究中「場域」的概念，涉及地理空間及社會空間，必須藉助社會學方法來進行探究。因此，在學校場域、故事屋場域、教養院場域以及志工培訓場域的閱讀教學情況，採用社會學方法的觀察法，以發覺在這四個場域中，教學者與學習者互動後的閱讀效果；另外在閱讀教學方面，因涉及較多專業且深入的層面，所以採文本社會學的方式進行。周慶華（2004a：89）就點出，這種相關語文現象或以語文形式存在的事物所內蘊的社會背景的解析，大體上有兩個層次：一是解析語文現象或以語文形式存在的事物是如何的被社會現實所促成；一是解析語文現象或以語文形式存在的事物又是如何的

反映了社會現實。閱讀教學推行已久，不論是在學校場域或是在坊間都打著閱讀教學的名義在進行，但是閱讀教學本身的意涵卻鮮少有人深入探討。在這社會的大環境中，究竟人為何而閱讀？閱讀又能如何？本研究試著從這兩個方向來探討場域創意閱讀教學的發展。

（四）基進教學理論

在本研究的第四章到第七章除了用社會學方法外，還要兼採基進教學理論來進行研究。基進（radical），曾經被限定為一種空間和時間中的特殊的相對關係。而它被運用時，有衝破一切藩籬的效力和不拘格套的自主性（傅大為，1994）；而基進策略是要用來形塑新的教學方法利器的，無非在於對一切可能流於規制化的範式的突破，這就是基進教學理論。（周慶華，2007：335～336）前面各研究方法所探究的多著墨於場域與閱讀教學，在創意這部分就以基進教學理論加以檢視，用意在於檢視如在現今的學校場域、故事屋場域、教養院場域以及志工培訓場域中閱讀教學的創意作為。如在「閱讀教學的選材依據」方面，這也可以放寬視野而有「制式的選材依據」、「非制式的選材依據」和「另類的選材依據」等幾種情況的考量設定。（周慶華，2007：53）本研究所涉及的四個閱讀教學場域的教學內容，在制式化的學校場域中，因為受限於能力指標或是課程內容，比較受限定；至於非制式的教材，則可不受部頒的課程綱要的限制，但它仍有符合典範或典律的約定要求。（周慶華，2007：55）如基金會是因應創辦人的理念[1]而設立，而在推行活動

---

[1] 如財團法人黃烈火社會福利基金會創辦人黃烈火先生認為孩子是國家的未來，培養他們判斷是非的能力，在教育中注入品格的陶冶及道德的啟發，這正是全世界都刻不容緩的兒童教育重點。透過良善的社會環境薰陶、積極參予團體活動、有效的親子溝通模式、人格良知啟發的兒童活動等等……

時必須以他的理念來推展。雖然在選材上有受部分限制，但仍在非制式的「自主性」內自由靈活運運該閱讀材料；而最後在「另類的選材依據」方面，是專門以創新文化和帶領風潮為考慮，這是比制式／非制式的選材更上一層，也是場域創意閱讀教學所必須考慮的方向。雖然如此，上述三類可以運用的教材，它們彼此有些難以割捨的「交集」還是不能忽略，而這再有一個「分合運用」的觀念可以型塑：

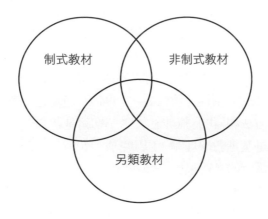

圖 1-2-3　三類教材「分合運用」圖示

資料來源：周慶華，2007：56。

　　當然要檢視創意如何在各場域的運用，不僅要看教材的選擇，在教學者本身是否能打破藩籬而對創意閱讀教學上多一點心思且加以運用也是一個關鍵。基進教學理論要研究的就是在各場域中有無創意的可能作為，並加以析理且彙整定案。

───────────────────────────────

讓學校、家庭、社會全面性的一同正視。因而在推廣活動時應以兒童六大理念而行，六大理念為：整齊清潔、獨立自主、品行端正、友愛助人、知恩感恩、長幼有序。

　　每種研究方法都有它的侷限，無法顧及研究對象的每個層面。因此，倘若將上述研究法互相搭配運用，必對本研究有相當大的幫助。

第三節　研究範圍及其限制

　　本研究的範圍與限制，大致可分為場域及創意閱讀教學兩大部分來說明。首先以場域部分來說，在「場域」方面，場域所涵蓋的面向非常的廣泛，舉凡教學的地點、教室的空間、師生的互動、教學的情境……等，如果全部的因素都要顧及，則有感於時間、能力的有限，所以本研究選擇我個人工作所涉及的學校場域、故事屋場域、教養院場域以及志工培訓場域。由於我所涉入這四個場域的時間有限，所以只能就這四場域的特徵作大方向的創意閱讀教學整理以及探討，而無法深入細分。此外，本研究需將它固定為三大範圍，分為制式場域、半制式場域以及非制式場域。學校場域為制式場域，教學者在推行閱讀教育時，需配合國民教育的九年一貫課程以及課程綱要，因此在教材選擇上，會有比較多的限制，且我並未在校服務，因此我比較會站在第三者的立場去看學校場域的創意閱讀教學之發展，而學校場域的範圍在本研究中侷限在國小教育，國中並不列入研究範圍內。而參與故事屋場域和教養院場域的孩童也不太一樣，如故事屋裡的學員為會員制，學員必須受到基金會內某程度上的規定約束；而教養院孩童，則是因為家庭因素受到社會局的安置，孩童在受到保護下而在這個場域內生活，但和故事屋一樣，孩童停留在這場域的時間並不長，如果要作長期追蹤其閱讀效果恐不是本研究所能勝任的，這是本研究的一大限制。最後是志工培訓場域，志工培訓的目的是為了讓閱讀推廣更多元化，對象是成年人的志工，而辦理志工培訓的單位有很多，礙於我個人的能力和時間的有限，只能就我所接觸過的單位加以研究整理。在本研究的資料

收集上，故事屋場域、志工培訓場域可加入自己的經驗，但學校場域和教養院場域的資料收集，因涉及時間不長以及所擁有的學識背景也有差異，因此只能靠觀察去收集，礙於時間與人力，觀察的對象無法太多，這可能會造成信度不足的問題，就成了本研究的第二個限制。最後一項限制是，由於本研究是理論建構，沒機會作實證研究，所以在實證研究上可能會有特殊情況發生而無法預先料想，造成理論建構的普遍有效性還有待考驗。

其次要談的是創意閱讀教學這一部分，以創意閱讀教學來說，本研究的範圍主要朝向藉由「創意閱讀教學法」的分析來提點。而關於「創意閱讀教學」，依上節的研究方法，採用的是基進教學理論來總綰發揮。大體上本研究以「無中生有」或「製造差異」為判別的依據，其中無可避免會加入個人主觀意識的解讀；尤其是在無中生有的部分，僅能就個人本身所運用過或是接觸的教學法中因無前例可循，所以研判為「無中生有」的教學法。

閱讀教學者所需要具備的廣博的語文經驗及創新文化的洞見和實踐願力等條件，得部分表現在閱讀教學的教材選擇上。（周慶華，2007：53）因此，在學校場域上除了教學法必須創新外，教材的選擇也必須有所創見。由於學校場域是制式場域，所以教學者在進行閱讀教學時，其實不只受到課程綱要的限制，連在實施的時間上也受到其他科目的切割而變得零碎。

創意閱讀教學需與場域作結合，不同的場域得有不同的創意閱讀教學，才能使教學效果達到最好的狀態。本研究旨在探討在學校場域、故事屋場域、教養院場域和志工培訓場域中結合不同的創意閱讀教學，而在各自的場域中也必須各自結合跨領域的教學才能使教學豐富且具創意。跨領域是一種經驗的連結或統合，而經驗則有知識性的、規範性的和審美性的。因此，跨領域也就成了知識經驗、規範經驗和審美經驗的連結和整合，如運用在教學法上，便有以下圖示：

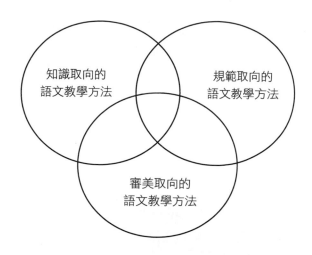

圖 1-3-1　三大取向的語文教學法關係圖

資料來源：周慶華，2007：254。

　　創意閱讀教學主要在一個觀念的轉換，例如在《看故事學語言》中的一則小故事，所表現出的三種語文經驗：

> 李方膺是清代有名的畫家，他畫的松竹梅蘭菊，筆墨豪放，意趣橫生，很受當時一般人的喜愛。
>
> 有一天，李方膺到一個好朋友家作客，這個朋友同時也請了許多客人來吃飯。酒席間大家閒談，話題突然轉到繪畫方面。有一個客人說：「世界上什麼東西都好畫，就是有個東西畫不了！」別人問他是什麼東西？他只回答一個字：「風。」
>
> 在場的人聽了，也都覺得「風」的確太抽象了，它既看不見，也抓不著，要把風畫出來，真的很困難。因此，每個人都沈默不語，似乎已經同意這個客人的看法。

可是就在這時候，李方膺站起來，告訴大家：「能，風也能畫。」

儘管李方膺語氣堅定不移，可是疑惑不相信的表情，仍然顯露在每個人的臉上。李方膺不得已，只好當眾揮毫作畫。不一會兒的工夫，他果然把「風」畫出來了，這就是今日我們見到的〈瀟湘風竹圖〉。

（賴慶雄，1991：189～190）

故事中大家都不相信捉摸不定的「風」可以用畫筆畫出來，但是李方膺另外用人們的聯想來顛覆「風，不能被畫出來」的想法。本來抽象的事物，要用具體的畫筆去呈現本來是不可能的事，李方膺藉助竹子獨特具體的形象，畫出風中的竹子，竹竿粗壯，堅勁挺拔，和竹葉的飛動，恰巧形成動靜強烈的對比，無異是一種「知識性的製造差異」；另外當所有的人幾乎要同意這位客人所說的「事實」，李方膺卻打破這個沈默，當眾揮毫作畫，破除大家的疑惑，就像是打破大家所認定的規範，此為屬於「規範性的製造差異」範疇；最後是「風」在李方膺的揮灑下，不但有了可視的形象，而且從竹枝飛舞，竹葉互相碰擊中，似乎還可以聽到碎瓊亂玉的叮咚聲，這就是「審美性的無中生有」的範疇。閱讀教學法要有創意就要從這三大語文經驗中去擷取精采的部分。

　　從「知識取向的語文教學法」到「規範取向的語文教學法」到「審美取向的語文教學法」，可說已經賅備了所有我們所能思慮設定的語文經驗探取的教學方法範圍。（周慶華，2007：299）除了以上所提的教學法之外，周慶華（2007：299）還指出，還有一種「語文教學方法的新趨勢」，他稱為「統整性教學方法」，這些教學理念，約略是指統整性／科際整合／多媒體運用等等。其關係圖如下：

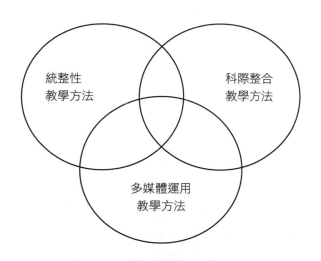

圖 1-3-2 統整性教學法關係圖

資料來源：周慶華，2007：300。

　　據上述的資料分析結果來論述場域的大致特性及可用的創意
閱讀教學方法，有一個概括性的了解，但並不能推論到特殊情況的
場域教學，只能提出大致的方向；特殊的場域教學情況需要再依當
時所處的場域特性來訂定適合的教學策略，而這已經超出本研究的
對象範圍了。

第四節　名詞釋義

一、場域

　　場域的理論是建基在「我們的社會是處於一個逐漸分化的過
程」這一事實上。社會演化的趨勢是出現因社會分工而產生的世

界、領域、場域。不同生產組織下的技術分工，社會分工涵蓋整個社會，因為它使得宗教、經濟、法律、政治等功能得以區隔的分化過程。(孫智綺，2003：79) Bourdieu 認為「社會」是一個空洞的概念，所以在他的理論中以場域或社會空間的概念來代替。Bourdieu 所用的「場域」的概念，並非四周圍以籬笆的場地，也非「領域」的意義，而是一種「力場」。也就是說，「場域」是由各種社會地位和職務所建構出來的空間，其性質決定於這些空間中個人所佔據的社會地位和職務。不同的地位和職務，會使建立於職務佔有者之間的關係，呈現不同性質的網絡體系，因而也使各種場域的性質有所區別。因此，場域就像磁場一樣，它是權力軌道所構成的系統，或是各種客觀力量所構成的系統。(邱天助，1998：120)

場域也會因為成員的特殊利益要求而產生衝突、鬥爭，例如哲學場域、政治場域、文學場域等等，都存在著支配者與被支配者。Jenkins 針對 Bourdien 的界定加以補充，他說場域是一種網絡關係，一種社會區域概念，是鬥爭、策略發生的場所，甚至是行動者進行下注的場所。(周新富，2005：55)

綜合上述學者對場域的定義，可知場域存在於社會各處，也都可以成立大大小小、各門各類的「場域」，我們可以說臺灣是一個場域，臺北是一個場域；宗教是一個場域，科學也是一個場域；藝術場域、文學場域……等。「場域」這個概念現今已被廣泛用於教育學領域，其理論基石是：學校系統也是由一個客觀關係(教師、學生、行政管理者、組織制度等所互相相構而成的關係)所塑造的獨特社會空間。基於此，本研究所要探討的是學校、故事屋、教養院、志工培訓這四種不同的社會空間所進行的創意閱讀教學需配合「場域」的特性而進行不同的的教學活動，所以本研究的「場域」概念簡單以下列的圖來作說明：

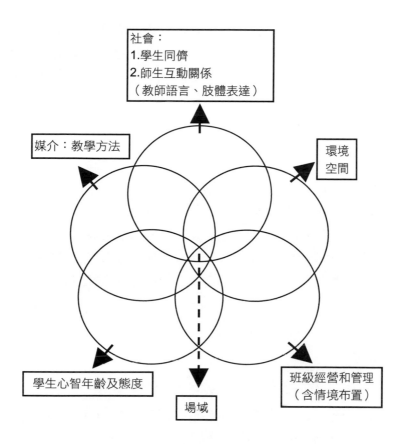

社會：
1.學生同儕
2.師生互動關係
（教師語言、肢體表達）

媒介：教學方法

環境
空間

學生心智年齡及態度

場域

班級經營和管理
（含情境布置）

圖 1-4-1　場域概念圖

資料來源：林璧玉，2009：57。

　　本研究所要探討的四個場域：學校場域、故事屋場域、教養院場域以及志工培訓場域，如同上圖所示。本研究所要談的場域包括了：學生同儕以及師生互動關係、教學方法，環境空間、學生心智年齡及態度和班級經營與管理。由上節所述四個場域的範圍及限制，本節再繼續大致說明各場域的特性。由於學校場域以為大眾所

認知，所以並不多作贅述。故事屋場域係指一個半開放性的空間，由一個多位教學者，在臺上說演故事給某些特定對象以進行閱讀教學，如財團法人黃烈火社會福利基金會的故事屋，孩童的年齡多為學齡前至國小二年級為限，採會員制，一個月進行一次閱讀教學，方式以說演故事還有作 DIY 延伸活動為主，其他如圖書館或是其他民間團體的故事屋也大致同此方面進行。而教養院場域的閱讀教學對象多為社會處所安置的孩童，年齡從學齡前到國中三年級都有，每次進行閱讀教學活動時會把年齡限制在國小六年級以下，由於院童身分特殊，因此在進行主題活動之前，必須跟社工人員有充分溝通才能進行。而志工培訓場對象為成人，培訓目的在於培養散發閱讀種子的教師（在此非特指學校教師而言；對任何學習閱讀活動者而言，進行閱讀教學者都為教師），場地空間會隨規畫者而有所不同。

二、創意

「創意」是什麼？這是一個在這社會上常會被提及的問題，問得更深入一點就是，這樣做有創意嗎？這是一個有創意的點子嗎？以下有個小故事，點出大都數人的疑問：

> 趙自強在某個活動中訪問了一位小朋友，那位小朋友自稱自己是一個很有創意、很有頭腦的人，他們爸媽也在旁大點其頭。

> 但是趙自強很快就發現，這位小朋友的聰明和創意，全部來自於──「為反對而反對」：你要他往東，他偏要往西；一般的答案是黑，他硬要說白；你請他安靜聽大家說話，他蹦蹦跳跳、插嘴打斷其他小朋友的敘述……總之，完全失控！當作者帶著求救的眼光看著他爸媽的時候，卻看到他的父母開心得不得了，臉上散發著驕傲的笑容！（林佑齡譯，2006：8）

　　上述故事所說的古靈精怪的小朋友是否真的有創意？可想而知因為自私搞怪、自以為是的「創意」，也許可以換來一時的掌聲，卻對世界、對社會、對家人沒什麼幫助。

　　曾志朗（1999）曾在洪蘭所譯《不同凡想》一書的專文推薦，指出「發現」、「發明」和「創造」（creation）在科學上的層次是不同的。哥倫布發現新大陸是「發現」，因為新大陸早就在那，他不發現總有一天也會被別人發現；發明大王愛迪生發明燈泡是「發明」，因為當時各種條件都已具備，也有其他人在進行相同的研究，不是愛迪生必然也有別人會發明燈泡。只有「創造」是不同的，創造是無中生有，它的個人性很強，每個人創造的作品不一樣，因為別人不是你。在許多研究者的心靈上，「創造力」與「解決問題」之間的關係非常接近。Guilford（1986）認為基本上這些術語是指相同的心理現象。有些研究者則明確地指出「創造力」是一種特殊的問題解決形式。例如，Newell、Shaw 和 Simon 就將「創造力」活動描述為是一種特殊種類的問題解決活動，其特性是新奇的、非傳統的、持續的、以及在問題形成上是困難的。（引自張世慧，2003：5）

　　強調「創意」的展現處處可見，創意教學、創意學院、創意廣告、創意設計……等等，而回到上文所提何謂「創意」？而「創造力」又有何不同？舉例來說，如果你早上起床刷牙，發現停水了，你便要立即解決這個「事件」，而解決這個事件所產生的對策，就是「創意」。簡單來說，凡是為了達成目標或解決問題所得的想法就是創意。（引自葉玉珠，2006：12）也有人說，「創意」就是點子（idea），點子不點不亮，愈點愈亮，你會發現創意是可以訓練的。（陳龍安，1994）而創造力指的是創造表現的能力，因過程涉及思考行為，所以也以創造思考能力稱呼；它可能是一種發明能力、是生產思考能力、擴充性思考能力，也可能是想像力。（引自王其敏，1997：22）關於創意及創造力的定義各家說法均不相同，就不在此

贅述，但是可以了解的是創意及創造力是密不可分的，產生創意可以說是產生創造力的必經過程；先有創意，再配合各種因素及執行的動力，才能有創造力的表現。（林璧玉，2009：64）

三、閱讀教學

針對「閱讀教學」的名詞釋義部分，我首先提出關於各研究者對於「閱讀」一詞的解釋，再推演何謂「閱讀教學」。

閱讀是個理解書寫文章的過程。（洪月女譯，1998：4）洪月女在 1996 年寫了一篇叫做〈閱讀是個心理語言的猜測遊戲〉的文章，其中她把杭斯基的「嘗試性的訊息處理」轉變成「心理語言的猜測」：

> 讀者在使用文章理的線索時，會帶來他們對世界的知識和認識，以幫助文章的理解。他們「猜測」文章接下來寫什麼，作預測並下推論；他們選擇性地使用文章線索，遇到相衝突的線索時會修正他們的「猜測」。因此有效的閱讀（effective reading）並非精確地辨認單字，而是了解意義，而高效的閱讀（efficient reading）是指依據讀者現有的知識，使用剛好足夠的可用線索去讀懂文章。（洪月女，1998：12）

上述這段話也印證了一點，「閱讀」並非單純從單字結構、注音符號、字詞間的連結……等等開始，而閱讀本身意味著讀者必須讀懂文章內的意義，如同洪月女（1998）指出：你從文章讀懂的意義取決於你帶到文章裡來的意義。她更同時提出來「閱讀」應被視為是一種語言歷程（language process）來研究。

閱讀是一段歷程。歷程指連續操作得到某些成果。以做麵包為例，做麵包是一段歷程，包含許多步驟，如篩麵粉、加料、混合攪拌、發酵、烘焙等等。經過各步驟，完成整個歷程，得到麵包出爐

的結果。閱讀歷程當然也有許多成分（等同做麵包的步驟），但是不像做麵包一步接一步，按表操練。閱讀的各個成分可以同時或是交互使用，幫助讀者理解所閱讀的篇章，而理解就是閱讀歷程的成果。一般而言，閱讀歷程可分為認字和理解兩部分。在認字與理解的過程中，讀者從「覺知」自己讀得如何，到可以告訴自己該如何做，才能讀得更好的「自我監督」能力，也是在學習閱讀中漸漸培養出來的，甚至培養出對閱讀的興趣。（柯華葳，2006：51）既然閱讀牽涉到認字以及理解兩大部分，那麼閱讀就牽涉到教學這部分。

　　閱讀教學的方法，同樣是為了便於教學各種語文經驗；同時它在安排教學活動時通常都要讓閱讀教學本身居於「核心」地位（其他幾項才能「環繞」它而一體成形）。這樣一來，它就只是一個「過程」義的；而它的方法性則是以「閱讀教學」為名而結合各種可能的獲取語文經驗的方法和各種可能的教學活動安排的方法等所成就的。因此，在為了探得語文經驗的教學方法將要有所「實質」展演的情況下，閱讀教學的方法就只是一個如何讓閱讀教學更精實有效的後設反省形式而已。這種後設反省形式的自我提升，所得涉及認知的層面大約有「閱讀教學如何可能」一個基本的課題以及「閱讀的性質」、「閱讀教學的理念」、「閱讀教學的選材依據」、「閱讀教學活動的機動安排」等幾個周邊的課題。在「閱讀教學如何可能」方面，可先將「閱讀教學」一詞定為具有三種意涵：

(一) 閱讀／教學：閱讀就是教學（假想受教者），教學就是閱讀。

(二) 閱讀→教學：先閱讀後教學。

(三) 閱讀←教學：為了教學一併去閱讀。

（周慶華，2007：48）

　　周慶華（2007：48）指出，在現實中無妨優先採用第二種意涵（當然也可以兼容其他兩種意涵）。由於閱讀教學可以設定在「先閱讀後教學」的層次，所以它就有「下指導棋」或「先覺覺後覺」的意味。也就是說，自己要先有本事而後再去教人閱讀。最基本的就是從本身的經驗出發，設想學習者的狀況，然後按部就班的去引導學習者重視自己的閱讀過程。

第二章　文獻探討

第一節　閱讀教學

　　本節要探討的是閱讀教學的觀念與內涵，並針對相關的研究成果作進一步的檢討，如閱讀的概念、閱讀教學的內容以及閱讀教學的方法等，歸納出閱讀教學時應要注意的基本原則，以作為第四章到第七章的論述和閱讀教學活動設計的參考。

一、閱讀教學的觀念與內涵

　　閱讀是一輩子的事，這是可以從自己身上得到驗證的；因為閱讀，人生變得多采多姿，生命也展現了非凡的意義。（柯華葳，2006：6）同樣的幾句話放在我身上，閱讀正在我的生命中看到了很多可能，但是也正如許多研究者所說的，要別人開始閱讀是一件很不容易的事，所以才有這麼多研究者試圖利用各種方法來教他人閱讀。近三十年來，我們的社會與閱讀這件事的本身，都起了很大的變化。今天，完成高中教育及四年大學教育的年輕男女多了許多，儘管（或者說甚至因為）收音機及電視普及，識字的人也更多了。閱讀的興趣，有一種由小說類轉移到非小說類的趨勢。美國教育人士都認為，教導年輕人閱讀，以基本的閱讀概念來閱讀，成了最重要的教育問題。（郝明義、朱衣譯，2003．5）反觀臺灣社會的國民教育，閱讀運動盛極一時，不僅學校在做，坊間的民間團體也在推閱

讀，但是實際情況並不如預期中的那麼完好。本章節試以現象主義方法對近幾年來的相關閱讀教學研究加以檢視。

　　了解閱讀過程，乃為了改進教學。（Beck，1989）因而在探討閱讀教學前，有必要對閱讀的歷程有所了解。對於閱讀的發展歷程已有許多學者及研究者紛紛投入其中，如「讀寫萌發」的概念：幼兒在接受正式教育前，早已透過日常生活經驗習得，顯現出讀寫的行為及概念。Lonigan、Burgrss、Anthony & Barker、Bowey、Hart & Risley 支這些持讀寫萌發概念的學者，認為雖然在學前階段的讀寫行為尚未成熟，也不具備社會讀寫成規的概念，但這階段所展現的讀寫行為，其實就是閱讀與書寫。（Teale & Sulzby，1986）而學前讀寫萌發的現象，Whitehurst、Galco & Lonigan 認為幼兒從初生開始，就會在他生活的社會中，主動接觸、探索和書寫有關的事物，像玩積木、看圖畫書、塗鴉寫字等等，到兩三歲時，就能認識不少生活環境中的符號、標誌、文字等。讀寫知識，已經慢慢在生活中不斷的發展出來。（引自林安全，2002）1990 年代起，國內也有以讀寫萌發概念進行有關幼兒讀寫發展的研究。（李連珠，1992、1995；吳敏而，1994）也就是說，讀寫的概念形成，打從胎兒出生後就不斷的在形成，而閱讀的素養也應從孩子還小的時候就要慢慢培養；很可惜的是，即使有這麼多理論在研究閱讀這件事，但是閱讀總還是得靠有心人士才能推動並且在孩子身上扎根。

　　語言學家 Noam Chomsky 把閱讀形容為「嘗試性的訊息處理」，也就是說閱讀時，讀者會運用現有的訊息，但是也隨時保持可以接受相衝突的訊息。（Goodman，1996；洪月女譯，1998）而訊息的猜測替換，其目的就是為了尋求意義的理解。Kenneth Goodman 在 1996 年就提出，閱讀是視覺、感知、語法、語意不斷循環的歷程（洪月女譯，1998：165～239）：

(一) 視覺的循環：每一次注視時，眼睛把視覺刺激傳到大腦；有些刺激來自清晰的聚焦範圍，有些則來自模糊的範圍。在一些關鍵時刻，大腦會命令眼睛倒回去重看文章，以求更多的視覺刺激，但大多數的時候，只有在讀者發覺某個閱讀差異阻礙了意義建構的過程時，眼睛才會被命令倒回去重看。

(二) 感知的循環：我們從所看到的，以及對所讀文章的理解，還有文章的語法和語意結構來建構感知影像。我們同時也運用了對世界的所有知識；但當我們大腦發現它的感知和先前的理解以及／或預期不一致時，我們有兩條路可以走。大部分的時候我們重新評估我們的感知，然後形成不同的感知——也就是對我們讀的內容「改變心意」；然而我們也可以命令眼睛倒回去尋找更多的文章訊息，以形成另一個影像。

(三) 語法的循環：在這個循環的一開始，我們利用視覺影像決定出一個深層結構。有了深層結構，我們可以分解子句結構，進而理解意義，也能從子句之間的關係建構意義。如果讀者唸出來的語言句型和用字都不阻礙意義的建構，那麼讀者就沒有理由重新決定語法結構或重讀。但是反過來說，如果他決定的語法或用字無法幫助他理解文章，他可能要嘗試不同的語法，或倒回去讀，以尋求更多的訊息。

(四) 語義的循環：每個歷程的最終目的都是理解，因此我們是向著意義前進的。我們從視覺移向感知，語法結構和用字時，就建構了文章的意義。我們建構的意義只要是連貫的，而且到我們所讀的部分為止，這個意義和我們的知識以及預期都不牴觸，我們就會一直往下繼續唸。這時我們有兩個選擇：當我們不能理解，或發覺到有個差異影響了我們的理解，一是重新考慮並決定新的意義、新的語法、新的用字、新的感知；二是倒回去出錯的地方再唸一次。

　　我說過閱讀是建構性的，但我指的不僅是意義的建構。作者創作文章，我在前一章已針對文章的本質以及運作方式作了一番討論，但是讀者所理解的並不是那篇文章。讀者在和作者的文章交易的同時，建構一篇和它平行的讀者自己的文章。（洪月女譯，1998：158），可見閱讀的歷程不只是單向的讀文章而已，而是作者的文章被轉變成讀者所理解的文章。因此，下面的幾個概念，可以導引我們來探討這個建構性閱讀歷程的細微部分：

(一) 閱讀是個動態的歷程，閱讀時讀者運用有效的策略來尋求意義。

(二) 讀者的一舉一動都是他們要理解意義所做的嘗試。

(三) 讀者變得很有效率，只用剛好足夠的訊息就能完成理解意義的目的。

(四) 讀者帶到閱讀活動裡來的訊息，以及他們從文章取來運用的訊息，二者對成功的閱讀都很重要。

（洪月女譯，1998：159）

　　由上述理論，可知閱讀是一個相當複雜的認知歷程，包含了視覺、感知、語法、語義的多重循環，而意義的建構為其目標，以意義的連貫與否，決定其搜尋文章訊息時的循環方向。當然這些理論可以在閱讀的教學上給予教學者多一點的體悟。

　　全語言的語言學習觀有一大基礎是建立在 Kenneth Goodman 的閱讀歷程理論與研究。在 1960 年代晚期，Goodman 針對閱讀歷程提出了革命性的的觀點。當代主導語言教育的閱讀觀認為，閱讀是透過視覺運作的解碼（decoding）過程，讀者針對文本的文字作解碼再以字音的形式呈現。閱讀時，讀者針對文本所提供的資訊，循環使用取樣（sampling）、推斷（inferring）、預測（predicting）、確認（confirming）和更正（correcting）的策略，來達到意義的建構，每一個策略都涉及複雜的心智活動：

(一) 取樣：選取閱讀時要運用的資訊。

(二) 推斷：使用已知的資訊（包括所選取的資訊，和讀者自己既有的覺知、語言知識）來猜測未知的。

(三) 預測：預測接下來的語言（包括字詞、片語、句子、句型等）會是什麼樣子，語意會如何發展，下文的句型結構又如何，可能會出現什麼字詞、片語……等。

(四) 確認：判斷先前的預測和推斷是否有效、意義是否通達，以便決定要繼續往下閱讀或回頭去更正，是一種自我監督的策略。

(五) 更正：當所預測和推斷的經否定後，重新取樣、判斷、確認，重新建構文本的意義。

（引自李連珠，2006：120～121）

　　認知學派對學習理論上的主張，在閱讀的歷程上有以下概念：純熟的閱讀（skilled reading），包括字彙接觸（lexical access）和理解的歷程（comprehension processes）。理解又包括一連串複雜重疊的歷程，從對字詞的語義編碼（semantic encoding）到命題編碼（proposition encoding）、基模激發（activation of schemata）和推論（inference making），以及理解監控（comprehension monitoring）等。以下逐一說明這些認知成分（鄭麗玉，2000：14～20）：

（一）字彙接觸

　　字彙接觸在不同的研究裡可能會有不同的操作性定義，根據Perfetti 和 Curtis 指的是一文字符號接觸及儲存在長期記憶中的一個字，而產生字彙辨識的歷程。它發生於當讀者認出一個字時。它可能包括該字的語義和語音的訊息，但接觸本身並不一定涉及字義或發音。

（二）理解的歷程

1. 語意編碼：字彙接觸的結果是字義的激發，字義的激發就是語義編碼。閱讀文章時，語義編碼必須符合上下文，意思就是讀者選擇適合上下文的字義。一個字在讀者的心理詞典中可能包含好幾個意義，讀者需要根據上下文選擇一個合適的字義編碼。

2. 命題編碼：命題是連結概念的最小單位。根據 Kintsch，由一個關係詞（relation）和一個或多個論詞（arguments）所組成。關係詞說明一個論詞的特性或兩個論詞之間的關係。一個句子可以包括好幾個命題，但至少一個命題。讀者認出單字（字彙接觸），賦予符合上下文的字義（語義編碼），然後將兩個以上的字聚集成命題並根據句法分析予以整合，是為命題編碼。

3. 基模激發：基模是讀者的有關於概念、字的意義、每天的活動和事件……等有組織的知識。根據基模理論（schema theory），閱讀是由下而上（由視覺符號產生意義）和由下而上（由讀者本身知識詮釋進入的視覺訊息）。在閱讀的歷程中，不管哪一層次，都利用己身知識（基模）和訊息互動。當字彙接觸或命題編碼激發合於文章意義的基模，其又充作一個大的意義組織，引導後續的語義編碼和命題編碼。讀者則於這樣的歷程中，儘快建構文章意義。

4. 理解監控：閱讀時，當一個人意識到有不明白的地方，而再重讀一次，他就是在作理解監控。理解監控指的就是判斷自己理解的程度，包括建立計畫或目標、發展假設、驗證假設、評估結果，以及必要時採取恰當補救策略等歷程。理解監控是純熟閱讀很重要的技能，倘若不能發展或應用良好也會造成嚴重的閱讀問題。

　　此外，柯華葳（1999）認為在閱讀的歷程上，倘若要達成理解的目標，其中必須以「閱讀理解的成分」，包括閱讀理解所需要的能力和知識兩方面著手：

(一) 能力：字形辨認、字義抽取、語句整合、文章理解、後設認知等。

(二) 知識：組字知識、語法知識、一般知識、學科知識、文體知識。

　　以上各閱讀理解的成分在閱讀歷程上的運作關係，如下：

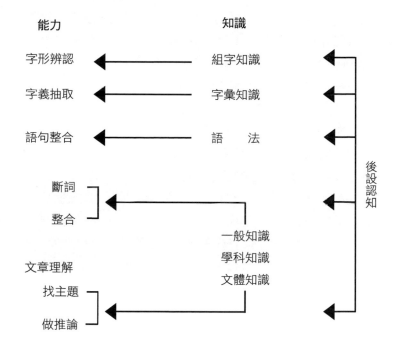

圖 2-1-1　閱讀歷程與成分模式

資料來源：柯華葳：1994：83。

　　由以上學者的論述，可知其看法各有其特色和殊異處，而都是針對「閱讀」本身的定義下手。「閱讀萌發」概念的提出，讓我們了解閱讀隨時隨地都在發生，不僅牙牙學語的嬰兒也在閱讀，就連歲數很大的老人家也在閱讀，儘管閱讀的形式不同以及閱讀的內容不同，但我們的確透過我們身上既有的感官系統在進行閱讀，而閱讀的最終目的就在於理解所讀的內容。而全語言學習觀的觀念中，認為閱讀是一連串複雜的循環歷程：早期，J. A. Dauzat 和 S. V. Dauzat 在 1981 年把閱讀看成是程序上的單循環，單純地由文字符號的接收、辨認、理解，最後再加以詮釋，反映出意義，讀者是被動的角色，意義仍存在於文章之中；Goodman 在 1996 年提升了讀者在閱讀歷程中的地位，強調讀者預期和感知的嘗試，因而閱讀是視覺、感知、語法和語義的多重循環，意義是讀者經嘗試訊息後所建構。而後來支持全語言教育發展的學者把 Goodman 的閱讀歷程中的成分再加以細分，而將閱讀的歷程視為循環使用取樣、推斷、預測、確認和更正的策略，來達到意義的建構，如此在全語言的教學環境中，可以在針對每個閱讀歷程上作系列活動，或藉由這些歷程了解孩子在閱讀理解上的學習。Gagné 在 1985 年提出，閱讀歷程除了解碼、文字理解和推論上的理解之外，上應增列「理解監控」的成分，讀者預設目標、選擇策略、查核和補救，強調了讀者的主動積極性。鄭麗玉（2000）所提出的閱讀的歷程中，雖簡單分為字彙接觸和理解的歷程，但在理解的歷程中實與 Gagné 的文字理解、推論理解和理解監控的性質相仿，但是在字彙接觸這部分，鄭麗玉（2000）指出當讀者認出一個字時，它可能包括該字的語義和語音的訊息，但接觸本身並不一定牽涉字義或發音，而 Gagné 理論中的解碼則包括了「認字識義」這部分。柯華葳（1999）則將成分再加以解析成「能力」和「知識」，「能力」方面的內涵實與 Gagné 的解碼、文字理解、推論理解的性質相仿，後設認知就是理解監控，特別的是增列了「知識」，強調讀者的各種先備知識，以使閱讀流暢，語義通達。

　　對於閱讀理解模式的文獻探討上，閱讀理解是閱讀歷程上的重要目標，它是一項複雜的認知活動，不同的學者提出的模式大致分成三類（胡永崇，1992；陳密桃，1992）：

（一）「由下而上」模式

　　此種模式乃在於強調訊息的處理過程，是由語言成分中單位較小的字、音、詞等精熟為起點，擴展至較大部分的意義理解。也就是閱讀理解是奠基於大量字詞的精確辨識，再轉譯為語言，而至文義的了解。由此可知，閱讀是受到文字輸入的控制，所以又稱「資料主導歷程」。它是直線序列性的模式，而讀者扮演的是被動的角色。

（二）「由上而下」模式

　　讀者以其先前知識或主觀策略，對於文章內容進行預測，將視覺輸入的訊息加以統整與確認，進而建構文章的意義。由於這種論點強調以讀者的預測和驗證為動力，而去抽取文章的訊息，所以又稱「概念主導歷程」。它是一種假設與驗證的歷程，而讀者扮演的是主動的角色。

（三）交互過程模式

　　D. E Rumelhart 指出，閱讀並不是一種訊息的單向流動，而是由許多知識來源的同時交互應用，其模式如圖 2-1-2。由圖中可知在閱讀歷程中，讀者在接收了文字圖像的訊息後，摘其要點，再應用句法知識、語義知識、拼字知識和字彙知識，作出最有可能的意義詮釋。而這些感官的、語義的及知識的不同來源是同時提供訊息，而非直線式的依序作用。

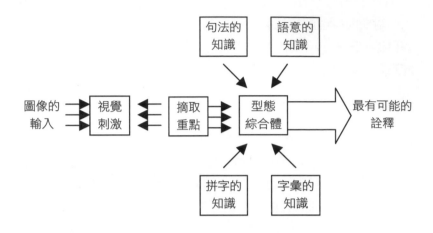

圖 2-1-2　Rumelhart 的閱讀模式

資料來源：陳密桃，1992：13。

　　綜觀上述理論，可以了解 J. A. Dauzat 和 S. V. Dauzat 在 1981
年所提出的閱讀歷程的單循環模式，性質是屬於「由下而上」的模
式；Goodman 在 1996 年所主張：閱讀是視覺、感知、語法、語義
不短的多重循環，強調讀者以其預期、基模不斷測試而建構意義，
此閱讀歷程與「由上而下」模式的性質相近。鄭麗玉在 1988 年的
研究中，發現中國學生在辨認英文字方面的不足可能始於字母特徵
層次，似也有「由下而上」的處理現象，所以認字可能是「由上而
下」的處理，也可能是「由下而上」的處理，這和 Rumelhart 及
McClelland 所提出的交互模式──認字是由上而下和由下而上兩
種歷程的交互作用有相同性質（鄭麗玉，2000）；而柯華葳（1999）
所提「閱讀歷程中包含能力和知識兩大成分」的主張與「交互過程」
模式相符合。
　　有關於三種模式的適切性，各學者有不同的看法。對於「由下
而上」模式，Samuels 和 Kamil 在 1981 年指出此模式無法解釋低

語文能力者可以認字辨義，卻無法理解文義；而高語文能力者如果缺乏先備知識無法預測時，也會採取逐字閱讀的方式。（引自鄭宇樑，1997）對於「由下而上」模式，Sanovich 指出：此模式無法解釋高層次處理可以影響低層次處理的過程與機制；Mitchell 在 1982 年以為此模式過於簡單，缺乏彈性，讀者並無選擇策略的自由空間。（同上）另外，柯華葳也指出，過去依賴由讀者已知去解釋文章內容，常會流於簡化文章，這只是「解釋」，而不是真正的理解。（柯華葳，1999）而「交互過程」模式，把訊息的流動界定為交互同時作用，而非單一方向，如再加上 Sanovich 提出的「交互補償模式」（interactive-compensatory model），認為「任何層次的處理過程，能夠補償其他層次的不足」，因可彌補「由下而上」和「由上而下」兩模式的缺失，這可說是較為理想的閱讀理解模式。（呂美惠，2003：15）

隨著文明的發展以及科技的進步，人們越來越有機會可以深究任何事物發生的緣起。閱讀本是一種心智活動的展現，但是有許多研究透過各種觀察探討，得知閱讀是一種複雜的心路歷程，以至如今普遍大眾都知道閱讀的重要；但也有學者憂心，在現今資訊爆炸的時代裡，閱讀是否只是淪為一種被動吸收知識的工具？如何將知識分子的態度和觀點包裝起來，是當今最有才智的人在做的最活躍的事業：

> 電視觀眾、收音機聽眾、雜誌讀者所面對的是一種複雜的組成——從獨創的華麗辭藻到經過審慎挑選的資料與統計——目的都在讓人不需面對困難或努力，很容易就整理出「自己」的思緒。但是這些精美包裝的資訊效率實在太高了，讓觀眾、聽眾或讀者根本用不著自己作結論。相反的，他們直接將包裝過後的觀點裝進自己的腦海中，就像錄影機願意接受錄影帶一樣自然。他們只要按一個「倒帶」的鈕，

就能找到他所需要的適當言論。他根本不用思考就能表現的
宜。(郝明義、朱衣譯，2003：12)

文中所提的媒體當中，雖遺漏了網路世代（可能因寫作時代不同而
未考慮到現今社會的狀態），但網路上的資訊可謂包羅萬象，如閱
讀只是一門工具技巧的訓練，那麼恐怕也忽略了閱讀的意涵就是理
解知識。閱讀歷程的發展理論探究已近三十年，當人們越知道閱讀
是怎麼一回事時，在教閱讀時反而越忽略如何去認識所閱讀的是何
物。雖是如此，閱讀教學的功能性就更顯得重要，要如何教？要教
什麼？這些問題將在下段論述中，加以分析說明。

二、閱讀教學相關的研究與內容

　　根據 2007 年最新公布的「國際閱讀素養調查」（Progress in
International Reading Literacy Study，簡稱 PIRLS），在全球四十五
個國家地區中，臺灣小學四年級的閱讀能力僅得二十二名，遠遠落
後其他國家。同為繁體中文教育的香港卻大幅躍升為全球第二，成
績耀眼。更糟糕的是，臺灣學生因為興趣，每天看課外讀物的比例
只有 24%，排名是全球倒數第一，遠遠低於 40%的國際平均值。
究竟臺灣的閱讀環境出了什麼問題？臺灣閱讀運動的下一步又該
如何做（天下雜誌教育基金會，2008：12），隨著這份報告的出爐，
跟出版社的宣傳，臺灣的父母也逐漸體認到閱讀的重要性。然而，
畢竟要談閱讀教學，總是寄望學校教育能夠提供更完備的課程，以
教導孩子學會閱讀。因此，針對閱讀教學的相關研究也日益增多，
無非是希望藉由各種研究來解決閱讀教學上的各種問題，以提升臺
灣孩子的閱讀力。以下針對國內近十年閱讀教學的相關研究作一番
整理。

表 2-1-1　國內近十年閱讀教學的相關研究

（依出版年代順序排序）

年代	學校／系所	研究者研究主題	對象場域	研究內容	研究結果與發現
2000	國立臺北師範學院／課程與教學研究所	蔡蕙如《學習外一章：運用兒童讀物實施全語文教學活動之行動研究——以一個課輔班為例》	低年級課輔班	本研究嘗試運用兒童讀物發展並實施全語文教學活動，並從研究的過程中，了解目前實施全語文教學的所遭遇的困難，及研究者在教學活動發展與實施的過程中的成長與轉變。	研究者肯定全語言的閱讀學習觀，但在現行小學體制中也許有窒礙難行的困境。全語文適合在沒有教學進度壓力與單一教科書的課輔班中實施。學生在接受全語文教學後的語文能力增長仍有待後續研究朝評量方向進行更深入的研究。
2001	國立政治大學／教育學系	黃靜芳《概念取向閱讀教學對閱讀動機、閱讀策略、閱讀理解與概念性知識之影響》	四年級學校	探討實驗組和控制組學生在接受本研究模式的教學實驗後對閱讀動機、閱讀策略、閱讀理解及概念性知識的影響。	(一) 概念取向閱讀教學（CORI）和傳統閱讀教學在提升兒童的內在閱讀動機和社會性閱讀動機上都有顯著差異；在外在閱讀動機、促進兒童的概念性知識上則無顯著差異。 (二) 接受概念取向閱讀教學（CORI）者在閱讀策略的使用上顯著優於接受傳統閱讀教學者。
2001	國立臺北師範學院／課程與教學研究所	劉能賢《國小五年級創造思考閱讀教學之行動研究——以「冒險」主題為例》	五年級學校	本研究採取協同行動研究的模式，以教師協同合作的機制，規畫課程、發展教材以了解學生在創造思考閱讀教學歷程中師生互動	(一) 創新教學是引發與維持學生學習動機的有效途徑。 (二) 營造安全和諧的學習情境，較能引起學生主動學習。 (三) 採取問題導向的教

				情形與所遭遇的問題、並探討其可行性、結果以及協同教師在研究歷程中的成長與轉變。	學，能啟發學生的思考與想像。 (四) 實施師生共評，可提升學生評鑑的能力。 (五) 逐步建構學生閱讀「鷹架」，可提高學生閱讀理解能力。 (六) 分析學生的發表與作品充滿想像力，激發了其創造潛能。 (七) 引導學生練習提問，擴展了學生高層次的提問領域。
2002	國立臺灣師範大學／教育心理與輔導研究所	連啟舜《國內閱讀理解教學研究成效之統合分析研究》	理論探討	本研究之目的有三： (一) 對國內歷年閱讀理解教學研究成果，作有系統的整理。 (二) 使用統合分析法了解國內閱讀理解教學研究對閱讀理解、相關閱讀能力，以及閱讀情意表現的成效。 (三) 並探討影響閱讀理解教學效果的中介變項。	(一) 國內歷年閱讀理解教學研究方案，對學生閱讀理解能力的提升，具有中等的助益效果；在立即效果和持續效果上，也有中等以上的效果。在測驗編製者方面，閱讀理解教學研究的效果量並沒有差異存在。 (二) 國內歷年閱讀理解教學研究方案，對學生閱讀相關能力及閱讀情意表現也有中等效果。 (三) 在中介變項的尋找上，閱讀教學法，閱讀教學者、學生學習階段、學生學習能力是影響閱讀解表現的中介變項。

2002	國立臺北師範學院／國民教育研究所	談麗梅《兒童閱讀運動中教師推行信念、學校策略與兒童閱讀態度之研究》	臺北市30所公立國民小學，320位中、高年級級任教師，640位中、高年級學童	本研究旨在探討兒童閱讀運動中教師推行信念、學校策略與兒童閱讀態度的現況。	臺北市國小教師具有正向的閱讀運動推行信念、明確的閱讀運動認知、在閱讀教學行為方面仍有努力空間。對於兒童閱讀運動的推行策略具有中等的執行力。
2003	國立臺南大學／國民教育研究所	謝國村《國小語文領域平衡閱讀教學實施之行動研究》	中年級學校	主要的目的在於探討平衡閱讀教學對國小學童語文領域讀寫能力提升的成效；省思教師在平衡閱讀教學課程實施中所扮演的角色；並探究學生在平衡閱讀教學歷程中的態度及實際教學情境中，平衡閱讀教學實施的限制與因應。	(一) 平衡閱讀教學對國小學童讀寫能力提升的成效：1.識字能力大幅增加。2.書寫語文能力提高。3.理解力提高、觀察力提升、組織能力增強。4.一般字彙知識提升、正確用詞能力增加。5.多元觀點強化、表達能力增加、創意浮現。(二) 學生在平衡閱讀教學歷程中，對教學者、教學內容均持正向態度，並且對自我的要求是嚴苛的；對書籍的親和度增加，同時慢慢地建立起閱讀習慣。

2003	臺中師範學院／國民教育研究所	呂美慧《一個國小低年級教師對閱讀教學的信念與實踐》	低年級學校	旨在了解其閱讀教學信念的內涵與特質、信念與實踐的符應與落差。	閱讀教學信念以「具有生活智慧」為核心目標，牽繫其與閱讀教學直接相關的信念，包含了「知識與學習」、「教師角色」和「學生學習本質」等一般概括性的教學信念。閱讀教學信念的形塑，是一個同化和調適的過程，其中反省思考扮演一重要角色，具有類化經驗、轉化知識和調適差距的功能。
2004	臺東師範學院／兒童文學研究所	陳雅鈴《一個班級的統整課程與閱讀教學的探究──以主題「新的開始」為例》	學校	本研究是針對語文領域統整課程的規畫及統整教學的執行，進行觀察和記錄。	(一) 以「主題－概念」為主的統整課程設計，能落實課程統整的理念。 (二) 統整教學能促進學生的閱讀理解、協助學生統整個人經驗，並能培養學生的統整能力。 (三) 以文學性作品進行導讀活動，是語文領域可行的統整教學模式。 (四) 教師思考能促使教學實務經驗和理論知識結合，對統整課程產生新的理解。
2004	國立新竹教育大學／進修部課程與教學碩士班	魏青蓮《成為教室裡的主人──我在閱讀教學中的實踐》	三年級學校	藉由班級內的閱讀教學活動，企圖融合理論與實務的具體教學歷程。	研究者的結論是教學者能夠和被教學者一起成長，共同實踐閱讀教學上的目標。

| 2004 | 國立新竹教育大學／臺灣語言與語文教育研究所 | 高敏麗《從九年一貫課程綱要國語文能力指標探討國小國語文閱讀教學》 | 文獻分析 | 探討下列閱讀教學的基礎理論：閱讀的發展階段、閱讀理解歷程、中文書寫系統特質對閱讀歷程的影響、閱讀能力、閱讀理解策略與閱讀方法、全語言教育哲學觀對閱讀的看法，並研讀近十五年來國內有關兒童閱讀教學相關研究的論文，提出在國小閱讀教學上的啟示。 | 國語文教學的實施上，必須要有整體的掌握與規畫，教師必須深入的了解孩子是如何閱讀的，是如何學會學習的，要立足於學生學習的生理、心理基礎上，激發學習的主動觀、積極性。閱讀能力的建構是複雜的循環歷程，經由適切的累積和循環往復，養成有效的閱讀能力。閱讀教學需要精準掌握學習關鍵點，多注入新思維與多用新方法，兼顧「人與書本」、「人與人」「人與環境」的互動。 |
| 2005 | 國立臺北教育大學／語文教育學系碩士班 | 王紫虹《主題統整式的圖畫書閱讀教學行動研究──以中年級為例》 | 中年級學校 | 本行動研究的重點有三：
(一) 藉由主題統整式的圖畫書閱讀連結不同領域的教科書內容，學習教科書的概念。
(二) 從大量閱讀中學習知識、溝通表達及情意的薰陶。
(三) 從「做中學」體驗「學習閱讀，再從閱讀中學習」，落實九年一貫的閱讀能力，進而 | 研究者肯定主題式的圖畫書閱讀教學，學生在知識及技能上都有明顯增加。 |

				實現自己將圖畫書帶入課程之中的理想。
2005	國立臺北教育大學／課程與教學研究所	陳祥雲《一位國小教師國語科創意教學之研究》	三年級學校	本研究旨在探討國小教師的國語科創意教學策略、教學信念及影響其信念的因素。	在閱讀方面，以提問及視覺組織為主要策略，從題目、文體、詞句及段落的討論、比較、找出關鍵等指導閱讀的基本技能。
2006	國立新竹教育大學／人資處語文教學碩士班	古艷麗《活動式閱讀教學之行動研究》	師生問卷訪談	研究者希望藉由應用活動課程的理念來進行閱讀教學，以探討學生的口語表達能力及閱讀的態度。	本研究以活動課程的模式進行閱讀教學後，發現學生在口語表達能力方面，其表達內容、表達方式及表達態度均有所提升；在學生的閱讀態度方面，其閱讀信念、閱讀的情感及閱讀行為有了正向的改變；另外教師在教學知能的成長上，對於心理安全環境的營造、了解學生特質及提升學生對文本的感知能力等均有較佳的掌控能力。
2006	淡江大學／教育科技學系碩士班	邱婉芬《繪本創意教學對國小二年級學生譬喻修辭創造力表現之影響》	二年級學校	本研究目的在於設計及發展國小之本國語文修辭教學課程方案，並探討繪本創意教學課程方案實施歷程，對國小二年級學童學習修辭的影響，然後嘗試歸納繪本創意教學的教學模式。	研究結果發現進行繪本創意教學後，學童對修辭課程的學習動機、修辭創造力都有顯著的提升，並能靈活運用 5W2H 檢討討論、直觀表達以及腦力激盪法的聯想結果於譬喻修辭中。

2006	國立臺南大學／特殊教育學系碩士班	劉雄夫《國小資源班語文學習困難學生閱讀能力表現與閱讀教學之調查研究——以臺南市為例》	臺南市36所國小資源班教師	了解國小資源班語文學習困難學生認字與閱讀理解能力表現的情形及閱讀教學的現況。	資源班語文學習困難學生的閱讀能力較入班前提升。語文學習困難學生入班時認字量越低，在資源班接受輔導時間將會越長。
2006	國立臺南大學／教育學系課程與教學碩士班	李燕妮《分享式閱讀教學對國小低年級學童閱讀理解能力及閱讀動機之影響》	二年級學校	探討分享式閱讀教學對國小低年級學童閱讀理解能力及閱讀動機的影響。	分享式閱讀教學能提升學生的閱讀動機。
2006	大葉大學／教育專業發展研究所	蔡忠課《國小彈性課程創意教學之實驗研究》	五年級學校	本研究乃在探討創意課程教學對學生的創造力、多元智能是否有所提升以及學生的人格特質、家庭社經地位對創造力的影響。	(一) 在實驗教學提升學生創造性認知中，獨創性實驗組顯著高於控制組。(二) 在實驗教學對學生多元智能的提升中，學生肢體動覺智能實驗組顯著優於控制組。(三) 在多元智能與創造力的關係中，語文智能與獨創性有顯著正相關；邏輯數學智能、肢體動覺智能、人際智能均與流暢力有顯著正相關。

2006	大葉大學／教育專業發展研究所	林明皇《創作性戲劇教學對國小學童創造力與自尊影響之研究》	五年級學校	本研究旨在探討「創作性戲劇教學」對國小學童創造力與自尊影響的研究。	(一)「創作性戲劇教學」課程能有效提升國小學童的語文創造力之「獨創力」，但在「流暢力」、「變通力」上，則沒有顯著的提升。 (二)「創作性戲劇教學」課程能有效提升國小學童的圖形創造力的「獨創力」、「精進力」，但在「流暢力」、「變通力」上，則沒有顯著的提升。 (三) 實施創作性戲劇教學不能提升國小學童的自尊。 (四) 實施「創作性戲劇教學」課程後，實驗組學童對創作性戲劇教學持正面肯定的態度。
2006	臺北市立教育大學／課程與教學研究所	許淑芬《臺北市國小教師實施閱讀教學現況之探討》	學校	探討臺北市國民小學教師閱讀教學的現況，內容包括了解臺北市國小教師實施閱讀教學的理念、實施閱讀教學的課程規畫、實施閱讀教學的方式與內容、閱讀教學的環境及實施閱讀教學的成效與困境。	臺北市國小教師認為實施閱讀教學的目的最重要的是「培養學生閱讀興趣」，最認同「繪本教學能促進孩子享受閱讀的樂趣」，最常使用的素材工具為「圖畫精緻的繪本」，但繪本的使用依照年級的增加呈現下降的趨勢。臺北市國小教師實施閱讀教學的成效與困境，是教師感受閱讀教學的成效為「學生

					閱讀書籍的數量增多」；實施閱讀教學，感受到最大的困擾為「教學時數的限制」。
2006	國立新竹教育大學／人資處輔導教學碩士班	吳烈文《圓一個閱讀教學與增能的夢——我和三個閱讀低成就學生的故事》	六年級學校	這是一位國小高年級教師以行動研究協助低成就兒童提升閱讀能力的報告。研究者對三位進行知、行、思三合一的閱讀教學行動，以提升他們的閱讀能力。	以行動研究的歷程，進行閱讀低成就學生的閱讀教學，是可以提升學生閱讀能力的，而教師也可以在此行動中，透過相關文獻的蒐集、專家學者的請益、對話夥伴的分享與支持，以尋得實踐智慧。
2006	國立花蓮教育大學／語文科教學碩士班	黃瓅慶《「概念構圖」運用於閱讀教學之行動研究——以晨間閱讀班的學生為例》	四年級學校	本研究的目的，是希望藉由概念構圖策略，提升晨間閱讀班學生的閱讀理解能力，並歸納出適合本班特質的「概念構圖」教學法，提供教學的參考。	(一) 概念構圖教學策略可以提升學生學習的興趣、閱讀理解能力、段考成績。概念的排列，以句子及段落的先後次序為依據，較符合國語教學的目標，有利於學生重述課文。 (二) 閱讀建構完成的概念圖，可促使學生對課文內容的再思考。概念構圖以分組方式進行，在討論中，學生可以在他人觀點上，發現自己錯誤的概念，並加以修正。 (三) 概念構圖教學，以電腦結合單槍投影機，有利於概念的搬移與組合，並可

				列印概念圖，供學生複習。
2006	東海大學／教育研究所	蔡慧鈴《國小學童知覺教師閱讀教學行為與其閱讀動機之關係研究——以臺中縣為例》	四年級師生學校	本研究旨在探討臺中縣地區國小四年級教師閱讀教學信念、閱讀教學行為及學童知覺的教師閱讀教學行為、學童閱讀動機的關係。	目前國民小學教師閱讀教學信念與閱讀教學行為都趨向於學生中心取向，學童所知覺到的教師閱讀教學也是趨向於學生中心取向。國小學童所知覺的教師閱讀教學行為與其閱讀動機呈現正相關；且教師閱讀教學行為中的「知識與學習」與學童知覺的「教學實踐」、「整體教師閱讀教學行為」間呈現顯著相關。
2007	國立花蓮教育大學／國民教育研究所	陳玉如《閱讀教學教導自我發問策略之研究》	五年級學校	本研究以行動研究的方式，在國小五年級的閱讀教學教導自我發問策略，希望能建立閱讀教學教導自我發問策略實施歷程的參考模式，也藉由本身是教學者的身分來探究閱讀教學教導自我發問策略在教學現場的狀況和自我發問策略教學對學生閱讀的影響以及對教師教學專業知能的影響。	自我發問策略教學活動的過程能增進學生的提問能力，而提問策略的練習也幫助他們的閱讀理解，整個閱讀教學活動更提升了學生的閱讀興趣，達到認知、情意及技能的共同成長。老師藉由實際的在閱讀教學課教導學生自我發問策略，擴展本身對閱讀教學的認知，也從過程中體驗必須彈性面對閱讀教學的態度，並從行動中提昇了閱讀策略教學的能力。
2007	國立臺北教育大學／教育政	朱似萼《國民小學閱讀教育政策執行情形	桃園縣之公立國民小學教師	探討桃園縣國民小學教師閱讀教育政策認知與執行情形、教師對閱讀教	桃園縣國民小學教師整體閱讀教育政策認知與執行情形趨於高度程度，以「閱讀興趣培養」

	策與管理研究所	及其影響因素之研究——以桃園縣深耕書田追求卓越專案計畫為例》	及其行政人員	育政策執行影響因素的看法、教師執行閱讀教育政策時所遭遇困境與需求協助。	執行程度最高;而以「網路閱讀活動」執行程度最低。桃園縣國民小學教師認為執行閱讀教育政策時所遭遇的整體困境程度已偏於低度程度,桃園縣國民小學教師對閱讀教育政策執行影響因素整體看法,桃園縣國民小學教師認為執行閱讀教育政策時所需協助的整體需求程度仍高趨於重要程度。
2007	國立嘉義大學/國民教育研究所	湯慧屏《學校營造閱讀特色之研究——以一所臺灣中南部國小為例》	學校	本研究旨在探討國民小學學校特色的發展,並以金陵國小所營造的閱讀教育為例,以質性研究方法,探究其發展的歷程、形成的關鍵、影響、問題與對策。	金陵國小學校閱讀特色形成的過程:草創期、成長期、成熟期、轉型期。金陵國小學校閱讀特色形成的關鍵:全面參與、經費募集與運用得宜、針對師生需求、閱讀活動多元化與整合教學活動等。國民小學學校閱讀特色發展的問題與策略:人際關係的衝擊、圖館建築設備、管理系統、人力、經費、政策等方面。
2007	臺北市立教育大學/幼兒教育學系碩士班	李陸芳《閱讀教學增進幼兒説故事與閱讀習慣之行動研究》	幼稚園	以閱讀教學的觀點,實施閱讀教學的策略,運用圖畫書作為教材,旨在了解幼兒看「封面圖」説故事、複述故事及閱讀習慣等三方面,是否有所增進,並藉此對教	研究者肯定以圖畫書最為教材進行幼兒的閱讀教學。

				學策略進行檢討及修正。	
2007	雲林科技大學／資訊管理系碩士班	鍾譯萩《運用合作學習法於線上閱讀教學之研究——以國小六年級自然與生活科技閱讀教學為例》	六年級學校	本研究欲探討閱讀科結合線上閱讀與合作學習的教學方式下，學童在閱讀理解能力的學習成效及影響學童學習滿意度的因素。	研究者發現線上即時討論合作學習組與線上群組討論合作學習組之間並不具顯著差異。與線上學習的教學方式、及線上討論互動的學習方式較有密切的關係，並有助提升自然科的學業成績。
2007	高雄師範大學／英語學系	薛惠月《國小學生繪本閱讀教學與英語學習動機之相關研究》	六年級學校	本研究旨在探討國小繪本閱讀教學與英語學習動機的相關性。	繪本閱讀教學可以提升學生的英語學習動機，學生對繪本閱讀教學的反應良好，他們喜歡繪本閱讀教學，也覺得收穫很多。因此，值得在國小廣為提倡英語繪本閱讀教學。
2007	國立屏東教育大學／教育科技研究所	黃貞瑜《Blog 出閱讀的火花——國小四年級學童網路讀書會之行動研究》	四年級學校	探討 Blog 網路讀書會對國小學童閱讀的影響，目的在於了解 Blog 網路讀書會運用在國小閱讀教學的實施過程及其對學生閱讀動機和閱讀理解的影響。	Blog 網路讀書會能提升學生的閱讀動機、推論理解的能力。學童對 Blog 網路讀書會融入閱讀教學的滿意度頗高。
2007	國立屏東教育大學／教育心理與輔導學系	洪采菱《廣泛閱讀與重複閱讀教學法對國小一年級學童識字能力、口語閱讀流暢力及	一年級學校	本研究旨在探討兩種閱讀流暢教學法（廣泛閱讀與重複閱讀）對國小一年級學童識字能力、口語閱讀流暢力及閱讀理解的影響。	廣泛閱讀教學法、重複閱讀教學法能提升國小一年級學童的識字能力、口語閱讀流暢力，並具延宕效果。廣泛閱讀與重複閱讀教學法對提升國小一年級學童的識字能力、口語閱讀流

		閱讀理解之影響》			暢力的效果沒有顯著差異。廣泛閱讀與重複閱讀教學法未能提升國小一年級學童的閱讀理解能力。
2007	國立屏東教育大學／數理教育研究所	陳景輝《 SQ3RD 科學閱讀教學活動對學童科學文章閱讀之研究》	四年級學校	本研究旨在探討在科學學習中，指導學童 SQ3RD 閱讀策略於科學閱讀教學活動中，對學童科學文章閱讀理解能力與科學普及讀物閱讀表現的影響，以及探討學生對 SQ3RD 閱讀教學活動的反應。	SQ3RD 閱讀策略教學能提升四年級學生的科學文章閱讀理解能力。不同學習風格高低表現之學童在科學文章閱讀理解能力上沒有顯著差異。實驗組學童對 SQ3RD 閱讀策略教學大部分呈現正向的態度。
2007	國立臺北教育大學／語文與創作學系語文教學碩士班	陳淑真《資訊科技融入國小一年級閱讀教學之成效研究》	一年級學校	探討資訊科技融入閱讀教學的方式，相較於傳統的紙本閱讀教學方式，對國小學童的識字量、閱讀動機及閱讀行為是否有顯著的提升效果。	資訊科技融入閱讀教學的方式在提升國小一年級學童的識字量、閱讀動機及增進閱讀行為的成效顯著優於紙本閱讀教學方式。從實驗組學生的教學回饋中可知學生對資訊科技融入教學的方式接受度極高。
2007	淡江大學／教育科技學系碩士在職專班	洪玉婷《Super3 技能融入國小一年級國語文閱讀教學之發展設計》	一年級學校	本研究參考 Super3 技能設計閱讀教學活動，期望學習者能透過閱讀解決問題。	本研究發現問題設定須確認學習者的先備經驗及生活環境，教學歷程中不宜評斷學習者的意見發表，教師循序漸進的引導有助於學習者思考。
2008	國立屏東教育大學／教育心	許美雲《不同重複閱讀教學法對國小一年	一年級學校	本研究旨在探討兩種不同重複閱讀教學法（教師示範與教師示範加同儕協	重複閱讀教學法更能有效提升國小一年級學童在立即後測的認字能力，但在追蹤後測則無

	理與輔導學系	級學童認字能力、閱讀流暢度與閱讀理解之影響》		助）對國小一年級學童認字能力、閱讀流暢度及閱讀理解的影響。	此效果。兩個教學法在提升國小一年級學童的閱讀流暢度、閱讀理解的效果上沒有顯著差異。接受兩種教學法的國小一年級學童在實驗教學前後的認字能力和閱讀流暢度上有顯著差異。
2008	國立嘉義大學／國民教育研究所	楊幸枝《創造性閱讀教學對國小低年級學童語文創造力之影響》	一年級學校	在探討國小低年級學童接受創造性閱讀教學，對其語文創造力的影響，並了解實驗組學生對創造性閱讀的看法。	(一) 創造性閱讀教學能提升低年級學童的語文創造力。 (二) 創造性閱讀教學對低年級學童語文創造力的影響優於一般閱讀教學。 (三) 創造性閱讀教學的教學活動設計與閱讀策略，適合作為國小一年級實施閱讀教學的參考。
2008	國立臺北教育大學／課程與教學研究所	陳曉俐《運用讀者反應理論於閱讀教學之行動研究》	一年級學校	旨在探究教師如何以「讀者反應理論」為主要精神，發展出積極的閱讀教學課程與策略。	研究結果依課程方面而言，以讀者反應理論為精神的課程規劃有助於閱讀教學的實施，依學生的回應而言，藉由適當的教學策略可引發學生多元的回應，其回應內容與方式交錯運用，不侷限在單一面向，而教師在行動研究中，也可透過反思的歷程，提升自我在閱讀教學上的專業成長。

2008	國立臺北教育大學／自然科學教育學系碩士班	黃家勳《科學數位遊戲改編之繪本電子書閱讀教學對國小五年級學生問題解決能力影響之研究》	五年級學校	在探討以科學數位遊戲改編之繪本電子書對國小五年級學生問題解決能力的影響，及對不同性別、高、低學習成就學生問題解決能力的差異性。	繪本電子書閱讀教學可以提升學生問題解決能力。對高學習成就學生有較顯著的影響。繪本電子書可提升不同性別與不同學習成就學生的學習興趣。
2008	國立臺南大學／教育學系課程與教學碩士班	江素枝《可預測書教學及其對國小二年級學童閱讀理解能力及閱讀動機之影響》	二年級學校	本研究旨在探討可預測書教學及其對國小二年級學童閱讀理解能力及閱讀動機的影響。	(一) 可預測書教學有利於提升國小二年級學童閱讀理解能力、學童閱讀動機、學童的新舊經驗相連結。(二) 可預測書教學後學童對閱讀有正向積極的反應。
2008	國立臺灣師範大學／創造力發展碩士在職專班	陳怡惠《閱讀教學對兒童創造力的影響——以臺北市國小四年級為例》	四年級學校	本研究主旨在探討閱讀教學對國小中年級學童創造力的影響。	閱讀教學對提升學童的創造力認知，及情意與態度是有助益的。
2008	國立臺北教育大學／國民教育學系碩士班	林佳慧《自主學習融入閱讀教學對小二學童閱讀理解影響之行動研究》	二年級學校	本研究旨在探討自主學習融入閱讀教學對小二學童閱讀理解的影響。	閱讀教學中實施自主學習循環模式可提升國小二年級學生的閱讀理解能力，在個案研究無論低、中、高程度者，在解碼、文義了解的能力皆顯著提升。在推論的理解與理解的監控方面，閱讀高、中程度學生的能力也提升許多。但在閱讀低程度學生，

				對於故事的情結與結局，能大膽做出推測，但準確度仍顯不足、能找出主題句或主旨、能以口語歸納故事重點的能力提升，但紀錄能力仍有待加強。
2008	國立臺北教育大學／課程與教學研究所	溫雅婷《以 ARCS 動機模式與資訊科技融入閱讀教學之行動研究》	四年級學校	探討國小教師以 John M. Keller 教授所提出之 ARCS 動機模式的四要素，以及資訊科技融入的方式，設計閱讀教學策略，從中探討其實施的歷程、困難和解決方式，分析學生學習態度與閱讀動機的改變。	其所探討的以 ARCS 動機模式與資訊科技融入閱讀教學，確實改善學生學習態度、提高學生閱讀動機，有助於教師專業成長。
2008	臺北市立教育大學／課程與教學研究所碩士班	陳曉卉《國小學童班級閱讀環境、教師閱讀教學信念與閱讀態度之研究》	高年級學校	本研究旨在了解班級閱讀環境、學童知覺教師閱讀教學信念與閱讀態度的現況。	臺北市國小高年級學童班級閱讀環境與其閱讀態度的現況良好。臺北市國小高年級學童班級閱讀環境、知覺教師閱讀教學信念與其閱讀態度有顯著相關。
2008	朝陽科技大學／幼兒保育系碩士班	覃詩《讀者劇場對國小五年級學生英文認字能力、學習態度及英語成績影響之研究》	五年級學校	本研究的目的在於探討實施讀者劇場對國小五年級兒童在英文認字能力、學習態度及英語成績上的影響。	(一) 施行讀者劇場教學的實驗組學生在字音評量上實驗組的得分則顯著優於控制組。(二) 實驗組學生在「英語學習態度」的情意、認知和行為層面上，與控制組學生的表現相較起

					來並沒有顯著差異存在。
2008	國立臺北教育大學／課程與教學研究所	徐翊瑄《建構多文本閱讀教學之行動研究》	高年級學校	本研究旨在從建構多文本閱讀教學的過程之中，增進教師的閱讀教學知能，及培養學生的閱讀能力。	教師從現場觀察閱讀教學，欲破除主流的書面文本教材，從盲目探索至按圖索驥；進而從實踐當中省思，察覺理念與實踐的差異後，在教學上詮釋出研究者的獨特見解。全語言理念適用於課外閱讀教學活動，注重長期閱讀能力的養成。
2008	國立東華大學／教育研究所	楊文廷《運用閱讀部落格推動國小五年級閱讀教學之研究》	五年級學校	本研究是以研究者服務學校為研究場域，採用行動研究的方式，建置閱讀部落格，並對國小五年級師生作相關的訪談。	符合推動閱讀教學的需要，並切合學生興趣與需求。使用「閱讀部落格」後閱讀行為及態度，學生與教師均認為有明顯改變。大部分學生表示對閱讀活動更為喜愛，教師認為大部分學生更主動進行閱讀，在課間與作文習寫方面有明顯進步。
2008	世新大學／新聞學研究所（含碩專班）	鍾張涵《提升兒童識讀能力與媒體近用研究──以《國語日報》實施 NIE 為例》	臺灣國小教師	本研究主要紀錄臺灣國小教師實施讀報教育（Newspaper In Education, NIE）的教學方針與對學童的影響。研究除了爬梳美國 NIE 的歷史起源與理念目標外，同時紀錄臺灣《國語日報》如何引進美國 NIE 的教育概念，創立	研究發現，相較於國外 NIE 的做法：結合政治法律、公民消費觀念、媒體識讀能力與批判思考教學等多元發展；臺灣讀報教育強調國語文的提升，及遊戲教學的運用，面向顯得較為侷限。

				「兒童讀報教育委員會」,並落實至國小教學場域。	
2008	世新大學／新聞學研究所（含碩專班）	呂儀君《國民小學的讀報教育與媒體識讀之關聯性研究》	問卷調查	本研究著眼於此,試利用問卷調查法研究讀報教育與兒童媒體識讀的關聯性,盼能為兒童的媒體教育找尋另一種可能。	本研究發現提出四點建議,盼能為讀報教育與媒體識讀勾勒出完整的藍圖: (一) 拓展視野,以Newspaper In Education發展兒童的媒體識讀能力。 (二) 政府補助,各界響應。 (三)《國語日報》應增加新聞比重。 (四) 培養教師媒體識讀教育的專業能力。
2008	國立屏東教育大學／幼兒教育學系	王玲雁《閱讀動起來——以繪本融入生活課程之行動研究》	一年級學校	本研究旨在探討以繪本融入生活課程提升兒童的閱讀興趣的教學成效。	研究者肯定將繪本融入生活課程的教學,並且可以增加孩子閱讀的興趣。繪本有助於九年一貫閱讀能力指標的達成。
2009	國立臺北教育大學／教育傳播與科技研究所	蘇怡如《Podcast之教育應用——以國小四年級閱讀教學為例》	四年級學校	本研究旨在探討Podcast應用在閱讀教學活動,對國小四年級學生閱讀動機與閱讀行為的影響。	Podcast融入閱讀教學對於學生的閱讀動機、行為有正向的影響。Podcast節目的呈現會影響學生閱讀動機與行為。Podcast融入閱讀教學能引發學生好奇心,並讓學生主動想要閱讀。學生使用圖書館頻率增加。
2009	輔仁大學／教育領導	朱佩玲《多元智能融入國語文	三年級學校	本研究主要目的在探討多元智能融入國語文閱讀教學的	研究者肯定多元智能融入國語文閱讀教學可有效提升學生的語文學習

				成效，以及其對研究者本身教學信念與教材教法的啟發。	興趣以及語文知能的表現。
2009	國立臺東大學／兒童文學研究所	楊玉蓉《一個小學三年級班級閱讀教學研究──以賴馬圖畫書為例》	三年級學校	探索國小三年級的學童透過教師設計的課程與閱讀活動的進行，能否對書有全面性的認識，並能從中享受閱讀的樂趣。	學生能將書的結構視為一個整體，養成全面性閱讀圖畫書的習慣。可以改變學生的閱讀習慣並增加學生閱讀的樂趣。
2009	國立臺北教育大學／語文與創作學系語文教學碩士班	王生佳《閱讀教學策略對閱讀態度與能力影響之研究──以智慧國小三年級閱讀童話為例》	三年級學校	本實驗研究旨在探討有無運用「閱讀教學策略」融入「大量閱讀童話」的活動，對國小三年級學童閱讀態度與能力的影響。	(一)閱讀態度方面：1.透過閱讀教學策略融入大量閱讀童話教學對學童的「閱讀態度」具有「正面」的提升作用。2.實驗組學童在閱讀態度的「認知」向度上有較佳表現，但於「情感」和「行為」向度上無較佳表現。(二)閱讀能力方面：1.實驗組學童在「認字」能力的表現上優於控制組學童。2.實驗組學童在「閱讀理解」能力的表現上優於控制組學童。
2009	國立臺中教育大學／科學應用與推	蕭名均《國小教師，家長與學生對科學類兒童讀物	南投縣內不同地區國小教師與四、	本研究旨在研究教師、學生與家長在科學類兒童讀物的閱讀情形、選擇行為概況與對該讀物	教師、學生與家長對於喜歡的讀物內容表現形式、希望的讀物類型、以及對科學類兒童讀物的觀點雖有部份達到顯

	廣學系科學教育碩士班	的閱讀觀點與閱讀狀況之調查研究》	五、六年級學生及其家長	內容觀點上的情形與異同。	著差異，但在重要性排序上大同小異，可說觀點差異並無甚大出入，對於科學類兒童讀物的觀點都傾向正面。
2009	國立嘉義大學／國民教育研究所	陳佳萍《多元文化教育融入閱讀教學之行動研究》	四年級學校	了解多元文化教育融入閱讀教學的歷程、教學遇到的困難與解決方式以及其教學成效。	發現閱讀教學能幫助學生理解與尊重多元文化，同時也發現多元文化教育融入閱讀教學的學習成效包括學生更能理解與尊重多元文化、更能合作學習、更樂於創作與發揚多元文化。
2010	國立臺北教育大學／課程與教學研究所	陳秀玲《資訊科技融入閱讀教學對學生閱讀理解效應之行動研究》	三年級學校	本研究旨在探討資訊科技融入閱讀教學的閱讀教學歷程及對國小三年級學生閱讀理解能力的效應為何。	根據研究發現，結論是資訊科技融入故事結構教學法有助增進國小三年級學生的閱讀理解，同時學生對故事結構教學的反應是正向的。
2010	國立臺北教育大學／特殊教育學系碩士班	謝幸雯《多媒體繪本重複閱讀教學對國語學業成就低落學童閱讀學習成效之研究》	二年級學校	本研究旨在探討多媒體繪本重複閱讀教學對國語學業成就低落學童閱讀學習之成效，並比較重複閱讀教學策略下，傳統教師協助與多媒體協助兩種方式對三位二年級國小國語學業成就低落學生識字與閱讀流暢學習成效的差異。	多媒體與傳統教師協助式重複閱讀教學均能提升國語學業成就低落學童的閱讀流暢性與識字學習成效。導師也同意多媒體重複閱讀教學能增進三位受試的閱讀學習成效。

　　根據上列的國內閱讀教學相關的研究論文，可歸納出國內在閱讀教學的研究上以實證研究及行動研究居多，大多在探討不同的教學法在學校班級實施後對學生的閱讀理解及閱讀興趣的影響，有少部分研究是對閱讀環境作質的研究，大多為評估閱讀情境對學生的閱讀表現的影響。可惜的是多半研究場域以學校教室為主，即使是運用網路進行閱讀教學，但也幾乎是脫離不開學校場域。本研究所要加入的半制式場域及非制式場域，在眾多的研究中是缺乏的。

　　綜觀國內的研究成果，學者肯定各種教學策略、教學方法、教學取向的運用。其中閱讀歷程理論的觀點也普遍為教師所接受，而在使用的教材上也更重視多元化的媒材，如：繪本、童話、戲劇、電子書、報紙、網路部落格等，靈活運用多種媒介，再輔以活潑生動的教學方法。由研究成果可歸納出有效的閱讀教學方法及模式有：

（一）多媒材閱讀教學

　　隨著電腦科技的日新月異，豐富的多元的媒體資訊，結合課文文本、圖畫書，資訊科技融入閱讀教學經各研究證明（鍾譯萩，2007；黃貞瑜，2007；陳淑真，2007；黃家勳，2008；溫雅婷，2008；楊文廷，2008；鍾張涵，2008；呂儀君，2008；蘇怡如，2009；陳秀玲，2009；陳秀玲，2010；謝幸雯，2010），確實能提升教學品質與學習成效的目的。其中如：黃貞瑜（2007）《Blog出閱讀的火花──國小四年級學童網路讀書會之行動研究》、楊文廷（2008）《運用閱讀部落格推動國小五年級閱讀教學之研究》比較特別的是，能充分利用網路進行另類的閱讀教學，有別於傳統的閱讀教學，吸引孩子的好奇心。而研究者也反映網路確實能夠引起學童閱讀的興趣，但是因為在設備上並非每個學童家裡都有，因此學習成果上會打折扣。其中鍾張涵（2008）《提升兒童

識讀能力與媒體近用研究——以《國語日報》實施 NIE 為例》及呂儀君（2008）《國民小學的讀報教育與媒體識讀之關聯性研究》在國小的讀報教育上的研究更添一股新的活力。另外，戲劇融入閱讀教學（林明皇，2006；覃詩，2008），讓學生可以透過肢體、戲劇學習閱讀。由此可以看出各式的媒材在閱讀教學的豐富呈現。

（二）全語言的閱讀教學觀

基於對語言、語言發展和學習的立場，全語言以統整為建構課程的總綱。此處統整有許多意涵，包括（李連珠，2006：95）：

1. 保持語言的完整，不管口頭或書面語言都不拆解成零碎片段，沒有任何聽、說、讀、寫活動是為了學習語言技能而被抽離情境。
2. 統整聽、說、讀、寫，四者不被分開教導，讓四者的學習互相支持，由學習者按需要使用，也以綜合使用此四面向的其中幾個支持學習。
3. 以語言支援、促成生活和所有的學習活動，語言不再是單獨課程與其他領域的學習分開，所有的語言活動也不再是為語言而活動，而有其生活和學習上的目的。
4. 由學習者的經驗、興趣出發，整合學習活動，以主題的方式組織。

可見全語言課程宜統整不同的語言形式，包括口頭和書面語言，並與其他領域的探究整合在一起。在爭論全語言相對於技能導向教學效益的研究中，Manning 和 Kamii（2000）的研究是較近期且有啟示性的研究之一；他們的研究方向有別於多數教學效益的研究，也示範了一個能真正呈現兒童語言知識的有效研究取向。下表可說明：

表 2-1-2　比較全語言和其他教學模式效益的研究

研究者	研究對象1	比較的教學模式2	資料型態	測量項目	結果3
Antonelli	1,2,4,5	全vs.規	量	拼讀能力	無
Burns-Paterson	1,3	全vs.科	質	閱讀概念	全
Dahl and Freppon	K,1；低社經、市中心	全vs.技	質、量	書面語言知識、閱讀書寫態度	知識：無態度：全
Griffith and Klesius	1	全vs.科	量、質	拼讀能力、拼字能力、書寫流暢度	無
Grisham	4	全vs.傳	量、質	閱讀成就、態度書寫成就、態度	閱讀成就：無態度：各半數寫作成就：傳
Hagerty et al.	4,6	全vs.傳	質、量	閱讀理解寫作成就	全
Holland and Hall	1	全vs.科	量	閱讀成就	無
Manning et al.	K-2（縱貫）：低社經、少數族裔	全vs.技	質、量	閱讀的概念、閱讀行為、閱讀成就	全
Manning and Long	K-2（縱貫）：低社經、少數族裔	全vs.技	質、量	寫作的看法、拼字能力、寫作成品	全
Miller and Milligan	1；低社經	全vs.科	量	拼讀能力、閱讀理解	全
Milligan and Berg	1	全vs.科	量	閱讀理解	全
Purcell-Gates et al.	K,1；低社經	全vs.技	量	故事書語言之知識	故事語言基本知識，無深度知識：全
Reutzel and Cooter	1	全vs.科	量	閱讀成就	全

Richardson et al.	K	全vs.科	質、量	閱讀理解	無
Roberts	K,1；低社經	全vs.技	質、量	寫作能力	全
Schafer	2	全vs.科	量	閱讀成就	無
Varble	2	全vs.傳	質	寫作能力	寫作形式：無 內容和意義：全

資料來源：李連珠，2006：150。

註1： K指幼稚園，1,2等數字指年級；其他加註指指研究對象的背景特質； 縱貫指縱貫研究。

註2： 「全」代表全語言、「規」表規則為本的教學、「科」表教科書為本的 教學、「技」表技能導向的教學、「傳」表傳統教學或直接教學。

註3： 所登記為整體效益較優者，「無」表無顯著差異。

　　上表的研究顯示，無疑也支持全語言教育的學習觀點，也讓國內學者紛紛投入其中的研究。（蔡蕙如，2000；魏青蓮，2004；高麗敏，2004；王紫虹，2005；古豔麗，2006；李陸芳，2007；徐翊瑄，2008；陳佳萍，2009）其中蔡蕙如（2000）《學習外一章：運用兒童讀物實施全語文教學活動之行動研究——以一個課輔班為例》指出，全語言的課程是由師生共同建立、創造的；允許孩子從許多開放性的教學活動中選擇學習經驗，讓孩子主動學習、主動探究並主動思考。老師只是扮演協助者的角色，協助孩子對於知識、技能、態度的個人意義的建構，協助學生點燃心中求知火炬。

（三）認知心理學觀點的閱讀教學

　　自從認知心理學的興起，不僅成為心理學的主流，影響許多心理學的分支，也影響各學科領域的教與學。只要注意各領域促進學習的術語中諸如「歷程」和「問題解決」（或「過程」和「解題」）等名詞的存在，就可意識到認知心理學無遠弗屆的影響。（鄭麗玉，2000：3）參閱國內近十年的閱讀教學的理論，大多數理論研究（吳

烈文，2006；黃瓅慶，2006；陳玉如，2007；洪采菱，2007；陳景輝，2007；許美雲，2008；江素枝，2008；林佳慧，2008；楊玉萱，2009；王生佳，2009）也都以認知心理學的觀點來開始閱讀教學，這種注意學生學習歷程的教學，的確能夠幫助學生建立比較深固的知識概念；而且大部分研究也指出可以提升學生學習閱讀的興趣，但也多以重視知識以及閱讀技巧的學習，以致在文學上的審美經驗常被忽略。

（四）讀者回應觀點的閱讀教學

　　早期的文學理論，大多以作者和作品為研究焦點，及至 1957 年以後，強調讀者回應的文學探索，乃蔚為風潮。（陳雅鈴，2004；李燕妮，2006；陳曉俐，2008）讀者回應論並非是一種具有嚴密知識體系的理論，而是來自多種理論觀點，以不同角度，一起來關注讀者回應的問題。一反以往「意義客觀存在於文章中」的主張，轉而強調「意義由讀者主動建構詮釋」的論點，重新省思閱讀歷程中讀者的角色地位。

　　讀者回應論的鼻祖 Louise Rosenblatt 認為「閱讀是讀者和文章訊息的雙向溝通」，為求意義理解的融通，可採取兩種立場的閱讀方式以達此目標。這兩種方式為傳輸式閱讀和美感式閱讀，其在教學上的哲學觀與取向，各有特色，分別探討如下（吳春田，2001）：

1.「傳輸式閱讀」的教學

以下由「閱讀立場」和「教學取向」兩層面，加以闡述：
(1) 閱讀立場：讀者思考文章內容，針對存留於腦中的資訊加以檢視、審析與探究。閱讀歷程以認知活動為主，主要在於蒐集文章中的資訊與概念。

(2) 教學取向：教學時，教師針對文章中的資訊、概念，引導學
　　　生作知識性的探究，協助其知識的獲得與整合。其提問的類
　　　型，大致如下：
　　① 喚起舊有的知識性經驗：如「你知道有關這位作者的什麼
　　　　事嗎？」
　　② 連結讀者經驗與文章概念：如「你是否接觸過這樣的事件
　　　　或概念？」
　　③ 洞察資訊概念：如「在這篇文章中，你知道了什麼新的東
　　　　西？」
　　④ 討論知識性概念：如「對於作者提出的主張，你最有興趣
　　　　的是什麼？」

2.「美感式閱讀」的教學

以下由「閱讀立場」和「教學取向」兩層面，加以闡述（呂美
慧，2003：20～21）：

(1) 閱讀立場：側重於讀者與作者的意象溝通與互動，強調心靈
　　　的感受，情意的抒發。讀者以其情感與生活經驗，融入文中
　　　意境，與文字雙向互動交流，進行個人的詮釋與體驗，形成
　　　新的閱讀經驗。
(2) 教學取向：主要在於引起學生進入文章之中，不斷體驗當中
　　　事件及文字意境，探訪作者的內心世界，與文中角色共承生
　　　命的悲喜。其提問類型，大致如下：
　　① 想象探索：如提示偏名後，提問：「你想這是什麼樣的故事？」
　　② 融入意境：如「如果你是故事中的主角，你會怎麼樣？」
　　③ 討論內在層面：如「如果是你發生了這樣的事，你有什麼
　　　　感覺？」
　　④ 角色認同淨化：如「你最想扮演故事中的哪一個角色？為
　　　　什麼？」

　　傳輸式閱讀的教學，強調理性的知識認知活動；而美感式閱讀的教學則偏重於感性的心靈觸動，二者取向不同，實為閱讀理解層面的差別，而且整個閱讀歷程，乃為一包含此兩種立場的連續體，依讀者選擇性注意所採取的立場比率而定。以傳輸式閱讀了解文章資訊概念或以美感式加以詮釋、評價，產生新的閱讀經驗，二者對於學生閱讀的引導都有其學習上的價值。

（五）基礎性的語文教學法

　　周慶華（2007：47～48）指出，以現有基層的制式教育為準據，基礎性的語文教學法包含閱讀教學方法、聆聽教學方法、說話教學方法、注音符號教學方法、識字與寫字教學方法和寫作教學方法等（可依性質相仿的合併為閱讀教學方法、聆聽與說話教學方法、注音符號與識字及寫字教學方法和寫作教學方法）。而閱讀教學的方法，同樣是為了便於教學各種語文經驗；同時它在安排教學活動時通常都要讓閱讀教學本身居於「核心」地位（其他幾項才能「環繞」它而一體成形）。這樣一來，它就只是一個「過程」義的；而它的方法性則是以「閱讀教學」為名而結合各種可能的獲取語文經驗的方法和各種可能的教學活動安排的方法等所成就的。因此，在為了探得語文經驗的教學方法將要有所「實質」展演的情況下，閱讀教學的方法就只是一個如何讓閱讀教學更精實有效的後設反省形式而已。這種後設反省形式的自我提升，所得涉及認知的層面大約有「閱讀教學如何可能」一個基本的課題以及「閱讀的性質」、「閱讀教學的理念」、「閱讀教學的選材依據」、「閱讀教學活動的機動安排」等幾個周邊的課題。

　　1. 「閱讀教學如何可能」方面：可先將「閱讀教學」一詞定為具有三種意涵：

　　（一）閱讀／教學：閱讀就是教學（假想受教者），教學就是閱讀。

(二) 閱讀→教學：先閱讀後教學。

(三) 閱讀←教學：為了教學一併去閱讀。

（周慶華，2007：48）

　　在現實中無妨優先採用第二種意涵（當然也可以兼容其他兩種意涵）。由於閱讀教學可以設定在「先閱讀後教學」的層次，所以它就有「下指導棋」或「先覺覺後覺」的意味。也就是說，自己要先有本事而後再去教人閱讀。最基本的就是從本身的經驗出發，設想學習者的狀況，然後按部就班的去引導學習者重歷自己的閱讀過程。（周慶華，2007：48）

2. 「閱讀的性質」方面：「閱讀性質」所要問的就是理解語文成品本身所具有的內涵形式。縱是如此，這個理解本身的內涵形式，卻可以多元化。如：

(1) 想到作者所想到的。

(2) 向作者所說的話起反應。

(3) 向作者所構設的事件發生感情。

(4) 向作者本人發生感情。

(5) 假定作者是想什麼。

(6) 假定作者是要求什麼。

(7) 其他有關超常基進的反應。

（李安宅，1978：60；徐道鄰，1980：48～51；
周慶華，1998：201～228）

　　如果不特別限定，那麼上述任何一種情況都算數。此外，閱讀還有兩個特性可以規模：一個是閱讀行為的社會性特徵；一個是閱讀活動的社會化過程。（周慶華，2007：49～50）

3. 「閱讀教學的理念」方面：在「閱讀教學的理念」方面，這所涉及的不外有「為什麼需要閱讀教學」、「閱讀教學的

目的和策略」和「閱讀教學者所需要具備的條件」等課題。以下分別敘述：

(1)　「為什麼需要閱讀教學」：閱讀教學是一種「經驗異己再現」，它的「先覺覺後覺」性質的假設，已經確保了它的必要性。即使不然，閱讀教學也可以當它是一種經驗的交流而使得它有相對的存在價值。

(2)　「閱讀教學的目的和策略」：可以再分閱讀教學本身的目的和閱讀教學者的目的。前者，在於引導學習者進入由語文經驗所完結的文化領域並參與文化創造的行列；後者，在於藉機謀取利益、樹立權威和行使教化等。而未達上述的目的，則可採行傳統式教學和基進式教學等模式。傳統式教學為一種由局部到整體或由表層到深層的教學模式；而基進式教學則為一種突破規範且著重在創造成分的發掘的教學模式。

(3)　「閱讀教學者所需要具備的條件」：不論是哪一種情況的教學（先覺覺後覺或經驗的交流），閱讀教學者都具備有廣博的語文經驗、創新文化的洞見和實踐願力、熟練閱讀教學的技巧（方法）、善於營造良好的學習環境、容許他人對諍自己的權力意志等能耐和涵養，才有可能「勝任愉快」。

（周慶華，2007：52～53）

4. 「閱讀教學的選材依據」方面：分「制式的教材依據」、「非制式的教材依據」和「另類的教材依據」。閱讀教學者所需具備的廣博的語文經驗以及創新文化的洞見和實踐願力等條件，得部分表現在閱讀教學的教材選擇上。制式的教材係指在國小教育上所運用的教材，受部頒課程綱要的限制；非制式教材雖不受部頒課程綱要的限制，但它仍有符合典範或

典律的約定要求；另類教材，這是比制式／非制式的選材更
上一層，是專門以創新文化和帶領風潮為考慮。（周慶華，
2007：53～55）

5. 「閱讀教學活動的機動安排」方面：既然閱讀教學是一種不
對等的發言關係，而基於基進創新的要求又不能不放手讓學
習者在社會化的過程中盡情馳聘，那麼最終所要落實的閱讀
教學活動的機動安排，就有一個自我一併受用的「藍圖」可
以依循。這個藍圖，首先要設定確立閱讀的「體制性」（為
過去／為現在／為未來的人閱讀）；其次要讓該體制性進入
具體的社會情境中「存在活躍」；再次要為該社會情境內部
釐清實質的關係網絡。而這個關係網絡就是相關閱讀教學活
動要進行機動性安排的起點，也是整體方法所能展現實力的
極致範疇。至於它要借用講述法或討論法或創造思考法，則
可視人／事／時／地／物等具體情境來作「隨機」有效的搭
配演出。（周慶華，2007：56～58）

綜合上述各家學者對於閱讀教學的論述，可以得知閱讀教學無
論是在教學模式、教材的編撰、教學過程與教學方法、教學場域上，
都有我們可以去探討的空間。只是他們鮮少再論及場域差異的問
題，而在這本研究中會有清楚的交代。

第二節　創意閱讀教學

一、創意閱讀教學的意義

在探討創意閱讀教學之前，必須先了解何謂「創意」？先前第
一章第四節已為「創意」作了一番解釋，這裡不妨再加入幾個學者
的看法。「創意」和「創造」兩詞總是密不可分。最早對「創造」

有較詳細的解釋是英文版的《韋氏字典（*Wwbster dictionary*）》。「創造」當形容詞用時的解釋是「創造」或是「有能力去創造」。而創造似乎與想像及發明兩個詞的意義相近。所謂的想像力是：有形成腦的想像力的能力去創造一些現實不存在的事項。創造也可以說是因不同的事在不同的領域中其解釋便會不同。Sanderlin 於 1971 年曾給創造找一個定義，他說：「創造是無中生有」。孫氏這個界說在我們社會中是家喻戶曉的一句普通話。（引自李德高，1990：3～5）恩田彰曾對創造下定義：「創造就是把已知的材料重新組合，產出新的事物或思想。」（陸祖昆譯，1988：91）國內學者彭震球的看法與恩田彰大致相同，認為「創造就是創造者依其個人的才能將既有的素材，加以重新組合之意。」（彭震球，1991：60）強調創造並非無中生有，憑空而來的，這與早期 Sanderlin 的看法是相左的。但是不論如何，「創造」是「無中生有」或是「將既有的素材重新組合」，都反映了人是個求知慾旺盛的動物。周慶華（2004b：2）指出「創造」一詞原為有神論所使用，指上帝由空無中造成事物；後來轉用為一般使某些事物中產生一種原來沒有的新東西的行動。然而，「創意」是什麼？簡單來說，凡是為了達成目標或解決問題所得的想法就是創意。（葉玉珠，2006：12）也有人說，「創意」就是點子（idea），點子不點不亮，愈點愈亮，你會發現創意是可以訓練的。（陳龍安，1994）產生創意可以說是產生創造力的必經過程；先有創意，再配合各種因素及執行的動力，才能有創造力的表現。（林璧玉，2009：64）

　　國內學者大都提出了閱讀讀教學的研究以及理論，我個人在尋找創意閱讀教學這部分，發現研究者大都提出了創意的教學法，很少有學者針對閱讀教學作專門創意上的發想。上述提到，創意是一個點子，如何讓創意閱讀教學得以開展，在於一個點子的發想，教學除了要有創意外，也要讓受教者能夠在教學過程中得到創意。在什麼樣的情境下，會產生創造學習的動機？在生活中有朝氣：凡是喜歡推理、討論；集中精神，全神貫注，不斷的尋找有趣的事

物;個人的意見受到挑戰的時候;是學習的方法和意向受到注意和欣賞;喜歡運用各種藝術媒體;對於某種書畫和故事產生痴迷;腦力受到相互刺激激盪的時候;或是發生奇異的事情的時候,思考則開始不斷的運轉,往往能夠產生大量的創意,也是創意教學介入的最佳時機。(嚴安安等,1999:173)嚴安安等(1999)的《創意教學》中提出:創造思考在運作的型態、內容和結果上,都是屬於高層次的認知歷程,通常這種高層次的認知包括擴散思考的幾種能力,如敏覺力、流暢力、變通力、獨創力和精進力。以下是這幾種能力的分析(嚴安安等,1999:174;李德高,1990:247):

(一)敏覺性思考

敏覺性思考就是對問題的敏感度,也就是敏於察覺事物,具有發現缺漏、需求、不尋常及未完成的部分。

(二)流暢性思考

流暢性思考就是反應靈敏,也就是在短時間之內,能夠從回憶和尋索的過程當中,思考許多可能的構想和答案。可以運用無量的字彙、意見、片語、典故,格言去解釋一個問題或一件事。

(三)變通性思考

變通性思考就是變化多端的能力,以及能夠從不同的類型或不同的方式來思考,以便能夠舉一反三,觸類旁通。可以運用不同的新見解新方法去應付所遭遇到的問題。

(四)獨創性思考

獨創性思考是指思考的品質具有新穎獨特的能力,也就是能夠構想出別人所想像不到的觀念。在思考方面多是一些不平凡的想法,意念非常深奧如小說中的故事和一些超現實的想像。

（五）精進性思考

　　精進性思考就是具有補充思考的能力，也就是在基本思考之上，再加上新穎、精緻的觀念，組成有附加價值的相關概念群，對事物或是問題有深入的透視。

　　增加兒童思考技巧和興趣在教學策略中是刻不容緩的工作。（李德高，1990：249）Poole 在《透過課程的創造力》一書中，提出使用文字寫作以促進創造力的教學方法。如：透過口頭方式創造故事，然後將故事內容製作成錄音帶，供作打字成為閱讀材料，學生可以將作品給父母、師長、同學、兄弟分享。此方法包括說、寫、讀的創造活動。（引自林建平，1985）因此，創意閱讀教學除了在教學上要有所創意之外，另外是能帶出受教者的創意。

二、創意閱讀教學

　　關於創意閱讀教學，讓我想起了一個作家和他兒子的故事：有這樣一對父子，父親是紐約哥倫比亞大學博士，著名作家、畫家；兒子是哈佛大學碩士、波士頓 CitSep 音樂指導及劍橋 WllRBD 電臺製作主持人、作家。這是被視為傳奇的一對父子。這個父親叫劉墉，兒子叫劉軒。然而，兒子在中學時他的考試卷上永遠是「C」。2009 年 9 月，劉軒抵達上海為新書《叛逆年代》簽售，接受專訪時，講述了劉墉拜託他考零分的獨特家教故事：

> 上了中學後，我開始叛逆，然後就變成了一個讓老師頭痛的孩子：調皮、厭學、愛做白日夢，每天憧憬的就是變成一個像舒馬赫那樣的賽車手。所以，我的成績很糟糕，不知道什

麼時候開始，我的成績變成了雷打不動的「C」，這讓教過我的所有老師都無計可施。

於是劉墉要就我的學習成績與我展開討論。我跟他說：「舒馬赫是我的偶像，他像我這麼大時，成績也很糟糕，他還考過零分，現在不照樣當了世界頂級賽車手？」。劉墉突然爽朗地笑了起來：「他考了零分，當了賽車手。可是，你從來就沒有考過零分啊，每次都是『C』！」說完，他的手從背後亮出來，衝著我，揚了揚手中那張成績單。他竟然笑話我沒有考過零分？我真的覺得自己受到了侮辱。我咽了一口唾沫，從喉嚨裡發出低沉的聲音：「那麼，你希望我考個零分給你看看嗎？」他往椅子背上一靠，擺出一個坐得很舒服的姿勢，笑了：「好啊，你這個主意很不錯！那就讓我們打個賭吧，你要是考了零分，那麼以後你的學業一切自便，我絕不干涉；可是，你一天沒有考到零分，就必須服從我的管理，按照我的規定去好好學習。如何？」我們很認真地擊掌為盟。

很快便迎來了考試。試卷結果出來了，是可惡的「C」，而不是可愛的「O」！灰頭土臉地帶著試卷回家，劉墉笑眯眯地走過來，提醒我，「咱們可是有約在先哦，如果你沒有考到零分，你必須聽從我的指揮和安排。」我低下頭，暗罵自己不爭氣，竟然連個零分都考不到。同時也在心裡作好了最壞的準備，他還能怎麼指揮我？無非是讓我好好努力早日考到 A 而已嘛！劉墉煞有其事地清了嗓子，說出了他對我的命令：「現在，我拜託你早一天考到零分，或者說，你近期的學習目標的向零分衝刺！哪一天考到了零分，哪一天你就獲得自由！」我差點以為我的耳朵壞掉了，或者差點以為劉墉的腦子壞掉了，這樣的大好機會送到他手上，他竟然將我輕輕放過，並且無限制地給我發補救機會？考零分比考 A，我覺得還是前者更容易一些。

於是，我看到了一絲曙光。很快又迎來了第二次考試……結局還是一樣，又是「C」！第三次、第四次……我一次又一次地向零分衝刺。為了早日考到零分，我不由自主地開始努力學習。然後，我開始發現自己有把握做錯的題越來越多。換句話說，我會做的題目越來越多。

一年後，我成功地考到了第一個零分！也就是說，試卷上所有的題目我都會做，每一題我都能判斷出哪個答案正確，哪個答案是錯誤的。劉墉那天很高興，親自下廚房做了一桌菜，端起酒杯大聲宣佈：「劉軒，祝賀你，終於考到了零分！」他衝我眨眨眼，加了一句話：「有能力考到 A 的學生，才有本事考出零分。這個道理你現在應該已經知道，不過我是早就計畫好了，你被我耍了，哈哈哈……」的確，我承認我被劉墉——我的爸爸耍了。在這個賭局中，其實我的一舉一動，都早已經在他的預料之中。可是，把考滿分的要求換成考零分，我就覺得容易接受得多，並且願意為了達到這個目標而努力。真不知怎麼想的。後來，我考上了哈佛，讀完碩士，正在讀博士，譯了書、寫了書，拿了音樂獎，獲得了表演獎，似乎在 18 歲以後，我就再也不去想做舒馬赫第二了。我覺得我完全可以做到劉軒第一。

（刪節網路資料，2010）

這是一個多麼另類的教育，劉墉發揮了反向思考的教育方法，讓他的兒子可以朝向所希望的路而走。當然這樣的另類教育，恐怕是很多為人父母甚至是教師所不敢實行的。回到現實面，綜觀國內的研究成果，首推以創意思考理論為主的教學模式，為國內研究者最常用。（劉能賢，2001；陳祥雲，2005；邱婉芬，2006；蔡忠課，2006；林明皇，2006；楊幸枝，2008；陳怡惠，2008）其中林明皇總有時

候還是會被學校所規定（2006）《創作性戲劇教學對國小學童創造力與自尊影響之研究》、楊幸枝（2008）《創造性閱讀教學對國小低年級學童語文創造力之影響》、陳怡惠（2008）《閱讀教學對兒童創造力的影響──以臺北市國小四年級為例》都提到了利用創意閱讀教學可以提升兒童的創造力，倘若教師可以多提供不同於傳統的閱讀教學，讓學生有機會多思考，將有助於閱讀效率的提升。

周慶華（2007）指出，「語文教學法的新趨勢」，約略是指統整性／科技整合／多媒體運用等教學理念，它們常為時下倡導教育改革的人所一再標榜的對象。周慶華（2007）在《語文教學方法》一書以談及所有的語文教學方法，他為語文教學方法未來可以繼續開發的領域提供三個可以努力的層面：第一是有關實演策略的探索；第二是有關基進策略的開發；第三是有關跨界策略的擬測。（周慶華，2007：334～337）關於第二個層面基進策略的開發，也正是本研究創意閱讀教學所要努力的方向。

第三節　場域創意閱讀教學

本節主要探討的場域與創意閱讀教學的關係，教師在進行閱讀教學時，會因深處不同的場域，在教學的方式也會有影響，所以在進行閱讀教學時，場域是教師所必須考慮的重大因素之一。在蔡蕙如（2000）《學習外一章：運用兒童讀物實施全語文教學活動之行動研究──以一個課輔班為例》中指出全語言教學在現行小學體制中也許有窒礙難行的困境，但展望未來強調課程統整的「九年一貫課程」，不失為推行全語言的新契機。另外，全語言教學同時也適合在沒有教學進度壓力與單一教科書的課輔班中實施。（蔡蕙如，2000）可見場域的不同，可運用的閱讀教學方法也會受到限制。由於我個人服務於學校體制外的機構，因此在對場域上的各種閱讀教學有許多的體悟。

在 Bourdieu 而言,「場域」乃是由各種社會地位和職務所建構出來的空間,其性質決定於這些空間各人所佔據的社會地位和職務。不同的地位和職務,會使建立於職務所佔有者之間的關係,呈現不同性質的網絡體系,因而也使各種場域的性質有所區別。(邱天助,2002:120)而營造良好的閱讀教學環境,讓學生可以盡情的徜徉在閱讀的世界裡,是教師們的責任。再以 Bourdieu 描述的場域概念來看,其實班級教學是一個「場」,而良好的閱讀環境也是一個「場」,要發揮「場」的效應,促進群體前進。影響群體動力的因素有:群體背景、群體參與形式、群體意見溝通形式、群體的凝聚力、群體氣氛、群體目標、群體領導者的行為、群體成員的行為等。因此,在此節我所要探討的文獻大致四分成四個場域,以下分別說明:

(一)學校場域

學校場域為制式場域,因此在諸多關於閱讀教學理論的探討裡也大都從此場域中進行閱讀教學,而這裡特別提蔡蕙如(2000)《學習外一章:運用兒童讀物實施全語文教學活動之行動研究——以一個課輔班為例》,研究者以放學後在校的課輔班為閱讀教學的場域,施予全語言的教學活動。全語言教育由美國學者所提倡的先進的語文教學法,在國內也一直被視為是語文教育的先驅。然而,在臺灣現行九年一貫教育的體制內窒礙難行。研究者把理論轉換為實際行動,雖論文成果迄今已十年,但在當時也算是另一種創意的閱讀教學。「全語言……是學習者為一完整的個體,在整體的情境中以語言學習所要學習的事物,同時學習語言的全部。」(李連珠,2006:6)換句話說,統整性教學與全語言教學都強調「面面俱到」,而不能有不當的偏廢或遺漏。(周慶華,2007:302)雖然九年一貫的精神也都強調統整,但在研究成果上仍須努力。

（二）故事屋場域

故事屋場域係指一個半開放性的空間，由一個多位教學者，在臺上說演故事給某些特定對象以進行閱讀教學。所以在這裡特指由社會機構所推動的閱讀教學場域為主，如圖書館的故事屋、張大光的故事屋、基金會的故事屋……等等。以下表呈現國內學者近十年在圖書館及在故事屋推廣閱讀的相關研究：

表 2-3-1　國內近十年圖書說故事及故事屋推廣閱讀的相關研究

年代	學校／系所	研究者研究主題	對象場域	研究內容	研究結果與發現
2002	國立中興大學／圖書資訊學研究所	周均育《兒童圖書館員、父母與幼稚園教師對幼兒閱讀行為的影響之調查研究》	臺中市 13 所公立公共圖書館兒童圖書館員、臺中市政府立案之幼稚園的 129 位教師與 159 位兒童家長與 153 位兒童。	本研究探討兒童圖書館員、父母、幼稚園教師與兒童閱讀行為間的互動關係，並深入探討父母伴讀（親子共讀）對幼兒閱讀行為的影響、兒童語文程度、閱讀偏好與閱讀頻率等閱讀行為的探討及兒童讀物的來源與選擇。	兒童圖書館員辦理推廣活動缺乏新意，多以守成為要。說故事活動與兒童利用圖書館有關，且是父母喜歡帶兒童到圖書館參加的兒童閱讀活動之一，但公共圖書館辦理說故事活動者不足 50%，且均非由兒童圖書館員主講。學校圖書角應配合兒童需求。
2002	淡江大學／資訊與圖書館學系	林怡心《公共圖書館推行說故事活動之研究——以臺北市立圖書館為例》	臺北市立圖書館館員共 33 位進行問卷調查，訪談對象包括義務林 老 師	說故事活動是公共圖書館兒童服務項目之一。如何完善地推展說故事活動，是公共圖書館所追求的目標。本研究採用質與量的研	建議將繪本欣賞、活動帶領、道具製作使用、兒童心理及繪本哲學納入訓練課程。承辦館員對於說故事活動的工作意願持保守態度。設計其他語言的說故事活動。承辦館員參加說故

			15 位、家長 8 位和兒童 12 位	究方法，透過問卷調查和訪談法蒐集相關資料並予以歸納分析。	事活動研習課程。
2007	世新大學／資訊傳播學研究所（含碩專班）	張耀水《兒童故事屋家長消費體驗與消費意願實證之研究》	臺灣北、中、南地區兒童故事屋	本研究針對現階段國內推廣閱讀風氣的兒童故事屋（臺灣北、中、南地區兒童故事屋）探討其氛圍設計、消費體驗與消費意願的關連性、並進一步實證下列的研究觀察。	(一) 兒童故事屋的氛圍設計與專業導讀者表現會影響小朋友在兒童故事屋的閱讀體驗。(二) 兒童故事屋的氛圍、專業導讀者以及小朋友在該場域的閱讀體驗與閱讀滿意會影響兒童進行繪本的閱讀回應與成效。(三) 家長的消費意願的決定會衡量兒童故事屋的氛圍、專業導讀者表現以及小朋友在該場域的閱讀體驗、閱讀滿意、閱讀回應等成效綜彙。
2008	元智大學／資訊傳播學系	莊國民《以創新傳佈理論探討互動科技媒體應用於說故事活動之研究》		探討互動科技媒體應用於說故事活動的傳布過程對於故事屋組織的影響，並觀察新事物的使用者特質與行為。	(一) 互動科技媒體導入的接受過程影響與創新傳布「新事物」元素的特性相符合。(二) 故事屋組織的「互動媒體故事」使用者（組織管理者與說故事人）具有創新、勇於嘗試新事物的個人特質，此特質有利於落實新事物的傳布。

					(三) 使用者（兒童）對「互動媒體故事」的當下行為表現反應，在互動過程中兒童較專注聆聽，不易受同儕干擾，說故事人易控制整場活動的進行。 (四)「互動媒體故事」有助於故事屋的專業形象建立與產品差異化。
2008	國立嘉義大學／幼兒教育學系研究所	許惠晶《說故事‧聽故事「故事屋」在臺灣的崛起與運作之探討》	一般民眾	本文採質性研究，以訪談為主，輔以文件分析及參與觀察進行研究。透過文件的分析針對故事屋的定義、發展沿革與現況進行闡述；另外，透過訪談與參與觀察，了解故事屋崛起的時代因素，運作模式，以及消費端對故事屋消費的動機與所認同的價值，並建構故事屋消費端的消費面向。	（未公開，研究成果未詳）

　　周均育在《兒童圖書館員、父母與幼稚園教師對幼兒閱讀行為的影響之調查研究》中提及：閱讀是人類最主要的學習活動，兒童閱讀除由父母、老師的協助引導養成其閱讀興趣外，仍需閱讀環境

的配合，圖書館是引起閱讀動機的最佳環境之一。圖書館與學校密切合作，再透過學校老師與父母緊密聯結，形成強而有力的鐵三角，如此才能將兒童置於優裕的閱讀環境。此外，許惠晶《說故事‧聽故事「故事屋」在臺灣的崛起與運作之探討》也提及，2004 年「故事屋」出現在臺灣，說故事的空間及說書人的角色出現了另類的風格和形式，也滿足了家長不同的教育需求及消費選擇。故事在不同的時代被不同的社群重新脈絡化著，更代表著不同時代的文化意義與價值觀。有此可見，閱讀教學以透過說故事方式在學校以外的場域如火如荼的展開，也為閱讀教學的內容增添多元且豐富的色彩。但如論文成果所提及，畢竟閱讀教學是門專業的領域，如要在這些半制式的場域進行閱讀教學，勢必要以創意的角度來切入，才能使閱讀教育的推廣路上不再那麼狹隘。

（三）教養院場域

我在教養院所接觸的對象大都為無家可歸的孩童，院童們本身或多或少都有一些問題，像是有發展遲緩、有暴力傾向、有自閉等。邱韻芝（2007）在《無障礙的故事天地——棉花糖故事工坊之經營》棉花糖故事工坊運用互動式故事戲劇的課程，在復健科診所內帶領一群發展遲緩的孩子一起成長。這是一個令人感動的故事，雖然論文所提及的場域並不在教養院內，但令人欣喜的是，以說故事的方式可以幫助特殊兒童的成長，而說故事正是一個閱讀教學的工具。然而，除了說故事外，應該還有其他閱讀教學法可以幫助教養院內的孩子。

（四）志工培訓場域

由於近年社會意識的覺醒，有許多人開始加入「志工」的行列，而各公家機關或是非營利組織也開始廣招民眾參與「志工」的活動；就連學校也為了推廣閱讀教育而開始招募「晨間志工」或是「說故事志工」。先前所提，閱讀教學本是一門專業的領域，但也由於

「閱讀」是學習的基礎，因此有越來越多投入當起推廣閱讀的志
工，扮起了類似教師的角色，而這方面志工的培養和訓練也應是不
可被忽略的一環。這個扮演培訓的角色，在我的經驗以及觀察裡，
大都由非營利機構或民間團體所擔綱。這個現象一則以喜，一則以
憂。喜的是總算推廣閱讀是為大眾所支持；憂的是這專門的技能培
養該如何去執行才能使閱讀教學落實。以下為近十年來過內學者對
校園志工參與閱讀教學推廣方面的相關研究：

表 2-3-2　國內近十年校園志工參與閱讀教學推廣方面的相關研究

年代	學校/系所	研究者研究主題	對象場域	研究內容	研究結果與發現
2003	國立嘉義大學/家庭教育研究所	楊如蒼《學習型家庭志工參與動機，參與程度與其組織氣氛之研究——以新竹市中小學校建立學習型組織活化推動計劃為例》	新竹市中、小學校建立學習型組織活化推動計畫的學習型家庭志工問卷調查	本研究旨在了解目前學習型家庭志工參與動機、參與程度與其組織氣氛的現況；探討不同背景變項、參與動機及參與程度的志工在其組織氣氛上的差異分析，進而探析三者對於組織氣氛的預測力。	(一) 學習型家庭志工具有較強的參與動機、中等的參與程度以及較佳的組織氣氛感受。 (二) 不同每週服務時數的學習型家庭志工在組織氣氛方面呈顯著差異。 (三) 學習型家庭志工的不同參與動機在其組織氣氛各面向上呈顯著差異。 (四) 學習型家庭志工的不同參與程度在其組織氣氛各面向上呈顯著差異。 (五) 學習型家庭志工的參與動機、參與程度對其組織氣氛具顯著的預測力。
2004	國立臺北師範	紀文進《我的父	志工子女與志工	探討志工子女在學校生活的現	志工參與服務，不同的動機會產生對學校不同的要

	學院／教育心理與輔導學系碩士班	母是志工——描繪志工子女的學校生活圖像我的父母是志工——描繪志工子女的學校生活圖像》		況，以了解志工參與服務，而投入子女的學習場域，志工父母的參與對學校及師長及子女會有那些影響。	求和期許；有的是以幫助學校，可以補充學校的設備及人力，讓學校為兒童做更多的規劃，提供兒童更多的學習；有的認為是空閒時間的利用，一方面可以符合自己的興趣和能力，並能常與孩子學習接觸，增進親職的能力；有的是能就近服務與照顧子女，也讓自己在服務的歷程中，能不斷的成長與學習。
2005	元智大學／資訊社會學研究所	鄭淑珍《教育志工參與及其組織網絡分析：以桃園縣中山國小為例》	問卷調查	本研究主要是以校園教育志工為研究對象，旨在探討教育志工參與志願服務及其組織網絡分析，並從「社會網絡」的觀點對於「志願服務」領域提出一個新的思考方向與不同層面的探究。	研究發現參與校園教育志工多數是學生家長，以已婚的女性居多，有宗教信仰且其工作時間的自由度高，平均教育年資 13 年，平均年齡 41 歲。教育志工服務的動機具有多重性質，女性是志願服務場域中的重要資本，多數志工媽媽在「第一個」子女就讀小學的關鍵時間，因「親職教育」的需求動機，讓她們第一次擔任教育志工進而接觸志願服務的領域。其次，校園是志工志願服務資源網絡的平臺，有超過八成的教育志工招募是透過「人際關係」媒介而進入校園的。由於學校同時提供志願組織的間交流的場所，許多非營利組織也在學校裡拓展了其人脈網絡，尤其，發現教育志工參與志願服務過程

					中，個別的志工成員也能連結出與其他組織的網絡現象。最後，藉由了解志願服務政策推動的困境，在未來研擬獎勵措施時，能多面向考慮參與志願服務的志工特質，重視精神層面的人性化關懷，不要一味的訴求市場化的機制。
2005	元智大學／資訊社會學研究所	杜宜玲《學校志工人員培訓與管理運作的研究：以臺北縣彭福國民小學為例》	問卷調查臺北縣彭福國小	本研究旨在探討學校志工人員培訓與管理運作的間的關係。主要研究目的有 (一) 探討學校志工人員培訓與管理運作的內涵與現況。 (二) 探討學校志工不同背景變項於人員培訓上的差異情形。 (三) 探討人員培訓的得分低、中、高三組志工於管理運作得分的差異情形。 (四) 探討學校志工人員培訓對管理運作的相關	(一) 目前學校志工人員培訓表現良好，以「人員招募」表現較佳，「人員訓練」表現相對較弱。 (二) 目前學校志工管理運作表現良好，以「人員認同」表現較佳，「人員管理」表現相對較弱。 (三) 不同背景變項在人員培訓及管理運作上並未呈現差異性。 (四) 不同人員培訓程度的學校志工在於管理運作上具有差異性。 (五) 學校志工的人員培訓與管理運作的間具有正向關聯。 (六) 學校志工的人員培訓對管理運作具有正向的預測作用；「人員訓練」是「整體管理運作」及其各向度的重要關建預測因素。

				情形。 (五) 探討學校志工人員培訓對管理運作的預測情形。	
2005	國立臺灣師範大學／社會教育學系在職進修碩士班	李世英《故事團體成員家庭互動轉化學習的研究──以新竹市科學城社區大學故事媽媽志工培訓為例》	新竹市科學城社區大學校園暨社區故事媽媽培訓班級	本研究旨在探究故事團體成員參與志工課程培訓後，對家庭互動方式的轉化學習。	(一) 故事團體成員在團體學習後在家庭互動的目的、內容、方法、過程的態度及情意上有其行為面的改變。 (二) 故事團體成員在團體學習後對家庭互動目的、內容、方法、態度上的觀點轉化有其正向的提醒與運用：重視互動過程而非結果、重視互動品質而非速度、彼此欣賞重於彼此批評、從權力的行使轉為互惠的概念。 (三) 影響故事團體成員對家庭成員互動的目的、內容、方法及態度的改變具有成效的課程設計為：多元的互動情境內容教學、多元的課程方法媒材DIY 角色扮演建立資料庫的運用、多元環境的安排、系列式固定且持續的課程時間安排。
2007	國立新竹教育大學／	楊坽枝《帶領國小志工參	白雲國小故事劇團志工	本研究採行動研究法，解決國小故事劇團志工運	故事劇團運作歷程我的專業成長與省思： (一) 在專業成長方面：增

				作時所面臨的困境與挑戰，研究目的：	進志工督導知能、省思批判能力、人際溝通與解決問題能力及與志工的關係也更為緊密。
	人資處輔導教學碩士班	與故事劇團運作歷程的研究》		(一) 發現白雲國小故事劇團志工在運作上的困境及解決策略。	
				(二) 探討白雲國小故事劇團志工參與故事劇團對學校及志工的影響。	(二) 在省思方面：瞭解志工的特性，在帶領志工的過程中，敏覺志工的反應，營造溫馨的學習環境才能符合志工的需求；採人性化的領導才能維繫志工服務的熱情；本研究的經驗，可以類化到處理志工相關問題上。
				(三) 瞭解研究者帶領故事劇團運作歷程的專業成長與省思。	
2007	屏東科技大學／技術及職業教育研究所	謝永坤《國小志工參與學校教育事務與自我成長關係的探討》	問卷調查屏東縣國小志工	本研究旨在探討國小志工參與學校教育事務與自我成長關係情形，內容包括分析目前國小志工參與的內涵及自我成長的成效的現況、背景變項與志工參與的內涵及自我成長的成效的差異情形、志工參與的內涵與自我成長的成效的相關情形，並探討志工背景變項及參與	(一) 屏東縣國小志工的參與內涵及自我成長成效，情形大致良好。(二) 大專及高中職學歷的國小志工，其參與內涵及自我成長成效上，優於國中（含）以下學歷者。(三) 每週參與五小時以上的國小志工，其參與內涵及自我成長成效上，優於參與三小時以內者。(四) 國小志工參與內涵與自我成長成效間有密切相關。(五) 國小志工的參與內涵

				的內涵對自我成長的成效的預測情形。	可有效預測其自我成長成效，其中以「自利性參與動機」對自我成長成效的預測力最高。
2007	南華大學／教育社會學研究所	黃佳琪《故事志工對兒童的啟發：以臺中故事協會為例》	故事志工學校	本研究旨在探討家庭主婦參與故事志工培訓的歷程與意義，和說故事對自己與兒童的影響，甚至如何讓自己透過說故事的帶領，引起孩子主動學習及閱讀的興趣。除此的外，更透過社會學的分析探討家庭主婦走出家庭，步入社會服務的意義和探討故事媽媽在目前社會上的重要性。	研究發現透過故事媽媽的故事分享，不但能提高兒童對故事的喜愛，故事媽媽自己本身也在參與培訓後，進而發現自己存在的價值和發現自己的長處以及特質。文中研究者更透過訪談，發現到除了故事媽媽們單純地服務動機外，「家庭經濟問題」及「家人支持」也是決定故事媽媽們能否走出家庭，服務大眾相當重要的因素。
2008	國立中山大學／中國與亞太區域研究所	沈恒伃《國小校園的志工媽媽現象探討》	志工媽媽	本研究主要探討國小校園志工媽媽的母職驅使她們參與的原因及其影響。主要論述臺灣在教育改革的潮流下，學校與社會如何要求父母對於孩子的教育工作付出更多心力，以提升教育成效。	研究發現校園志工多數來自中產階級家庭中的女性，為了幫助孩子是擔任志工的主因。對於那些因家庭與工作衝突而離職的母親來說，擔任志工能維繫其自我認同並獲得成就感。而選擇的志工工作內容，主要的考量在於時間上能否配合家庭照顧，和發揮自己的興趣專長。

| 2008 | 暨南國際大學／成人與繼續教育研究所 | 張素真《婦女志工服務學習歷程的研究——以南投縣草屯國小故事媽媽為例》 | 草屯國小故事媽媽 | 本研究以草屯國小故事媽媽為對象，探討國小故事媽媽服務學習的動機、國小故事媽媽服務學習的過程與方式、國小故事媽媽服務學習中的困境與因應策略以及國小故事媽媽從事服務學習對個人的影響的分析，深入瞭解國小故媽媽透過服務學習歷程來彰顯自己的生命的意義和價值，並作為女性自我反思的參考，並藉由團體的互動能夠在服務歷程中不斷的進步。 | (一) 故事媽媽從事服務學習的動機係來自於豐富自己的生命，同時也讓學生更懂得珍惜生命；把愛散播出去，讓愛的種子發芽茁壯；而團隊力量的發揮，更為社會增添許多溫暖的色彩。
(二) 國小故事媽媽說故事的過程與方式大致上可以培訓時期、演出前、演出中及演出後這幾個階段敘述。參與培訓課程時，大家彼此建立良好的情誼並互相鼓勵。演出前對故事的編寫做整體規畫，演出中不斷以良好的默契及精湛的技巧與學生作互動，演出後對於學生及學員的回饋做一番檢討和省思。
(三) 國小故事媽媽服務學習中的常會面臨許多的挫折和困境，這些困境來自故事媽媽本身的說故事專業的素養部分，來自服務的對象的要求的部分，來自組織團隊的結構失衡的部分，也有來自臨時狀況的產生的部分，這些困境使得故事媽媽無法愉快的 |

					從事服務工作。
					(四) 國小故事媽媽從事服務學習對其個人的影響包括能夠深入了解孩子學校生活，彰顯了個人生命的意義和價值；凝聚家人的情感，使家人樂於參與學校事務；透過服務學習故事媽媽能夠自我成長與自我實現，並增進人際關係，改變孩子也改變了自己，而不斷的閱讀更使得自己對事情的看法不再執著，產生不同的觀點。
2009	國立臺中教育大學／教育學系	許霞君《國民小學故事志工團體的研究——以臺中市傳智國小為例》	傳智國小故事志工	本研究係採質性研究方法，應用訪談、觀察與文件分析方式，探究臺中市傳智國小故事志工參與服務的動機及該故事志工團體發展歷程與運作情形。	(一) 從家庭出發，擴小愛為大愛，新世紀好媽媽。 (二) 由探索開始，謀共識建制度，持續動力團體。 (三) 重基礎培養，秉傳承創願景，親師攜手合作。
2009	國立臺東大學／語文教育學系碩士班	郭寶鶯《導讀志工參與國小閱讀活動的研究——以臺北市永樂國小為例》	國小導讀志工	本研究的目的在探究國小導讀志工團永續經營的方式。了解家長參與導讀志工團的因素，探討如何設計有系統的培訓課程、探討導讀志工團運作過程中的阻力及	家長參與導讀志工團的因素有： (一) 入門因素：萌芽期間特定對象的徵求、校方例行性招募團員，家長座談會招募，以及志工團員邀請其他家長參與。 (二) 持續因素：校方重視閱讀、學生回饋、個

				提升導讀效能的行政支援為何，並提出研究結果與建議。	人成長、對團體產生安全感與依賴感，以及對家庭有益。
2009	國立臺東大學／教育學系（所）	郭鴻從《高雄縣國小學校志工管理與志工參與學校事務動機關係的研究》	高雄縣國小志工問卷調查	本研究為高雄縣國小學校志工管理與志工參與學校事務動機關係的研究，旨在探討志工的參與動機，藉此了解如何有效促進參與的意願。	(一) 學校志工管理對志工參與學校事務動機的程度略高。 (二) 志工參與學校事務動機會因因素的不同而有所差異。 (三) 不同志工個人背景在學校志工管理與參與學校事務動機上有顯著差異。 (四) 學校規模在 13-24 班的志工在學校志工管理與參與學校事務動機較顯著。 (五) 不同地區的學校志工在學校志工管理與參與學校事務動機上無顯著差異。 (六) 學校志工管理與志工參與學校事務動機呈現正相關。 (七) 志工溝通與服務對於志工參與學校事務動機有較高的預測力，其次為校園氣氛的營造。
2009	中原大學／教育研究所	石昭薰《學校志工參與動機與持續服務的研究——以桃園縣一	志工	本研究旨在藉由個案實例探討，以校長、主任、負責業務的老師與學校志工為研究參與者，透過深度訪談、參與	(一) 學校志工參與動機中，時間上考量是其先決因素。 (二) 學校志工參與動機可分為自利、利他和社會等三大面向的動機。

		所國民小學為例》		觀察、文件分析與反省日誌,了解國民小學志工參與動機與持續服務的情形,以期加強學校志工的服務熱忱,提升服務的品質。	(三) 學校志工參與動機可以對應 Maslow 的需求層次理論。 (四) 學校志工參與服務歷經寄人籬下的日子、離巢獨立萬事難、攜手相伴齊努力與志在陽光心不悔等四個時期。 (五) 學校志工透過學校志工領導者與服務理念的傳承,展望未來,以期塑造永續發展的學校志工隊。 (六) 學校志工持續服務意願包含個人內在因素——被需要的需求與情感支持的需求,以及外在環境因素——從服務中獲得工作滿足感與對和諧團隊氣氛的需求。 (七) 學校內男性志工以服務工作的滿足感為主要持續服務的因素,不同於女性志工以情感上支持的需求為主。

　　沈恒伃(2008)《國小校園的志工媽媽現象探討》指出:學校行政人員如校長、主任,對志工媽媽給予正面肯定的態度,認為其增加學校人力資源外,更成為學生的身教楷模。但是班級教師看到有些志工媽媽帶著過強的私心而來,容易造成特權與不公平;或侵犯教師的自主性,造成親師衝突。因此,志工媽媽的參與除了能幫

助孩子，提升個人與社會資本；另一面向則可能深化性別與教育不平等。楊玲枝（2007）《帶領國小志工參與故事劇團運作歷程之研究》指出參與故事劇團對學校及志工的影響：（一）校園中的迴響：故事劇團演出後學生、老師、家長及社區民眾表示正面肯定。（二）志工團體中的迴響：志工本身收穫成長滿滿；讓故事劇團建立團隊精神；為志工隊注入一股活水，使志工團隊更凝聚。郭寶鶯（2009）《導讀志工參與國小閱讀活動之研究——以臺北市永樂國小為例》指出：有系統的培訓課程須包括以下幾點：（一）先著重導讀技巧，再擴充背景知識。（二）內容與講師應力求多元。（三）善用資深團員擔任課程講師。（四）善用校內有專長的老師擔任培訓講師。（五）與相關團體之間的交流。提升導讀效能的行政支援則包含：（一）設計有系統的培訓課程。（二）建立回饋制度。（三）充實人力與物力。（四）協助強化內外部聯絡網。對於校園志工參與閱讀教學方面，大多的研究者都持肯定態度。至於志工專業的培訓技能課程方面的理論研究，就少有論述提及，這應該也是未來在推廣閱讀教育上要被重視的一環，自然也是本研究努力的方向之一。

綜觀上述研究情況，可知它們所忽略的是場域創意閱讀教學所要扮演的角色，它應是以場域為主設計以適應該場域特性的創意閱讀教學，這是本研究所關注且試著要去建構理論以有別於先前相關研究成果的地方。

第三章　場域創意閱讀教學的新開展

第一節　主體發展欲求與場域創意閱讀教學

　　知識風起雲湧，科技日新月異，展望二十一世紀，各領域似乎都惶惶然在找尋未來的出路。固定的學習方式、一成不變的知識，已不足以應對時代的蛻變。（陳木金指導，2001：4）而閱讀教學活動已廣泛被研究以及討論，但如同第二章文獻探討中的研究成果所示，仍有許多進步的空間。閱讀活動是一個人的心理要素整體能量的反應。在閱讀活動中，人的感覺、知覺、注意、想像、聯想、思維、記憶、言語等等因素，無不處於積極的活動狀況中。另外人的需要、興趣、動機、意志、情感、個性等還直接調節和控制著閱讀活動，加速和深化著各種心理因素在閱讀活動中的作用。（韓雪屏，1992：2）而閱讀的行為和閱讀活動都是由人在醞釀和發動，這種人表面尚稱為閱讀者或讀者，實際上他應該叫做閱讀主體。這種主體跟一般哲學界或文學界所泛稱的主體性的主體不同。後者多半指人在認識、判斷和意義選擇上的自主性，無意等同於西方的人文主義，這能不能彰顯，還頗有疑問。前者可以指「對事實認識知解（包括感受）的來源是建立在我的個別經驗的基礎上的『人』」但又嫌不夠貼切；它應該是說行為或活動的促動者或實施者。（引自周慶華，2003：176）因此，在本研究中的閱讀主體係指教學者與被教者，而本章節主要從第二章的文獻探討的研究成果中提出閱讀主體上的欲求與場域創意閱讀教學上的結合。以下分學校場域、故事屋場域、教養院場域及志工培訓場域分別敘述：

一、學校場域與場域創意創意閱讀

　　九年一貫新課程的推動，主張以兒童生活經驗及生活應用能力作為課程教材、教法與評量的主要目標，發展符應學生生活經驗、認知結構與身心潛能脈絡，設計符合個別化、適性化的課程實現為預期理想。（陳木金指導，2001：1）近十年來的學術研究大多以九年一貫的課程統整為前提進行。（蔡蕙如，2000；劉能賢，2001；談麗梅，2002；謝國村，2003；呂美惠，2003；陳雅鈴，2004；高敏麗，2004；王紫虹，2005；陳祥雲，2005；古豔麗，2006；許淑芬，2006；黃璨慶，2006；朱似萼，2007；湯慧屏，2007；鍾譯萩，2007；陳曉俐，2008；陳曉卉，2008；王玲雁，2008；朱佩玲，2009；王生佳，2009；陳佳萍，2009）陳木金在 2001 年指導臺北市中興國小以及福星國小進行「學校本位的課程統整與主題教學」的行動研究中指出此行動研究的實施特色以及要加強的部分（陳木金指導，2001：30）：

（一）以身作則，發揮影響力

　　行政人員必須以身作則，加強進修熟悉教育趨勢所引發的教育改革，九年一貫課程統整，主題教學，協同教學……等的精神與涵義，才能有能力發揮感召力。

（二）跨校合作，全面參與

　　此次「課程統整、主題教學」研究是由福星國小和中興國小全體老師共同參與，除了請藝術學院陳木金教授，板橋教師研習會范信賢博士作理論指導外，並請李平、李麗修、李美玲三位老師以「蘆洲故鄉情」為例作實務探討，可說是結合大學、研究中心、小學等教學夥伴，共同合作而成，如此不僅可以腦力激盪、集中智慧，同時可發揮資源共享，增進經濟效益，達到事半功倍的效果。

（三）加強溝通，建立共識

在小學階段，家長對於實施課程統整的活潑教學，大致上是贊同與支持的，只是部分老師雖然了解教育改革是勢在必行，不會反彈，但不一定會主動積極去了解其涵義與精神，仍舊抱持「多一事不如少一事，以不變應萬變」的等待心態，所以必須加強溝通，鼓勵教師積極參與，以法律面、政策面、人性面等各方面來建立共識。譬如，法律面：教師必須遵守教師法，負有研究、進修的權利與義務。政策面：教師分級制以成必然趨勢。教師必須增加智能，提高教師地位。人性面：教師必須配合兒童身心發展，提供統整的學習課程，使兒童獲得完整的學習經驗，才是人性化的教學。

（四）計畫落實，具體可行

這次研究計畫是集合教授、行政人員、老師的智慧共同擬定的，最主要以「老師能接受，且能達到教學目標」為前提，為使計畫更落實，每次活動後，兩校校長、主任及教授必定對當天活動的優劣得失加以檢討，並且修正下次活動的內容及方式，期待每次活動都能受到老師的歡迎，圓滿達成我們所預期的目標。

（五）鼓勵進修，提高知能

教師是教學的靈魂也是教學成功的關鍵，所以必須提供一系列有關進修，使老師能設計課程有效教學的能力。此次兩校合作的課程統整行動研究事先由教授理論探討→示範與教師提供經驗的現身說法→兩校各學年的主題訂定→教案編寫→教案討論、修正→教案定案→正式教學→教學心得發表、著書發表使老師能從理論到實務，從教案的編擬到教學實施，使老師由能「知」到能「行」、信心成長。

（六）行政主動，充分配合

「教學是目的，行政是手段」，所以行政必須主動，在人力、物力、財力各方面，全力配合支援教學，使老師能安心教學，尤其「課程統整、主題教學」必須讓「教師群」有充分時間尋找教學資源，共同討論設計教學方案，所以「備課時間」必須相當足夠，在不影響教學的情況下，必須給老師彈性運用時間。

（七）成立團隊，分工合作

學校本位課程，必須以學生為主體，配合教師專長、學校特性、社區需要，發展出一套適合學校本身需要的課程，所以必須組織各學年、各科教師群，共同討論，擬定主題、設計教案，尋找教學資源，並進而分工合作，協同教學，才能有效教學。

（八）成果發表，激勵士氣

舉辦主題教學成果發表會，可以使老師彼此交換經驗、分享心情，並將努力的成果集結成書，一方面留下記錄，作為實施教學的參考；一方面鼓勵士氣，使教學者能在既有的基礎下有信心再出發。

綜觀近十年對閱讀教學採用統整概念而形成的研究中。陳佳萍（2009）《多元文化教育融入閱讀教學之行動研究》指出在教學的困難與解決方法上面，發現多元文化教學素材必須更貼近學生的生活經驗，教學評量必須運用多元評量方式等。高敏麗（2004）《從九年一貫課程綱要國語文能力指標探討國小國語文閱讀教學》提出：

(一) 國語文教學的實施上，必須要有整體的掌握與規畫，教師必須深入了解孩子是如何閱讀的，是如何學會學習的，要立足於學生學習的生理、心理基礎上，激發學習的主動觀、積極性。

(二) 閱讀能力的建構是複雜的循環歷程，而在建構過程中需要認知、技能、情意的統整交融，教師必須有系統的教導有關閱讀的知識、方法、技巧。經由適切的累積和循環往復，養成有效的閱讀能力。

(三) 閱讀教學需要精準掌握學習關鍵點，多注入新思維與多用新方法，兼顧「人與書本」、「人與人」、「人與環境」的互動。

(四) 發展檢測國語閱讀能力評量的機制。

(五) 編輯國小教師國語文閱讀教學參考手冊。

(六) 成立國家層級的閱讀推動小組。

(七) 探討芬蘭、加拿大、紐西蘭、澳洲、日本、韓國等學生高效閱讀的成因及在本國閱讀教育可供借鏡處。

在各研究中也多指出閱讀本體在現行的閱讀教學下，有其困難並要解決的地方，如教學時間不足、教師專業能力需要再進修加強等等之類。如同高麗敏（2004）所提及閱讀教學需要精準掌握學習關鍵點，多注入新思維與多用新方法，兼顧「人與書本」、「人與人」、「人與環境」的互動。而本研究場域創意閱讀教學正是強調在不同場域內，閱讀教學應有不同的面貌以因應不同的受教者；而加入創意使閱讀教學更為豐富多元。關於學校場域創意閱讀教學的開展情況，將在第四章予以詳細的討論。

二、故事屋場域與場域創意閱讀教學

自古至今，人類藉著故事傳遞經驗，也將文化代代傳承。隨著時代的改變，故事被不同的社群重新定義、重新詮釋，說故事這個活動也以不同的面貌向不同的群眾展現。許惠晶《說故事‧聽故事「故事屋」在臺灣的崛起與運作之探討》中指出：2004 年「故事屋」出現在臺灣，說故事的空間及說書人的角色出現了另類的風格和形式，也滿足了家長不同的教育需求及消費選擇，故事在不同的

時代被不同的社群重新脈絡化著，更代表著不同時代的文化意義與價值觀。換句話說，故事屋場域的創意閱讀教學也有相關主體在欲求者，張耀水（2007）《兒童故事屋家長消費體驗與消費意願實證之研究》提及：

(一) 兒童故事屋的氛圍設計與專業導讀者表現會影響小朋友在兒童故事屋的閱讀體驗。

(二) 兒童故事屋的氛圍、專業導讀者以及小朋友在該場域的閱讀體驗與閱讀滿意會影響兒童進行繪本的閱讀回應與成效。

(三) 家長的消費意願的決定會衡量兒童故事屋的氛圍、專業導讀者表現以及小朋友在該場域的閱讀體驗、閱讀滿意、閱讀回應等成效總匯。

然而，故事屋的形式除了由民間團體推動外，有越來越多的公立圖書館也響應用「說故事」來推動閱讀。但畢竟這個以「故事屋場域」形式展開的閱讀教學場域並非在制式的場域內，因此在進行閱讀教學時，雖然可以很自由選擇閱讀材料，但站在教育的立場來看，其專業性就稍嫌不足。周均育（2002）在《兒童圖書館員、父母與幼稚園教師對幼兒閱讀行為的影響之調查研究》的研究成果就指出：

(一) 兒童圖書館員專業背景不足，且多非正式編制人員。

(二) 影響父母帶兒童到圖書館意願除了館藏的考慮外則為館員的服務態度。

(三) 兒童圖書館員辦理推廣活動缺乏新意，多以守成為要。

(四) 說故事活動與兒童利用圖書館有關，且是父母喜歡帶兒童到圖書館參加的兒童閱讀活動之一，但公共圖書館辦理說故事活動者不足 50%，且均非由兒童圖書館員主講。

(五) 說故事活動是幼稚園教師最常使用的閱讀指導活動，也是家庭中主要的父母伴讀（親子共讀）活動。

(六) 班訪活動不僅與兒童圖書館員的服務態度有關，也與兒童利用圖書館有關。

(七) 親子讀書會較適合幼稚園兒童參加。

(八) 有 98.7%的父母均在兒童 5 歲前實施伴讀，主要伴讀人是母親，最常使用的兒童讀物類型是圖畫書、動物故事、神話、冒險故事，且有 59.1%的父母伴讀時間以睡覺前居多。

(九) 父母伴讀的優點以增進親子關係比例最高，其次為增強語言能力與增加知識。

(十) 兒童圖書館員察覺兒童對漫畫及笑話的喜愛。

(十一) 圖書角成為幼稚園教學必備的環境。

(十二) 兒童圖書館員、父母及幼稚園教師三者對閱讀指導的重點並不相同。

　　以上研究均顯示，兒童閱讀除由父母、老師的協助引導養成其閱讀興趣外，仍需閱讀環境的配合，無論是在故事屋或在圖書館也好，良好的閱讀環境可使閱讀的效率增加；但本研究中也提到在教學者本身仍需要具有閱讀教學的專業，同時也必須顧及被教者的需求。場域創意閱讀教學就是要以場域的概念，設計創意閱讀教學的活動，以期望可以對現在所有的「故事屋場域閱讀教學」有所助益。關於故事屋場域創意閱讀教學的開展情況，將在第五章有詳細的論述。

三、教養院場域與場域創意閱讀教學

　　教養院的院童除了在家庭因素而被迫暫留於此，其院童也都接受國民義務教育，只是閱讀教育這一環並非在學校場域上就可以完成充實；而礙於教養院的資源有限，教養院的院童無法將閱讀教育延續至下課後，因此需要民間團體的協助。。邱韻芝（2007）在《無障礙的故事天地──棉花糖故事工坊之經營》棉花糖故事工坊運用

互動式故事戲劇的課程,在復健科診所內帶領一群發展遲緩的孩子一起成長。故事能吸引小朋友的目光,而說故事本身也是閱讀教學上常被使用的工具之一;至於將故事結合戲劇則更是孩子最喜愛的方式。但院童本身有各種生理發展上的問題,所以在進行閱讀教學時,就必須以特別的教學方法來因應此場域的教學,而場域創意閱讀教學目的在於提供適合於各場域特殊條件下的閱讀教學,自然在教養院這個場域也有相關的主體對它有需求。而關於教養院場域創意閱讀教學的開展情況,將在第六章加以詳細的探討。

四、志工培訓場域與場域創意閱讀教學

在郭寶鶯(2009)《導讀志工參與國小閱讀活動之研究——以臺北市永樂國小為例》指出:導讀志工團運作過程中的阻力的來源主要有四個方面:(一)學校:行政人員、老師配合不足、學生反應不佳。(二)家庭:照顧家人或家庭事業、花太多時間準備導讀和孩子的學業表現不佳遭家人反對。(三)團員:互動氣氛不佳和在無共識與互信之下執行任務。(四)個人:對自我能力的疑慮、時間不允許、擔任團長擔憂人手不足。因此,在志工培訓場域裡,仍有許多問題有待解決。李世英(2005)《故事團體成員家庭互動轉化學習之研究——以新竹市科學城社區大學故事媽媽志工培訓為例》提出關於志工媽媽培訓的建議如下:

(一) 各機構與社大辦理故事團體培訓課程應建構一個故事培訓體系;系列式課程結束後組成多個不同性質的社團,同步在不同機構作定期性服務學習;每學年舉辦定期交流聯誼大型的故事月嘉年華活動或公開巡迴演出;依據社區特色或區域性需求,整合社區學習體系。

(二) 擔任故事課程教學的教師應常作實務上的反思與建議;對課程時間安排可加長;對課程內容整體策畫必須融入多元智能、同

理心與小組討論；對課程後的延伸活動需安排實踐服務學習
機會。

(三) 故事團體專業教師養成應受成人教育相關課程培訓；應受諮商
輔導相關課程訓練；應受創意課程研討培訓；應熟悉運用故事
各類主題。

(四) 後續相關研究可在不同「教學型態」上、不同「教學對象」上、
不同「教學時間」上進行故事團體研習的模式比較其優缺點，
或在課程後設立多個社團，同步在不同機構進行服務學習，或
搭配社區活動服務，來觀察理論與實務的執行面成效。

當志工站在閱讀教學的場域裡就是一位教學者，面對各理論
的成果普遍認為志工在推廣閱讀上，最需解決的問題就是教學者
本身的專業能力，而這是志工培訓場域裡最重要的課題，如何讓志
工在面臨本身的專業不足、志工團體組織上的零散、教學時間以
及備課時間有限……等等的情況下進行有效率的閱讀教學，就有
賴於在志工培訓場域上的創新。也就是說，場域創意閱讀教學對志
工培訓來說，相關主體對它的欲求會更形深切。而這在第七章會詳
作交代。

第二節　社會意識更新亟需與場域創意閱讀教學

近年來，由於臺灣政治、社會、經濟、文化的發展與變遷，
民主素養的提升、國際運作能力與科技運用能力的客觀需求，及
社會大眾對教育改革的殷切關注，使得課程與教學的改革成為教
育革新中的重要焦點。例如：自 1987 年以後，由於宣布解嚴、動
員戡亂的廢除、黨禁和報禁的解除、兩岸交流的實施，呈現百花
齊放、言論自由，隨著民主政治、社會多元，教育也必須鬆綁和
開放。然而隨著社會意識的更新，在閱讀教學上也必須有所跟進。
反過來說，如果開啟了場域創意閱讀教學，那麼它就會成為「領

航者」而變成社會意識更新所亟需的對象。而這可以分別從教改、政策、族群、兩岸交流等社會意識更新和場域創意閱讀教學的關聯性來說。

首先是教改的問題。1992 年行政院成立「教育改革審議委員會」後，鼓勵地方政府實施開放教育，進行田園式的教學改革，嘗試改革教與學的型態以提升教學的品質，努力於教育改革的實驗工作。另外，在師資的培育方面，1994 年公布「師資培育法」，提倡多元化的師資培育制度架構；民國 1995 年公布「教師法」，作為教師的權利義務的法源依據；1996 年教改會提出「教育改革總諮議報告」，提示國家教育未來的發展方向；教育部於 1997 年 4 月成立「國民中小學課程發展專案小組」，積極進行「國民中小學九年一貫新課程綱要」的修訂，並在 1998 年 9 月完成「國民教育階段課程總綱綱要」，並預定於 2001 學年度起實施，為我國教育開創了一個新的里程碑。（陳木金指導，2001：4～5）對於教改，國內也有許多學者非常關心此議題，林良淯（2003）《第七次全國教育會議對我國當前教育改革影響之研究》就指出：在臺灣政經環境急遽的變遷下，至今社會大眾對當前教育改革的成效評價互異，教改成果也未如預期受到社會大眾肯定，並且已經成為社會重大議題；目前教育界開始普遍反省，要求進行「後設教改」，尤有甚者，社會所提出「二次教改」呼聲，日漸成形。呂文峯（2007）《國小教師對教育改革知覺之研究——以雲林縣為例》中對教育改革知覺面向現況的探討成果如下：

(一) 均等面向以教育優先區與性別平等教育較高。

(二) 選擇面向以教科書開放最為明顯。

(三) 效率面向以協同教學、裁併小校及降低班級人數為最高。

(四) 卓越面向以兒童閱讀最明顯。

(五) 本土化面向在臺灣母語日及鄉土教育等政策表現最明顯。

(六) 全球化面向以英語教學及資訊教育最具代表性。

　　呂文峯（2007）《國小教師對教育改革知覺之研究——以雲林縣為例》所指出的國小教師對教育改革的覺知面以兒童閱讀方面最明顯，這反映了閱讀教學上不斷在更新其教學方法，是最能著手的一面；而這同時也顯現出教師對教學方法方面能夠更推陳出新，不僅如此，家長與孩子也期待活潑、教學多元的教育。而場域創意閱讀教學所要探討的是讓閱讀教學不僅在學校場域可以盡情發揮教師的專長，而且還能使孩子盡情徜徉在教學裡。此外，不僅學校教育在改革，在我們社會中閱讀教育也如火如荼的展開，而本研究所要探討的就是如何在各場域中從事創意的閱讀教學以為挽救教改的一些不良症狀。

　　其次是政策影響教育的發展問題。這裡有幾個例子可循，政府透過教育制度改革，並強制規範師範院校必修兒童文學課程，以及主導「中華兒童叢書」等兒童讀物出版，還有板橋教師兒童文學研習會開辦，都是牽一髮動全身，左右了臺灣兒童文學發展。（謝鴻文，2006：506）一個政府的政策可以深遠影響臺灣文化的發展，由此可以得到見證。再來是桃園縣從前縣長朱立倫上任時，就極力推廣桃園縣的閱讀活動，從縣府的文化局開始舉辦各種閱讀推廣活動到國小教育上。在朱立倫縣長任內，許多國小生都有一本閱讀護照，而有的國小則是極力增取閱讀特色的認證；然而自馬英九總統說要推廣品德教育時，現任桃園縣縣長吳志揚也呼應馬總統的理念，在桃園縣教育處 2010 年的年度計畫中提到：鼓勵學校推動品格教育，營造校園優質文化，推動品格 100 實踐學校，鼓勵學校在既有基礎上發展特色，並發揮教育功能。（桃園縣政府網站，2010）無疑地，很快的的桃園縣各級學校又要開始迎接這新項的計畫。然而，這是地方政府為響應高層所作的反應，那麼在國家整體的教育發展上又如何？」尤中（2003）在《教育改革與制度變遷——臺灣高等教育自由化的社會學分析》的論文中提及：在教改的過程中，「自主」一度成為重要的理念與行動根據。然而，當教育支出造成

龐大負擔時，國家說要達成大學自主，讓高教機構負責分攤預算的責任；當社會抗議學費調漲負擔過重的時候，大學的經理人說要達成大學自主，要求國家規範賦予經營管理的空間以維持其組織存活。臺灣每到選舉年，都會充斥著各種不同的聲音，雖然都明白「教育」是國家建國的基礎，可是每當和國家經濟發展有所抵觸時，往往犧牲的卻是教育。各級學校常常要面對的是資金來源的短缺，因此在教育推廣上經常是力不從心。本研究期望藉由場域創意閱讀教學來面對此困境，以場域創意閱讀教學來喚起更多人對教育的重視，而不是只是隨政策起舞。

再次是族群問題，臺灣因其歷史淵源，島上住著不同的群眾，如原住民、客籍、閩籍、外省人、新住民、外國人……等等，臺灣可以說是美國這個民族大熔爐的縮小版，因此多元文化的教育也是被重視的一個焦點。尤其是近一、二十年來，臺灣人口結構產生劇烈變化，遽增的跨國婚姻現象，使得大量女性婚姻移民湧入臺灣，造成一波新移民的到來。在臺灣的大陸、港澳及外籍配偶已達 36 萬人，儼然形成臺灣的第五大族群。在葉琬華（2005）《從多元文化主義論臺灣東南亞外籍配偶輔導政策——澳洲多元文化經驗對我國的啟示》就指出：當外籍配偶進入臺灣家庭時，被要求融入臺灣社會的文化與生活中，不僅要調適生活上的差異，還要面對文化、語言與習慣的種種問題。而臺灣政府在面對不同文化、種族進入臺灣社會時，主要採取「同化」政策，希望外籍配偶同化於臺灣主流文化之中，避免影響我國生活水平。此外，由於國人對於外籍配偶原生文化的不了解，只用經濟標準來評判文化優劣，缺乏對多元文化的認識與尊重。諸多限制使外籍配偶適應新生活上更添困擾。然而，外籍配偶和他的孩子在學習上，楊美齡（2004）《新臺灣之子》家庭環境與學校生活適應之研究——以臺北市為例》中提到：臺灣在 1981 年初期開始有外籍配偶的出現，由於我國與大陸或是東南亞國家女子結婚的男性，

不少是社經地位較低，居住較偏僻的鄉鎮，甚至是身心殘障等弱勢族群，加上這群外籍媽媽因為年紀輕、多數只有國中學歷，一結婚就懷孕生子，平均生育子女數又高於一般臺灣家庭。這樣的家庭在教育他們的子女時，可能會面臨到比一般家庭更多的問題，所以大家開始擔心這些「新臺灣之子」將會拖垮臺灣的人口品質，使臺灣的國際競爭力愈來愈差。因此，如何協助這些「新臺灣之子」適應社會，尤其是學校生活，已成為刻不容緩的課題。這一群臺灣未來主人翁的相關適應問題，的確值得深入探討。母親的國籍並不是影響學校生活適應的因素，孩子社會化的歷程才是重要關鍵。雖然外籍配偶家庭，父母親社經地位較低，但是孩子的學校生活適應不一定會比較差；父母積極的參與孩子學習，比添購家庭文化設施更重要；父母正常的婚姻關係與和諧的家庭氣氛是孩子的安定力量；父母支持性的教養，是孩子在學習的過程中最大的助力；父親及家人的鼓勵與協助，可以增加外籍母親教養孩子的能力；安親班只能指導孩子課業，無法取代家庭的功能。另外，在學校如果老師用平常心看待這群「新臺灣之子」，接納他們，讓他們感覺自己和一般孩子沒有什麼不同，而家長又能夠充分信任老師，與老師密切配合，孩子的學校生活會適應得更好。在學校方面，老師應當主動出擊，和外籍配偶家庭建立良好的關係；在學習過程中，協助爭取各項經費補助及使用學校資源；實施多元文化教育，營造友善校園的環境。在政府方面，政府應編列充足經費，在各大媒體宣導外籍配偶嫁來臺灣的正面意義，以及她們對臺灣的貢獻。相關單位應多管齊下，協助外籍配偶家庭：（一）社福單位應訓練在地志工，探視、協助、陪伴外籍配偶的成長。（二）教育主管單位可以委託各個學校辦理識字課程，鼓勵外籍配偶參加。（三）從外籍配偶嫁到臺灣後，衛生單位就把她們的家庭列入關懷名單。（四）社教機關可以開辦教養子女的親職教育課程。（五）策動民間社團提供到家服務的資源。因此，除相關研究顯示，新住

民將是教育上需要去解決的問題。陳佳萍（2009）在《多元文化教育融入閱讀教學之行動研究》中提到：多元文化教育融入閱讀教學，發現閱讀教學能幫助學生理解與尊重多元文化，同時也發現多元文化教育融入閱讀教學的學習成效包括學生更能理解與尊重多元文化、更能合作學習、更樂於創作與發揚多元文化。在教學的困難與解決方法上面，發現多元文化教學素材必須更貼近學生的生活經驗，教學評量必須運用多元評量方式等。如何尊重以及傳承同是住在這個小島的所有人，多元文化的教育有其重要性，但閱讀教學常常礙於時間、空間以及教材取得的限制，往往減縮這部分的教學或是有時間才會教，場域創意閱讀教學試圖打破此藩籬，以見它可以貢獻良策。

最後是兩岸交流，自 1987 年 11 月 2 日政府開放民眾赴大陸探親，海峽兩岸跨出了歷史性的一大步，改變了近四十年隔絕對峙的局勢，開啟了兩岸民間的接觸與交流，使兩岸關係邁入新的旅程。十多年來，隨著兩岸社會文化交流日趨熱絡開放，帶動了「中國大陸問題」的研究風潮。侯明志（2008）《胡錦濤時期中共文化外交之研究——以「孔子學院」為例》指出：中共自 1978 年推行改革開放後，經濟與國力增大，為達成在 2020 年實現全面小康社會及維持國家的長治久安，淡化西方國家「中國威脅論」疑慮，於是將目前全球發燒中的漢語熱潮，導入軟權力的戰略框架中，向西方世界進行隱性出擊，其最明顯的作為，就是配合全球「漢語熱」，在海外推動「孔子學院」的設立。2004 年 11 月 21 日第一所孔子學院在韓國首都首爾掛牌成立以來，中共至 2009 年 5 月底止，已在全球 81 餘個國家設立 212 所孔子學院，由此可看出中共以文化外交形式，積極在全球開展「孔子學院」，冀希以語言為「普世價值」的交流形式，形塑和平的表象，紓解西方國家因「中國威脅論」所漸增的政治敵意，創造一個「和平崛起」的意象，同時也向全世界展現其文化戰略之影響力。中共當局在推展文化外交上忽略了最關

鍵的一點：實施文化外交的內在本質，是文化實質內涵。中共雖然想藉由「孔子學院」重塑文化大國，來包裝國家形象，以掩蓋軍事武力、經濟權力崛起背後冷硬的一面，然而在中共積極以軟權力的策略重塑國際形象的同時，卻也道出了一個重點：對中共而言，美好的和平、文化大國形象確實是刻不容緩必須經營的重點，然而在「軟權力」理論中一再強調的「心悅誠服」，才是中共更需面對的重要課題。有關兩岸的交流，也有理論提出了另一些見解，如顧志文（2010）《臺海兩岸的未來──新功能主義觀點》中提到：李登輝與陳水扁執政時期兩岸關係緊張，政治僵局持續，但經濟交流熱絡。直至馬英九執政後提出活路外交政策，希望在「尊嚴、自主、務實及靈活」的理念下，顧及中華民國主權與臺灣自主性的前提下，從共同利益出發，展開務實協商，尋求彼此可以接受的臺灣國際活動空間問題的解決辦法，藉以穩定兩岸關係、共創兩岸雙贏。隨著政黨的輪替，執政者在兩岸交流上的考量也作出了許多的改變，因此造就了普遍臺灣民眾在此方面上意見的分歧。但不管兩岸交流在政治上的考量點上是什麼，實際上兩岸交流的情況已經擴及經濟、文化等多方面，大陸試圖以「孔子學院」重塑文化大國，來包裝國家形象，那麼臺灣人該以什麼態度以及作法來迎向這些趨勢，這是執政者可以去思考的方向。在教育上，除了臺灣政府開放陸生來臺就學外，民間團體也紛紛以學術交流的方式和對岸相互往來，兩岸交流實質上的意義已成事實，如民間團體海峽兩岸兒童文學研究會每年都會積極主辦和對岸文學會或出版社的交流活動，海峽兩岸兒童文學研究會以推廣閱讀活動為主，鼓勵大眾學習閱讀，訂推薦優良圖書給予大眾，在他們的推廣下，也間接讓許多人開始憂心對於對岸積極所從事的閱讀推廣，相對的臺灣社會意識是消極的接受閱讀推廣，這是我們可以改變的。也就是說在兩岸文化交流的衝擊下，場域創意閱讀教學試圖為閱讀教學再創新的一條路。

本節所談的社會意識更新層面包括了教育改革、政策干擾、族群意識以及兩岸互動等，它們都所期待場域創意閱讀教學來長期投注予以促成。當然還有關於全球化問題，臺灣的社會意識顯然在作大幅的改變，它所有需求於場域創意閱讀教學的地方，也可想而知，而這一點將在下一節再一併作詳細的討論。而社會意識更新與場域創意閱讀教學的關係將在第四、五、六、七章中予以「貫串」的論述。

第三節　文化演進期待與場域創意閱讀教學

拜資訊科技進步所賜，全球化的時代已來臨，從整個世界到國家甚至到每個人的日常生活，都無法不面臨全球化下的資訊世代；不僅在教育上強調多元文化的存在，在社會的各個角落裡也都可見不同文化所呈現的事物。而這可以進一步得知，從古至今各個文化有其演進及顯現出來其異同處。

文化的詞義雖然古來說法紛紜，但把它設定為「一個歷史性的生活團體表現他們的創造力的歷程和整體的結果」，總有方便指稱和收攝材料的好處。它可以據理分出終極信仰、觀念系統、規範系統、表現系統和行動系統等五個次系統。以下分說五個次系統（沈清松，1986：24～29）：

（一）終極信仰

所謂終極信仰，是指一個歷史性的生活團體的成員由於對人生和世界的究竟意義的終極關懷而將自己的生命所投向的最後根基；如希伯來民族和基督教的終極信仰是投向一個有位格的造物主，而漢民族所認定的天、天帝、天神、道、理等等也表現了漢民族的終極信仰。

（二）觀念系統

　　所謂觀念系統，是指一個歷史性的生活團體的成員認識自己和世界的方式，並由此而產生一套認知體系和一套延續並發展他們的認知體系的方法；如神話、傳說以及各種程度的知識和各種哲學思想等都是屬於觀念系統，而科學以作為一種精神、方法和研究成果來說也都是屬於觀念系統的構成要素。

（三）規範系統

　　所謂規範系統，是指一個歷史性的生活團體的成員依據他們的終極信仰和自己對自身及對世界的了解而制訂的一套行為規範，並依據這些規範而產生一套行為模式；如倫理、道德（及宗教儀軌）等等。

（四）表現系統

　　所謂表現系統，是指一個歷史性的生活團體的成員用一種感性的方式來表現他們的終極信仰、觀念系統和規範系統等，因而產生了各種文學和藝術作品。

（五）行動系統

　　所謂行動系統，是指一個歷史性的生活團體的成員對於自然和人群所採取的開發和管理的全套辦法；如自然技術（開發自然、控制自然和利用自然等的技術）和管理技術（就是社會技術或社會工程，當中包括政治、經濟和社會等三部分：政治涉及權力的構成和分配；經濟涉及生產財和消費財的製造和分配；社會涉及群體的整合、發展和變遷以及社會福利等問題）等。

　　文化和一般廣義的文明沒有分別，彼此可以變換為用。而這倘若真要勉強為它理出一個「規則」化的系統，那麼就可以把這五個次系統整編出以下的關係圖：

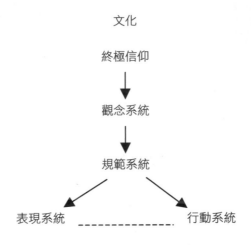

圖 3-3-1　文化五個次系統

資料來源：周慶華，2007：184。

　　當中終極信仰是最優位的，它塑造出了觀念系統而觀念系統再衍化出了規範系統；至於表現系統和行動系統，則分別上承規範系統／觀念系統／終極信仰等（按：表現系統和行動系統之間並無「誰承誰」的情況；但它們可以互通〔所以用虛線來連接〕。如「政治可以藝術化」而「文學也會受政治／經濟／社會影響之類」）。

　　那麼關於這個世界存在了哪些文化系統及其異同又在哪？首先是世界現存三大文化系統的「系統別異」問題。周慶華（2007：185）指出，在創造觀型文化方面，它的相關知識的建構（及器物的發明），根源於建構者相信宇宙萬物受造於某一主宰（神／上帝）；如一神教教義的構設和古希臘時代的形上學的推演以及近代西方擅長的科學研究等等，都是同一範疇。在氣化觀型文化方面，它的相關知識的建構，根源於建構者相信宇宙萬物為自然氣化而成；如中國傳統儒道義裡的構設和演化（儒家／儒教注重在集體秩序的經營；道家／道教注重在個體生命的安頓，彼此略有「進路」

上的差別），正是如此。在緣起觀型文化方面，它的相關知識的建構，根源於建構者相信宇宙萬物為因緣和合而成（洞悉因緣和合道理而不為所縛就是佛）；如古印度佛教教義的構設和增飾（如今已傳布至世界五大洲），就是這樣。而這就可以依上述的五個次系統分別填列內涵而標出三大文化系統的特色：

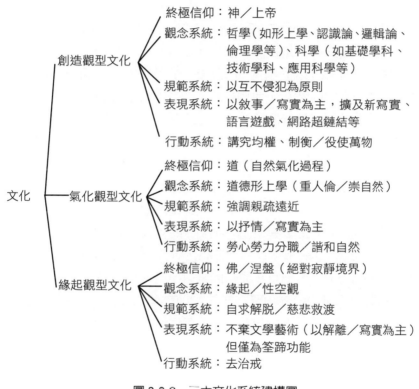

圖 3-3-2　三大文化系統建構圖

資料來源：周慶華，2007：186。

　　而由此可見，三大文化系統的文化形成為一而文化實質卻大有差別。如果還要進一步了解為什麼西方有所謂的政治民主和科學發

達等而非西方則否的問題，那麼就可以這麼說：西方國家，長久以來就混合著古希臘哲學傳統和基督教信仰，這二者都預設（相信）著宇宙萬物受造於一個至高無上的主宰，彼此激盪後難免會讓人（特指西方人）聯想到在塵世創造器物和發明學說以媲美造物主的風采，科學就這樣在該構想被「免為實踐」的情況下誕生了（同為古希伯來宗教後裔的猶太教和伊斯蘭教，在它們所存在的中東地區因為缺乏古希臘哲學傳統的「相輔相成」，就不及西方那麼耀眼）。至於民主政治，那又是根源於基督徒深信「人類的始祖」因為背叛上帝的旨意而被貶謫到塵世，以致後世子孫代代背負罪惡而來；為防止該罪惡的孳生蔓延，他們設計了一個「相互牽制」或「互相監視」的人為環境，也就是所謂的民主政治（一樣的，信奉猶太教和伊斯蘭教的國家並沒有強烈的「原罪」的觀念，所以就不時興基督徒所崇尚的那種制度，而終於也沒開展出民主政治來）。反觀信守氣化觀或緣起觀的東方國家，它們內部層級人事的規畫安排或淡化欲求的脫苦作為，都不容易走上民主政治的道路。因為人既然被認定是偶然氣化而成自然就會有「資質」的差異，接著必須想到得規避「齊頭式平等」的策略以朝向勞心／勞力或賢能／凡庸分治或殊職的方向去籌畫；而一旦正視起因緣對所有事物的決定性力量，就不致會耽戀塵世的福分和費心經營人間的網絡。同樣的，科學發明沒有可以榮耀（媲美）的對象，而「萬物一體」（都是氣化或緣起）或「生死與共」的信念既已深著人心，又如何會去「戡天役物」而窮為發展科學？顯然各文化系統彼此型態不同。（周慶華，2007，187～188）

其次是這三大文化系統所「隱藏」的問題。這大體上是創造觀型文化鑄下過多不堪的典範及氣化觀型文化和緣起觀型文化太大意隨波逐流，而造成如今舉世瘋狂的爭權奪利和耗用地球有限資源的「全球化」浪潮。我們知道，創造觀型文化所崇尚的天國（人被創造後雖然「犯罪」被貶謫到塵世間，最終還是渴望重回上帝身邊）

信念過深，會反過來企圖「埋葬」現實世界。因為基督教的傳統教示，塵世的歷史有它確切的起始和結束，而真正有價值的東西僅存於上帝所在的天國。這種強調「他世」的說法等，往往造成人們對於今世物質世界的罔顧或甚至無度的榨取，而助長生態的破壞和物質的消耗。基督教學說的其他缺點，諸如有關「支配萬物」的觀念，它一直被人們利用作為殘酷地操縱及榨取自然的理據。雖然有些新神學家已經在重新界定「支配萬物」的意義。他們主張任何剝削或殘害上帝創物的舉動都是有罪的，而且也是背叛上帝意旨的一種褻瀆行動；同樣的任何破壞所賦予自然世界的固定意旨和秩序，也是一種罪行和叛逆。因此，許多新神學家指出，所謂「支配萬物」並不意味人類有權剝削大自然，它的真義乃指管理大自然。（蔡申章，1998：355～361）但因為「錯誤」已經鑄成且積重難返（西方人不可能從可以維持霸權的科學中收手），這些讜論未免「緩不濟急」而徒留遺憾罷了。還有創造觀型文化所內蘊的塵世急迫感，長期以來不斷有意無意的衍生出一種暴力愛，以「強迫接受憐憫和教誨」的方式在對待非西方世界的人；它所要索得非西方世界的人「悔過」的承諾，已經低估了非西方世界的人的「求生之道」（也就是不跟西方世界的人一般見識）。這代表了裡面隱含有西方世界的人既不了解自己也不了解他人近於「全盲」的問題。所謂「一個正視挑戰並接受對它和對我們時代整個文化的共同生活的審判的基督教，可以為人們應付更嚴重困境的方式作出深遠的貢獻。基督教的作用不在於它似乎可以成為政治、經濟和社會的替換物。基督教本身不是在技術世界中建立起的一種不同的工程，也不是另一種管理城市和處理國際事物的方式；但基督教可以成為新的希望提供基礎。因為透過基督教的信仰，它賦予人們以『天國公民』的希望，同時伴隨著塵世的責任感。在這裡人們敢於承認自己真正的罪惡，同時基督教能夠對社會衝突提供富有成效的抨擊；因為透過基督教的信仰，它使人們意識到即使歷史的分化不能清除，『我們都在基督裡合

一』」（衣俊卿譯，1995：120），像這樣把塵世的責任扛在一身的「自我陶醉」模樣，不啻暴露了西方世界的人的普同幻想和支配慾望，難免要成為衝突或紛爭的根源。而所有當今所見的能源短缺、環境破壞、生態失衡和核武恐怖等後遺症，也就是從這兩點（指崇尚天國的信念過深和塵世的急迫感）「發端」。氣化觀型文化和緣起觀型文化原不是這個路數的；但從一個多世紀以來隸屬於這兩個文化傳統中的人憚於西方科技的威嚇脅迫，也都挺不住而被收編「隨人起舞」了；以至已現的能趨疲（entropy）徵象的「沒有明天」的後果，也得由大家來「分攤」承受。此外，全世界所一起挺進的後現代／後資訊社會，這種更自由化的生活形式所帶來的刺激、快感和浪漫情懷，卻是以虛無主義為代價的。西方社會從現代起「放逐」造物主而追求「自主」性（自己想當上帝第二），所藉來代替失落的終極關懷的是哲學和科學；而哲學和科學到了為追求更大自由的後現代也一併被放逐了，人們從此生活在一個沒有深度且支離破碎的平面的世界中，為了避免繼續「迷失」，一些有識之士已經看出必須「超越後現代心靈」，重返造物主的信仰，才能挽回嚴重扭曲的人性和化解塵世快速沈淪的危機。非西方社會本來沒有「靈性復興」的問題（因為信仰不同的關係），但已經追隨西方社會的腳步到了現在，自然也得同樣面對必須「自我拯救」（策略有別於西方世界的人）的關卡。（周慶華，2007：188～190）。

　　以上述理論可知，西方世界的創造觀型文化的確為這世界帶來的影響甚劇，甚至可能到達「人類的滅絕邊緣」！如何遏止這現象發生，大概只有讓氣化觀型文化和緣起觀型文化「重光於世」，才可能得到解決。（周慶華，2007：197）既然從科學和科技方面已由西方世界的國家主掌大權，那麼如何讓此二大文化重光於世？這就得借重人文素養。在此以周慶華（2007）《語文教學方法》一書中的三大文化系統所表現的審美取向的語文教學方法的架構圖說明：

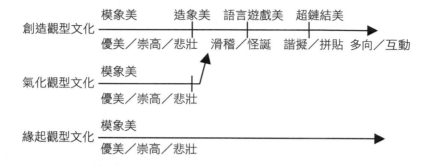

圖 3-3-3 三大文化系統所表現的審美取向的語文教學方法的架構圖

資料來源：周慶華，2007：283。

　　由上圖可知三大文化系統所表現的審美取向的語文教學方法，在我們所屬的氣化觀型文化下，持續瘋狂痴迷創造觀型文化的仍舊無所謂退怯；而依然保住自我本來面目的也無所謂見機升轉，彼此也都不再有能力跟創造觀型文化敵對。（周慶華，2007：283）綜觀近年來學術研究多引進西方理論來指引教學上的改進策略，但卻忽略本身文化上的差異。西方的創造觀型文化因為有上帝這一終極信仰的支持，始終能讓各領域本著自己的信仰持續向前發展，這些理論也許在西方國家非常適用，如全語言或是統整式的教學，都是因應西方理論而成的教學策略（蔡蕙如，2000；魏青蓮，2004；高麗敏，2004；王紫虹，2005；古豔麗，2006；李陸芳，2007；徐翊瑄，2008；陳佳萍，2009）；然而這些理論也都相繼指出在現行的教育體制內有實行的困難。而有關九年一貫新課程的推動，在陳木金指導（2001）《學校本位的課程統整與主題學習：臺北市中興國小、福星國小教師行動研究的成長記錄》中也確切提到，以身作則和教師積極參與以及自覺進修方面必須再加強；還有蔡蕙如（2000）《學習外一章：運用兒童讀物實施全語文教學活動之行動

研究——以一個課輔班為例》也指出：全語言教學在現行小學體制中有窒礙難行的困境，全語言教學同時也適合在沒有教學進度壓力與單一教科書的課輔班中實施。西方文學隨著文化的其他領域一路狂飆迄今「看不到會有『停滯發展』的可能性」，其實不是出於肯定或禮讚，而是基於現象描述的需求而不得不然；它的無從預期衍變突進的方向，已經帶給人像面對地球資源耗用而逐漸邁向能趨疲臨界點那樣的不確定感。（周慶華，2007：296）講求和諧與自然的氣化觀型文化觀的我們，應要了解自己所處的文化傳統，才能借取創造觀型文化的優勢化成本身的助力。而本研究所要探討的場域創意閱讀教學試圖以文化演進期待它來提供具體的方針，也無異在突破現有的閱讀教學上不能「如此起作用」的困境。而有關文化演進期待與場域創意閱讀教學的關係也將在第四、五、六、七章中給予「貫串」的論述。

第四章　學校場域創意閱讀教學

第一節　學校場域的特徵

　　場域是人類因活動所需而結合的社會關係發生的場所,但是一旦形成場域就具有相對獨立性,它也可以透過各種要素功能的調整而使自身獲得特定的結構與秩序。場域也會因成員的特殊利益要求而產生衝突、鬥爭,例如哲學場域、政治場域、文學場域等等,都存在爭權奪利的現象,也存在支配者與被支配者。教育也被視為社會空間的一個場域。(周新富,2005:55)

　　九年國教是國民應盡的義務,這是我國的教育體制,而學校有其特定的組織結構,以便於落實全國。本章節先以布爾迪厄文化再製理論中場域的意義,對學校場域的特徵詳加以描述及分析,以利於開展學校場域全面性的創意閱讀教學。

一、內部環境

　　學校場域在布爾迪厄文化再製理論對於學校傳遞文化資本的情形有如下的描述:學校被要求傳遞文化資本的象徵,並使這象徵永恆化、神聖化,也就是由過去知識創作者來傳送歷代文化,由於民眾會受到衝突的、分裂的或異端學說的訊息所困擾,因此學校要讓民眾從事那種與文化相一致的實踐,而且有系統地建立和界定正統文化的範圍和異端文化的範圍……因此學校被賦予一種與教會及其相似的功能:建立和系統地規定新的可行原則、教義或者保衛

原有的教義，抵禦外界的攻擊，並使神聖的價值問題滲透到俗人的信仰當中。所以教育體系作為一種制度特別要設法保存、傳遞和灌輸一個社會的文化準則。學校教育為何是鞏固文化資本的最佳手段？由布爾迪厄的論述中可以得到答案。不同階級的學生經歷不同階段的學校教育之後，其文化資本的差距也會越來越大。（周新富，2005：111）因此，學校以偏知識性的課程設計架構為主，九年一貫新課程的推動是延續著提升教師課程與教學專業能力的脈絡而來，主張以兒童生活經驗及生活應用能力作為課程教材、教法與評量的主要目標，發展符應學生生活經驗、認知結構與身心潛能脈絡，設計符合個別化、適性化的課程為預期理想。（陳金木，2001：1）其中主張以兒童生活經驗及生活應用能力作為課程教材，在在強調學校的教育功能應使兒童能夠更融入社會，使兒童對於這社會的知識層面能夠更加增長。不同文化都有它們自己擅長的形式，不同階級有他們不同的語言，而教育也有自己的語言，教育的語言比較接近支配者階級的語言，教育情境比較喜歡上層階級的語言型態。（李錦旭譯，1987：214～215）因此，學校教育所教導的文化具有專斷性。這種專斷通常是由支配階級的文化專斷衍生而來，所以學校所教導的文化接近於支配階級的文化。（周新富，2005：110）至此可以了解早期學校教育中為何我們必須學本國文化歷史、國語、藝術與人文等等，對於多元文化的存在只是略提。雖然隨著時代的進步、資訊的發達，我們所接觸的環境已全然被多元文化給包圍，九年一貫的課程設計中好似也設計以多元文化學習為出發，而發展如母語教學之類的課程，但學校教育的整體環境還是以自己本身專斷的文化知識傳授為主。

學校是一個集體名詞，教師是學校中進行教學活動的主要代理人，布爾迪厄和帕歇隆對教師的角色作了如下的分析：為了使學校教育工作維持其正統性，學校事物傾向例行化與儀式化，於是必須製造一個能夠合法操弄它的行動主體，教師就是個操弄主體，於是

在制度上，教師們的存在就是為了執行這項工作。因此，在學校場域中，他對於他的學生具有合法支配的權威與位置，但是在學校組織系統化、科層化之後，教師被要求服從命令、遵守紀律，所以教師成為被管理者，教師處於被支配者的位置。學校教師雖然有其場域自主性，但是教育場域或是其他更大的場域的他律性力量，會使得其自身的場域自主性減弱，倘若以整體教育權力場域而言，教師們在當中的力量與自主性相對是很渺小的。（周新富，2005：147～148）然而，隨著西方資本主義的激進，創造觀型文化的概念已深透臺灣現行的教育體制中，雖然在創造觀型文化的行動系統中講究均權、制衡，但仍擺脫不了役使萬物的觀念，因此學生所以畏懼老師是因為老師具有支配的權威，教師必須聽命於校長的指示，校長是基於整體社會文化所賦予的任務，整體上而言仍是創造觀型文化下的產物，而非氣化觀型文化上所強調的重人倫、諧和自然。

二、與社會關係

從 1970 年代起，許多教育社會學者引用馬克思的再製概念來批判學校教育，對現代公共教育制度的本質與功能進行檢討，認為學校不是個人流動的一種工具，而是社會控制和階級再製的機構。在功能論的文化再製理論當中提及，教育革命的重要性，因為教育的擴展，使得教育機會均等的概念及地的擴散，但是教育機會均等不可避免會帶來成就上的差距，而這些差距是由能力、家庭取向和個人動機所導致，因而造成教育成就的差距，也導致新型態的不公平。因為教育資格決定一個人所獲得的工作，也決定一個人在社會階層制度裡的收入、地位和職位。這種不公平可能會使社會趨於分裂和衝突，教育會藉著將這種不公平合法化以幫助消除這種緊張，經由社會化的過程，教育傳授這種觀點：由於教育成就差距而形成的收入和地位的不公平是可以接受的，也就是對那些在教育上表現

良好的人給予較高的酬勞是合適的。在這過程中，選擇的依據是「成就」，不是「賦予」，而低社經地位學生在「機會均等」的社會中也提供機會讓他能向上流動。所以派森思認為「成就」和「機會均等」是社會所要培養的價值共識。而結構功能的觀點就認為只要確定提供給個人的教育機會是均等的，其後所形成的不均等教育成就，應該歸因於個人智力與努力的差異。（周新富，2005：79～81）因此，在我們的社會上普遍以學歷的高低來決定一個人的工作性質，學歷高的人就是要勞心，就是所謂的「坐辦公室的」；而學歷低的人就要從事勞力的工作。父母也常以「要贏在起跑點」鼓勵孩子努力學業上的成績。這造就了許多大學生，而這批大學生普遍都認為自己應該是「坐辦公室的」。但是一個社會的形成應是各行各業分工下的成果，這些大學生擁有了文憑卻還是在家當「啃老族」，因為外頭的社會沒有他們所應得到的工作待遇。很肯定的是這環節上一定某個地方有問題，是教育不公嗎？所以功能論的社會理論不關心學校中進行的社會化和選擇的依據是什麼，例如傳遞的基本價值是由誰決定？人們是否在意這些價值？社會分工由誰決定？

　　「文化再製」概念是由布爾迪厄在 1970 年代初所首創，他拒絕馬克思單向唯物論的階層分析，反對經濟資本在再製過程中的決定性，因而將文化領域整合到階層化的社會學之中，同時也綜合了許多學者的理論融會成文化再製理論。他對再製抱持負面的批判態度，將再製視為「複製」、「模仿」，而非「再生」或「創新」。他由文化專斷、學校知識和個人成長史之間的關係來詮釋整個再製的歷程，並以文化資本與慣習作為文化再製的核心，探討教育系統藉著象徵暴力的運用，得以強制社會成員接受既得利益所界定的合法知識，進行文化再製的現象。（謝夢穎，2003：259～260）學校的知識系統一般可分成事務性、技藝性和學術性三種，原本這三種體系是處於均等的水平地位，但學術性知識卻代表正統性與系統性的知識體系，因而取得優勢的地位，此種轉變使知識體系變成金字塔型

的結構，其中學術性知識處於最頂層的支配地位。（姜添輝，2002：229～230）支配階級因在經濟資本與文化資本佔有極大優勢，所以能掌控學校的運作，因而學術性知識作為學校所要傳遞的文化。由於學校教育傳授的文化接近支配文化，因此在支配階級家庭中成長的兒童就比較佔優勢，他們在家中已熟悉這種文化，所以能在學校教育過程中獲得有利的地位。相反的，如果學生不具有這些形式文化，也就是沒有足夠文化資本，則容易遭遇到一些學校方面的問題。例如勞工階級子女由於缺乏相近的文化資本、學術性知識與他們生活形態脫節、勞工階級被迫學習他們不熟悉的事務，因而在學校教育中容易遭受挫折和失敗，特別是在較高層級的教育中。因為高文化資本學生較受教師的偏愛，比起其他學生更能從教育中得到利益，所以會影響他的教育成就和入大學的可能性。布爾迪厄更進一步指出，留在學校接受更高教育，所學到的主要是進一步的上級階層文化或文化資本，而不是人力資本論或功能論所強調的工作所需要的專業技能。所接受的教育層級愈高，所得到的文憑愈優越，代表所受到的上層文化如上層階級成員的語言、服飾、舉止風格、休閒、藝術偏好、意見與價值觀念等方面愈深厚，所以愈能為上層菁英所接納，當離開學校就業，也比較能找到好的工作，甚至取得上層職位。相反的，來自中下階層的學生和家長，因不具備這種文化資本，在升學篩選的過程中被淘汰，或轉而選擇進入一些非學術性的職業生涯。布爾迪厄以文化資本這個概念來探討教育體系與階層結構的關係，發現學校教育所傳遞的文化是支配階級的文化，所以舉凡課程內容的安排與組織、學生的選擇與淘汰、文憑的取得，甚至於出社會的職業地位均對掌握豐富文化資源的支配階級有利。所以支配階級的後代在學術領域容易成功，將來成為公務員、專家和政治人物的可能性極高。因此，布爾迪厄認為教育體系根本與客觀的社會環境脫離不了關係。（周新富，2005：110～112）

　　然而，布爾迪厄文化再製理論終究是創造觀型文化下所衍生出來的，強調文化的專權與獨特性。在氣化觀型文化的思維中，勞心勞力分職是氣化觀念下的行動系統。也就是說，在現代社會多元且分工下理應是如同人由精氣化身般，是強調萬物的諧和與自然，因此在傳統社會中士農工商雖然有職業類別的差異，但是在合作與分工是如氣所流動般自然且職業無分貴賤，更無意役使萬物。但如同第三章所述創造觀型文化和緣起觀型文化大意的隨波逐流，以致於臺灣社會在回歸傳統或是跟隨西方文化的抉擇下，仍處於其中動彈不得。在學校教育上，很明顯的可以看出西化下的結果，強調知識與科學的追求，往往忽略了人文素養的養成。古人有言知書達禮，但我們卻常常在獲得知識教育愈高的人身上看到了蠻橫。馬英九總統在就職的兩週年宣布要推行品格教育，於是教育部就行文於各縣市政府，要求國民義務教育中要教「品格」，這是一件讓人覺得啼笑皆非的政策。試問「品格」是教出來的嗎？如果是，該由誰來教？理應是老師，但能保證所有的老師都是個有「品格」的嗎？在研究期間，曾聽學校說起要辦「品格運動會」，所有的老師都想破頭該如何進行時，還是以「品格運動會」為名進行運動競賽。如果品格是以知識傳授方式教育，那麼還需要教育嗎？最根本還是要回到文化本身的養成。氣化觀型文化的觀念系統是重人倫、崇尚自然，在規範系統上強調親疏遠近，也就是尊師重道，而生活中處處是老師，這是處於多元文化社會中所必須有的共識。這也理應是學校教育在社會中所要扮演的角色，就是非強調各個文化的獨立性，而是以和諧自然的態度去迎接文化多元的衝擊。

三、班級經營和管理

　　班級經營乃是教師或師生遵守一定的準則，適當而有效地處理班級的人、事、物等各項業務，以發揮教學效果，達到教育目的的

歷程。有效的班級經營是有效教學的必備條件，因此一位有效能的教師就必須做好班級經營工作。班級經營的功能在於：（一）建構優質的學習環境，使學生樂於學習；（二）提高學生學習效果，使學習更有效率；（三）促進團體規範的形成，使學生動靜得宜；（四）達成全人教育的目標，使學生均衡發展；（五）增進親師生情感交流，使學生樂群善群；（六）提升學校行政的效益，使學生更有動力；（七）促進教師教學效能，達成學習目標。（王為國，2006：109）在學校場域中特別重視班級經營和管理，視班級經營和管理為教學成敗的關鍵。因此，在國小階段裡，校有校規，而每班各有不同的班規以及必須遵守的規範，而其中規範的程度也視各個教師的風格而有所不同。

　　然而，在布爾迪厄文化再製的理論中，提及學校教學所傳達的內容、方式接近支配階級文化。因為教師和教育官僚大多來自支配階級，對於勞工階級家庭的學生而言，有些文化符碼並不是在學校可學到的；同時教師將其價值和態度強加在學生身上。與教師相同背景出身的學生，發現教師的態度和家中的父母完全相同，兒童在學校如同在家一樣，兒童在學校會感覺到安全感，因此可以很快適應學校的要求；相反的，收入較低的勞工家庭，學生會感覺到學校與其家庭環境是不同的，所表現的行為可能是不守秩序、不讀書或對學校生活適應不良，以致於在學校中失敗的情形往往高於中產階級家庭出身的學生。同時在教育場域中父母的角色受到嚴格的限制，教師不希望教學工作受到家長的干擾，教師會要求家長配合學校的活動，但最好不要介入太深。有時在教學時會有意或無意貶低或尊崇某些職業或文化，例如對古典音樂讚譽有加，卻對臺語歌曲抱持負面態度；學校裡面禁止說方言，說臺語被貶為沒水準，說國語才是有水準。由種種現象顯示學校不只在監督學生的表現，同時也在觀察父母對學校的支持程度，這就是為什麼教育的責任要由父母手上移轉到學校，因為學

校可以經由「自以為是」完成文化再製的任務。（周新富，2005：143～145）

　　教師是課程的代理者，將教材知識傳遞給學生，教師也同時傳播社會規範與價值給學生，而教師的人格特質在教育的過程中扮演重要的角色，良好的教師是一個樂觀主義者，相信兒童具有相當大的學習潛能，能不斷地向上成長；同時教師也應該是一個人道主義者，會熱愛學生，會尊重學生，不會傷害學生的自尊，不會對學生冷嘲熱諷。教師另一個性格特點是穩健性，其中包括情緒的穩定及行事的沈著。情緒穩定的人不會意氣用事，不會遷怒，能控制自己的脾氣，能調適自己的壓力；行事沈著的人會謀定而後動，在紛擾的情境下能鎮靜自如，表現在教學上則是做事有計畫、對學生有耐心。另一重要的性格是要求的嚴格性，這種性格來自教師的專業倫理及專業責任，教室對自己、對學生提出適度、合理的嚴格要求，使自己能夠遵循道德規範、履行職業義務，同時也促使學生敦品勵學。除此之外，友善的、熱心的、幽默的、公平的、民主的、有自信的等等人格特質，都是教師所要具備的。（王財印、吳百祿、周新富，2009：20）可見教師人格特質的重要性以及所應該具備的特質，班級經營之道取決於教師的專業態度；而教師的專業態度則取決於教師本身的人文素養。

四、學生心智年齡及態度

　　在學校的場域中，教師有可能因為學生人數及教學時間的限制，而顯得心有餘而力不足，但是在教材的選擇上，除了配合學生的心智年齡之外，尚須配合課程綱要。以下有個小故事〈我是個不聽話的孩子〉生動的描寫國小生的心聲：

　　　人們常說，不聽話的孩子不是好孩子。可是我偏不愛聽話。

媽媽說的話，我最不愛聽。學校組織全體同學去植樹。媽媽說：「請個假吧！那檔事又髒又累，你就別去了！」我沒聽。班裡組織爬山。媽媽說：「那太危險，還是不去的好。」我沒聽。中隊組織野炊。媽媽說：「那根本是自討苦吃，去幹啥？」我沒聽……雖然我也知道，這是媽媽對我的關心，可是這種「關心」我不願接受，媽媽也無可奈何。

有時，我連老師的話也敢不聽。自從升了五年級，劉老師就給我們制訂了許多「清規戒律」，如：不准看課外書、不准偷吃零食、不准……多著呢！就連課外活動時間也不准出教室。開始，同學們覺得還可以。時間長了，就厭煩了。你想長此下去，誰受得了啊？怎麼辦？我眼珠一轉：有了！咱可以「抗旨不遵」。又到課外活動的時間了，同學們都抱著課本打瞌睡，我卻自得其樂地哼起了歌。這時，劉老師從外面進來，直奔我跟前，批評道：「這是做作業的時間，你唱什麼歌？」

「唉呀，老師，這課外活動不准出去，在教室活動還不行嗎？」我故意把聲音提高八度：「您聽，這歌多好聽！該學就學，該唱就唱！只要心情舒暢，學到的東西才會永遠不忘。」

「對呀！我們不能死讀書！」同學們沸騰了。

劉老師沒再說什麼，搖著頭走出了教室。

（寫作天下編委會主編，2007：10～11）

　　文中的孩子總是願意去嘗試新的東西以及事情，但是總會被無情的大人給阻攔。文中的媽媽基於關心，阻止了孩子去探索這個世界；文中的老師為了展示自己的權威而定下許多「清規戒律」，但

這些對孩子而言就只是一個個的阻撓。試想如果一個個性害羞內向的孩子，就可能因此埋沒在這些無情且無理的要求下，繼續過著等待被決定的生活；而個性外向的孩子，以違反大人眼中的規範的方式去表達自己的心聲，被換來壞孩子的名聲，究竟他是好孩子還是壞孩子？這大概在讀者的心中有許多衝擊吧！

因材施教是每個教師的理想，但是在現實的環境中，尤其受限於學校場域，教師在教學環境中屬於支配者，藉「教育權威」而使學生必須相信他所規定的事情對他們是有利的，一旦違規就必須受到懲罰。然而，在創造觀型文化下成長的孩子，相信自己是獨一無二就可以公然挑戰教師的權威；如是在氣化觀型文化或是緣起觀型文化下成長的孩子則會維持表面上的和諧而不會做出此類行為。在氣化觀型文化或是緣起觀型文化下的教師應是以道服人；然而隨著創造觀型文化的引進，教師反而沒學到獨一無二這概念，而是以「役使萬物」的姿態要求學生，但學生也受到創造觀型文化的影響懂得「據理力爭」自己的權利，這便產生現代在教學情境上常常會上演的劇碼。活在當下的我們，既無法改變創造觀型文化已充斥在我們整個社會之中，而如何讓氣化觀型文化這種包容萬物以為和諧自然的人文素養復甦，則端看教師們的智慧。

第二節　學校場域全面性的創意閱讀教學

由上節對學校場域特徵的探討，本節試以臺灣小學推行閱讀教學的現況及環境作為起點，再以全面性的創意閱讀教學的觀點作探討。

一、臺灣小學推行閱讀教學現況及環境

天下雜誌教育基金會於 2008 年出版《閱讀，動起來》中，柯華葳在〈PIRLS 2006 說了什麼——尋找未來臺灣閱讀新方向〉一

本中提及：在這個針對國小四年級學生閱讀能力所做的「國際閱讀素養調查」結果中，今年首度參與的臺灣在四十五個國家／區域裡，排名排到中間的第二十二名。在同樣參與評比的亞洲國家中，香港是第二名，新加坡是第四名。我第一次看到 PIRLS2006 的結果時，內心第一個浮現的念頭是，我該怎麼面對這麼多正在認真努力推動閱讀的第一線老師。這次的結果表面上看起來不算好也不算壞，但是這樣的排名背後究竟透露了什麼訊息，提供了哪些未來我們值得努力與改進的方向，這才是我真正想要探究以及與大家分享的。（天下雜誌教育基金會，2008：90～91）柯華葳所擔憂的是，臺灣在近十年已在推廣閱讀活動做了非常多的努力，而在 PIRLS2006 年的結果卻顯示臺灣仍有進步的空間，這其中在推動的環節上勢必是有些地方跟不上國際的水準。從全球化的觀點來看，這個評比意外的讓關心閱讀活動的推廣人有點失望。以下為柯華葳對 PIRLS2006 的結果所作的觀察：

（一）臺灣學校選用課文普遍太短

臺灣學生接受 PIRLS 閱讀測驗時的反應，第一個反應大多數是題目怎麼這麼冗長。這個反應讓柯華葳回頭去計算四年級學生所使用的國語課本的文章，發現課文字數最常不超過六百字，有的甚至少於三百字。PIRLS 閱讀測驗理的文章約在一千到一千六百字之間。

（二）家庭是學童第一和最重要的閱讀老師

首先，PIRLS2006 名列前五名的國家有俄國、香港、加拿大（亞伯達省）、新加坡、加拿大（卑斯省）。其中特別值得注意的是俄國、香港、新加坡這三個國家，2001 年到 2006 年之間在閱讀能力提升上有著長足的進步。此外，國際教育評估協會在新聞稿中還特別說明與四年級學生閱讀成就有最明顯的關係的因素，是家庭所提供的閱讀環境。關於家庭的影響，PIRLS 的結果可以分為三方面討論：

1. 社經地位方面：指的是父母教育程度不高，家庭資源豐不豐富，家裡藏書多不多，有沒有電腦、書桌、報紙等。結果顯示，臺灣高分組的學生在這些方面明顯高於低分組的孩子。其中有趣的是，普遍來說在臺灣家庭裡擁有的藏書量、出版單位為孩子出版的書籍種類，都比鄰近香港多，整體家庭閱讀環境也比香港好。

2. 家庭閱讀活動方面：包括學齡前或學齡期，父母是否和孩子共同進行豐富的閱讀活動，如讀書、說故事、唱歌、玩與文字相關的遊戲、討論圖書等，結果可以看出高分組學生家庭閱讀活動明顯多於低分組。

3. 父母的閱讀態度方面：高分組學生的父母其閱讀態度的積極性，也明顯高於低分組的。也就是說，對閱讀持正面態度的父母，如我喜歡和別人談論書籍、有空閒我就讀書、閱讀是家中最重要的活動，其子女對閱讀的態度也是正面的，行為是積極的。

　　這樣的調查結果相當呼應國際上普遍認為「家庭是學童第一和最重要的閱讀老師」這樣的觀念。不過，如果低分組的家庭沒辦法幫忙自己的孩子的時候，誰該來做這些事？我們該如何努力？讓臺灣像芬蘭一樣，不僅社經地位不會影響孩子的閱讀表現，甚至讓性別差異造成的影響減至最小。

（三）臺灣孩子高層次閱讀能力明顯不足

　　臺灣學生在不同閱讀歷程的表現，「直接歷程」的閱讀成績排行第十六，「解釋歷程」方面則是調到排行第二十五名。換句話說，我們在解釋歷程，也就是比較高層次的閱讀歷程上，表現比較不好。相對地，如果回到整體調查結果來看，PIRLS2006 名列前茅的許多國家，他們的學生在解釋歷程方面的閱讀成績都高於直接歷程的成績。其中和我們同樣使用繁體中文、名列第二的香港，不僅這

兩種能力的得分都優於臺灣，同樣他們也是在解釋歷程的成績優於直接歷程的成績。從這點可以說明，即使學生看懂了書面上的資料，並不等於可以進一步從事高層次的批判或創意思考。

（四）閱讀教育時數不足

PIRLS2006 的結果顯示，臺灣國語科教學總時數和國際其他國家相比，國際是佔總時數的 30%，我們是 22%；而且如果單單只談和閱讀有關的時數，我們僅有 9%，國際則有 20%，由此明顯可見臺灣閱讀教育時數是不足的。

這點我們可以從香港和臺灣的校長填寫關於學校閱讀政策方面的問卷，看出一些端倪。調查結果顯示，香港校長明顯比較重視學生閱讀的程度、寫作的程度，以及說話／聆聽的程度。此外，香港校長也感覺到，如果資源短缺，絕對會對教學造成影響，以及學校必須提供學生和其家庭的一些服務的重要性。相對的，臺灣的校長或許心中有其他比閱讀或相關的活動更重視的事，因此對閱讀的重視程度不及香港的校長。

（五）閱讀、閱讀，到底怎麼讀？怎麼教？

PIRLS2006 的結果顯示，「每天」擁有自己安靜閱讀／默讀，或是自己選書閱讀的機會，會比每週一次，或是每月一次的孩子，成績高出許多。值得一說的是，「每天」閱讀完作業或交報告的學生，其成績比每週一次，或是一個月一次的學生，閱讀成績差。

我們再來看看臺灣和香港兩地的學生，課堂上閱讀教學活動到底有什麼樣的差異？結果顯示，臺灣方面的閱讀活動似乎比較單一，經常是老師先讓學生自行選擇閱讀的書籍，閱讀完交出閱讀報告，或是進行相關的討論。

香港方面則顯得多元且深入，除了老師會唸書給全班聽、學生大聲朗讀給同學聽等活動之外，更特別的是學生擁有自己安靜

閱讀／默讀的時間，還有可以自己選擇要讀的書，以及讀完之後會和同學討論。老師則會進行一些和閱讀理解有關的教學，如解釋閱讀材料提出理由支持、預測文中接下來會發生的事等，藉以提升孩子閱讀理解的能力。

很明顯的，比較之下，臺灣學生閱讀成績不佳不是沒有道理的，我們在教學方法上投資不算多。只是為什麼臺灣老師在閱讀教學上，會與香港有如此的差異？比較兩地老師受過的專業培訓，結果顯示臺灣老師接受的大多是比較一般性的訓練，像是心理學、閱讀輔導、第二外國語、特殊教育等，但香港老師參與如中國語文、閱讀教學教法、閱讀理論等與閱讀有關的師培課程明顯較多。

（六）放學了學生讀不讀

關於學生的閱讀態度方面，臺灣的表現還不錯，高分組的學生佔有 52%，這表示我們推動閱讀多年，我們的孩子至少覺得書很重要，也給予閱讀這件事蠻正面的評價。

反觀閱讀能力自我評估方面，如果我們問孩子「我閱讀的時候可以了解大部分的內容」這類評估自己閱讀能力的問題，臺灣孩子評自己高分的只有 45%，和國際間平均達 49%相比，顯示臺灣孩子似乎不覺得閱讀很重要，卻對自己的閱讀能力自信心不是很充足。

這中間發生了什麼事？透過分析 PIRL2006 關於學生校外活動內容的調查結果，看看孩子到底怎麼看待閱讀？看看臺灣的孩子放學了，到底還讀不讀？整體看來，臺灣學生從事的校外活動事項和國際間其他國家相比，每天閱讀小說的比例較國際平均低；每天為吸收訊息閱讀的比例更低，只有 8%的孩子，國際平均則有 16%；每天為興趣閱讀的僅有 24%，明顯低於國際平均 40%，是全部參加國家的最後一名。

　　探究其原因，可以推論我們的孩子重視閱讀，但他們重視閱讀為功課，而不是興趣。其次，因為學校缺少閱讀的教學，使得學生對閱讀理解的掌握上有許多改善的空間。

（七）賦予閱讀新定義和新行動

　　從 PIRLS2006 的結果可以歸納出：

1. 出版書、教育部與各界送書、故事媽媽、各校各地閱讀活動是好的。

2. 但是臺灣學生閱讀的習慣還未養成。

3. 臺灣學生獨立閱讀時間未被珍惜。

4. 臺灣學生的高層次思考未被重視，臺灣的教學活動，在閱讀理解教學方面明顯不足。特別是在解釋歷程能力的培養，幾乎很少進行。

5. 即使有些偏遠地區面臨課外讀物資源短缺，我們還是可以從課文字數和授課時數是否增加，思考改善閱讀教育的問題。

　　最後，對於臺灣未來閱讀教育的自我期許是，如果大家都相信閱讀是需要學習的，學習是需要策略的，學習策略是要專業的規畫與研究，而這些是大家所必須一起思考的。思考閱讀到底是什麼，思考閱讀在我們的文化裡扮演怎樣的角色。過去也許閱讀只為求成績與升學，現在我們必須重新思考，賦予閱讀新的定義和啟動新的行動。（天下雜誌教育基金會，2007：89～101）柯華葳為臺灣兒童閱讀的重要推手之一，試圖從國際化的焦點下看臺灣兒童閱讀在國際間的位置。然而，從她的研究觀察後，發現臺灣的兒童閱讀在國際間是「比上不足、比下有餘」，這給了臺灣在從事兒童教育的專家學者們有新的視野，但也同時要大家去想「閱讀」這件事在我們的文化裡扮演怎樣的角色。就「閱讀教學的目的和策略」來說，閱讀教學的目的，可以再分閱讀教學本身的目的和閱讀教學者的目的。前者，在於引導學習者進入由語文經驗所完結的文化領域並參

與文化創造的行列；後者，在於藉機謀取利益、樹立權威和行使教化等。而為達上述的目的，則可採行傳統式教學和基進式教學等策略；傳統式教學為一種由局部到整體或由表層到深層的教學模式；而基進式教學則為一種突破規範且著重在創造成分的發掘的教學模式。如果前者不足以達到閱讀教學的目的，那麼後者則要提高採用的比例。而就「閱讀教學者所需要具備的條件」來說，不論是那一種情況的教學（先覺覺後覺或經驗的交流），閱讀教學者都得具備有廣博的語文經驗、創新的文化和實踐願力、熟練閱讀教學的技巧（方法）、善於營造良好的學習環境、容許他人對諍自己的權力意志等能耐和涵養，才可能「勝任愉快」。（周慶華，2007，52～53）這裡談到閱讀教學本身的目的是為了傳承文化並參與文化創造，而柯華葳所傳達的訊息透露，閱讀本身在我們的文化中所扮演的角色是為了求成績和升學，這個層次為閱讀教學者本身的目的。這裡可議的一點是，教育本身倘若淪為藉機謀取利益、樹立權威和行使教化等，那麼就如同布爾迪厄文化再製理論中所觸及的論點：教育體系根本就與客觀的社會環境脫離不了關係，是在相對自主的外衣下，行階級再製的事實。所以教育是階級再製過程中的一種工具，雖然學校以公平、中立的外貌出現，但實際上是假借光明正大與客觀無私的名義，而行不平等之實。（周新富，2005，110～111）而場域創意閱讀教學的新開展：主體發展欲求、社會意識更新亟需與文化演進期待等，到這裡就著實的得到了十足的「見證」。

二、全面性的創意閱讀教學

　　從柯華葳對 PIRLS2006 的調查結果觀察研究中得到，並非所有的學校都重視閱讀教育，以致於閱讀教學授課時數少、師資培育重點無助於閱讀教學、臺灣的校長或許心中有其他比閱讀或相關的活動更重視的事。然而，近年來各縣市小學積極參與各項特色小學

的認證，如閱讀特色認證、品格教育特色認證、藝術特色認證等等。在我所訪談正在積極努力通過閱讀特色認證小學的校長中得知，特色認證其最終目的在於迎接少子化下的生存競爭。在過程中，校長不斷要求教師們作自我的進修，以及在不斷的辦理各項活動中期望能早日通過特色認證。在此姑且不論其特色認證的目的為何，能深刻讓我感受到的是，教師必須認知到傳統式的教學已不能滿足而且再也不能合乎時宜的在此時反覆運用，教師必須更積極為求生存而努力充實自己的專業，這個過程是漫長且必須深得評鑑者的心才能達成。在研究期間，閱讀課程已成為獨立課程。也就是說，除了在語文學習課程外，另外學校每週要有一節課為閱讀課，此舉乃將閱讀視為正式課程，但許多教師仍將閱讀課視為國語文教學課程，有的挪用為教生詞、造句，有的只是放牛吃草到圖書館讓學童自行看書，這是白白浪費了此課程成立的目的。在學校這個制式的場域中，學童可以受到長期而不受打擾的教學環境，這個要素能讓全面性的創意閱讀教學符合學校場域所需。

　　創意閱讀教學如何在學校場域全面性開展，可先從創意著手。陳龍安、朱湘吉（1993）認為創造是一種「無中生有」的創新，也是「有中生新」的「推陳出新」。而凡是為了達成目標或解決問題所得的想法就是創意。（引自葉玉珠，2006：12）為解決閱讀教學在學校場域中所預定的目標以及問題，本研究將全面性的創意閱讀教學定義為包含「無中生有」的閱讀教學以及「製造差異」的閱讀教學，而其全面性也涵蓋教學法的創新、教學內容的創新以及教出有創意的學生。其架構圖如下：

圖 4-2-1　全面性的創意閱讀教學架構圖

　　「無中生有」指的是一種原創性、獨創性，也包含靈光一閃、突發奇想的新奇想法或創造力，但因本人非小學教師，因此在教學法上的創意體現，只能從現有的教學理論以及現在所接觸的學校中加以析理判斷。而在教學內容就是所閱讀的題材，因在文學作品中許多字意的推疊、演變，我們很難去斷定此作品為「前所未有」，所以在本研究中也僅以個人本身所接觸過的作品中因無前例所循，姑且加以研判；另一個定義為「製造差異」，也就是指並非完全創新，只要能顯現「局部差異」的創新，在本研究中認為就是創意的閱讀教學。

　　關於本研究對「無中生有」或「製造差異」的判定，就以〈最簡單的數字〉這篇短文來說明：

　　　　在奧斯維辛集中營，一個猶太人對他的兒子說：「現在我們唯一的財富就是我們的智慧，當別人說一加一等於二的時候，你應該想到大於二。」納粹在奧斯維辛毒死五萬多人，這父子二人卻活了下來，真不知是出於僥倖，還是因為他們「一加一大於二」的信念。

　　　　1949 年，他們來到美國，在休斯頓作銅器生意。一天，父親問兒子一磅銅的價格是多少？兒子回答 35 分。父親說：「對，整個德克薩斯州都知道每磅銅的價格是 35 分，但是作為猶太人的兒子。你試著把一磅的銅做成門的把手看一看。」

　　　　二十年後，那位父親死了，兒子獨自經營銅器店，他做過銅鼓、瑞士鐘錶上的簧片、奧運會的獎牌。他曾把一磅的銅賣到三千五百美元。不過，他已是麥考爾公司的董事長。

　　　　然而，真正使他揚名的，並不是他的銅器，是紐約的一堆垃圾。

1974 年，美國政府為清理給自由女神翻新留下的廢料，向社會企業招標……他喜出望外，未提任何條件，當即就承包了下來。

許多人為他的這一愚蠢舉動暗自發笑，因為在紐約州，對垃圾的處理有嚴格的規定，弄不好就要受到環保組織的起訴。就在一些人要看這個猶太人的笑話時，他開始組織工人對廢料進行分類。他讓人把銅融化，鑄成小自由女神像；把水泥塊和木頭加工成底座；甚至把自由女神身上掃下的灰塵都包裝起來，出售給花店。不到三個月的時間他讓這堆廢料變成了三百五十萬美元的現金，使得每磅銅的價格整整成長了一萬倍。

（何勝峰，2007：29～30）

在這篇短文中統攝了「無中生有」與「製造差異」。當猶太人父親對兒子說「一加一大於二」時，父親表現出「無中生有」的創意，因為眾人的想法中「一加一等於二」的觀念很難被打破，父親藉以鼓勵兒子用全新的眼光去看待他們的遭遇而倖免於死亡；再來是父親提示兒子把銅做成門把以提升銅的價值，是為「製造差異」，當同行在競爭銅原料市場時，父親想到有別於他人的構想將銅做成實用性高的門把，而提高了銅的價格，甚至在兒子獨自經營銅器店時，也發揮了「製造差異」的創意，銅不只是種原料，而是鼓、是簧片、甚至是獎牌；最後讓他聲名響亮的是把廢料變黃金的故事。這裡集結了「無中生有」以及「製造差異」的創意構想：一般人對廢料處理的做法就是當作一般垃圾處理，然而他卻先叫工人將廢料加以分類，這是「製造差異」中的逆向思考；把分類出來的銅、木材、水泥塊加工成小自由女神像，這是前所未見的「無中生有」的創意；另外還將灰塵都打包起來賣給花店更是「無中生有」的高招。

在教學環境中，教學者嘗試以創意的教學引起學生們的創意發想，然而很多時候都對創意的概念不太清楚，實則是對創意的定義及分類上有所判誤，以為與他人不同是為創意。倘若能對創意的概念加以釐清，並以生動有趣的教學法教予學生，必能產生良好的教學效果。本研究試著將教學引導材料（創意作品）先以無中生有或製造差異作為創意程度的區分標準，再進一步以此標準將創意作品分為語文經驗三大範疇：分別為知識性的無中生有與製造差異、規範性的無中生有與製造差異以及審美性的無中生有與製造差異。引導學生從這三大語文經驗出發，並以活潑生動的教學法給予學生創意閱讀教學的體驗，讓學生能將閱讀視為自然而然發自於內心而去作的本能。在學校場域的創意閱讀教學全面性開展以三大語文經驗為基礎，以說演故事及科際整合與多媒體運用為輔助教學法於下節詳加說明。

第三節　說演故事及科際整合與多媒體運用的輔助創意閱讀教學

閱讀課在小學已被慢慢重視，然而仍有許多教師把閱讀課視為是把學生帶進圖書室看書就是為閱讀。當然就廣義而言，翻閱一本書的行為就是閱讀，但為何學校外仍有多數聲音在為閱讀發聲，而教育部更於 2010 年 12 月 7 日與全球同步公布「學生基礎素養國際研究計畫」（PISA）的國際評比結果，我國十五歲學生的「閱讀素養」排名第二十三名，比 2006 年排名第十六名相較下退步了幾名。許多專家學者憂心，原在 2006 年之前，民間已大力推廣閱讀活動，故事媽媽大舉進入校園，坊間一堆說故事的閱讀推廣活動，而五年間竟然不進反退，於是許多學者將矛頭指向基礎教育及國民小學的教育。當然參與國際間的評比，有許多因素會影響評比的結果，這不在本研究的範圍內。但教育部國教司長楊昌裕卻表示，未來將請教學輔導群，針對學生表現弱點，發展學習素養取向的教材、教案

及評量試題等教學資源，提升各領域閱讀能力，將閱讀納入九年一貫各領域課程與教學重點。此外，閱讀不只是國語文教育的事，而是各學科都應重視的目標。（國語日報，2010）顯然我們的閱讀教學確實有待加強。

　　場域創意閱讀教學的目的，是為了解決在各場域間推行閱讀教學上所遇到的問題。說演故事在坊間已為故事媽媽所必備的法寶，但並非每個小學都有說演故事媽媽進駐，因此說演故事的創意閱讀教學應能成為小學的閱讀課中可行的方法。而教育部國教司長所提及的閱讀不只是國語文教育的事，而是各學科都應重視的目標。因此，科際整合的創意閱讀教學也為實際所需。倘若輔以多媒體的運用，應能使教學更為活潑生動，讓學生學習動機加深。本節以三大語文經驗為基礎，以說演故事及科際整合與多媒體運用為輔助教學法於下詳加說明。

一、說演故事的創意閱讀教學

　　如果你要小朋友回想他們在學校中最感興奮的事是什麼？大概十之八九的小朋友都會說：「聽老師說故事！」的確，當任課老師話匣子一開──「從前……」還有那個小朋友不豎起耳朵，全神貫注地聽精采的故事呢！剛出校門的師院生，每每苦於應付教室常規，但只要搬出「小朋友，你們再吵鬧，會把老師的故事趕跑了。」或者「你們要不要聽完故事嘛？」全班鴉雀無聲，注意聽老師上課。可見故事不但是取悅小朋友的樂事，而且也是制伏小學生的法寶，每個教師應該都懂得其中技巧。事實上，故事只要講得好，聽故事是老少咸宜的一種娛樂。究竟故事要如何去講才能引人入勝？一般人以為只要找出故事，看個幾遍或整篇背一背，就可以上臺講了。話不是這麼簡單的，除非你是天生的講故事能手，否則你必須按部就班地勤加練習。（吳英長，2007：117）然而，由於閱讀的推廣，

造就了很多專門說故事的人,而在小學的老師也往往把說故事的工作交給了故事媽媽,但是這並非長久之計。如果回歸閱讀課,老師們也必須學習如何說個讓學生們有興趣的故事,而使閱讀課變得比較生動活潑。不只如此,訓練孩子說故事,也同樣使閱讀課的內容可以更加的豐富。

說故事可以純粹口述,也可以加上道具(如圖畫、器物、布偶、模型、照片、剪報、卡片、投影片、幻燈片、錄音帶、電子書、CD、VCD、DVD、網際網路等)的輔助,全看現場需要而定。還有說故事可以純粹敘述,也可以夾雜議論。此外,說故事可以單語(一個人說),也可以多語(多人合說);以及可以劇場性,也可以非劇場性。當中劇場性的說故事,又可分讀者劇場、故事劇場和室內劇場等。以上這些方式,彼此之間固然有重疊的地方(如純口述/加上道具和純敘述/夾雜議論等,也會分別在單語/多語和劇場性/非劇場性中存在),但如果從各自的特色來說,不妨讓它們「互為類型」。在舞臺劇方面,舞臺劇就是演故事。演故事在劇場化的過程中,是「表演」而不是「口述」。(周慶華,2007:66~67)

說演故事的技巧可以藉由反覆練習而達成,而說演故事的內容則需細心挑選及分類,才能使創意的閱讀教學得以發揮。首先可將說演故事的內容細分成「知識性」、「規範性」、「審美性」三大類。區分成這三大類主要的原因是人類所表現出的語文經驗大抵不出這三大範疇;三者有時各自獨立,有時兩兩相關,更有時是單一作品中三者皆具,此時在說演故事的內容的分析上可以所含的成分多寡來研判、歸類。本研究以文中旨意偏重部分來作引導的重點,在此先舉例各自獨立的作品。

（一）知識性的無中生有與製造差異

　　本研究所要談的「知識性的無中生有與製造差異」中的知識取向的語文經驗，是指從純理論性的基礎來論斷限制的。它假定語文經驗是一種人類的理性架構，所以必須合理化；它的目的乃在於求「真」。（姚一葦，1985：353～354）簡單來說，所謂的「知識性」可說是個人經驗所得，並可進一步判斷真假，可認知、可增加見識，有時也會造成觀念上的改變。以此來判斷語文成品中的依據是什麼，以及更經由這一件事物的邏輯架構或者說它的動作而找出它的意義，也就成為教學者的一項重要工作。（林璧玉，2009：89）然而，閱讀可以是一件單純的心靈享受，但放在教學場域裡，閱讀後知識的吸收也成為一個目標，這就是為何閱讀活動大受推廣的原因。而學科所以是一種得以加以認知的對象，表面上是基於知識的生產、傳播和接受等過程，實際上則依然是權力意志促動下的結果。如同周慶華（1999：127、179、212）所提到的：人文學科是在「探討人類存在的意義、價值及其創作表現的學問」；社會學科是在「探討人類社群組織的原理和人際關係的運作方式的學問」；自然學科是在「探討生物和物質的產生及其運作規律的學問」。有了學科的相關知識，更加拓廣了知識性語文經驗的範圍。漫無目的的閱讀可以愉悅心靈，而有計畫且深入的閱讀教學帶領則可為學生帶來更遼闊的知識饗宴。以下有兩則短篇故事分別說明「知識性的無中生有」及「知識性的製造差異」：

> 　　一休禪師從小就很聰明，老師有個心愛的杯子……一休不小心打破了，心裡頭很困擾。聽到老師的腳步聲走來，一休將碎片藏在背後，看到老師他問：「人為什麼會死？」
>
> 　　「那是自然現象，」老師說：「萬事萬物有生就有死」

一休把碎片拿出來，補上一句：「現在換這杯子死了」

（劉育珠譯，2001：237）

　　這篇語文成品可分析歸類為「知識性的無中生有」（有部分的規範取向，但在此處先略過）。原因是文中那老師所定義的原則「萬事萬物有生就有死」，聰明的一休將這原則邏輯推論到沒有生命的杯子，邏輯推論獲得新知就是屬於「知識性」的範疇。他所提出「現在換這杯子死了」的創新看法因為無可相互對照比較，無前例可尋，所以認為它是屬於「無中生有」的創意。（林璧玉，2009：91）這篇故事的內容以師徒間的問答形式單線前進，論及生、死的問題，偏向於人文學科，以新的觀點來創設自己對死亡的觀點。在氣化觀型文化下的思考上，萬物都有情，人有朝一日會走向死亡，而萬物盡然；然而，在強調批判思考以科學證據為中心思想的創造觀型文化，在如何定義何謂生、何謂死這個課題下，就會變得非常的複雜。倘若閱讀是為了獲得知識，而創意閱讀教學則是引領學生作更深更廣的知識探討。

　　在英國倫敦一條街上有三家漂亮的裁縫店，裁縫個個手藝高超，不相上下。

　　有一天，為了招徠更多的生意，三家裁縫店先後在自己的店鋪前立起一塊精緻的廣告牌。

　　其中一家最先掛出一塊醒目的廣告牌，上面寫著：「本店有倫敦最好的裁縫。」

　　另一家見了生怕落後，馬上掛出「本店有英國最好的裁縫」。

　　人家以為第三家裁縫店會掛出「本店有世界最好的裁縫」的廣告牌。然而……出人意料之外地把筆鋒一轉，掛出一塊極為普通又非常絕妙的廣告牌：

「本店有這街上最好的裁縫。」

此牌一掛出，立即受到交口稱讚。

（楊敏編，2003：115～116）

　　這個故事改變我們的認知「什麼才是最好的？」第三家店選擇不誇大其詞，反而受到肯定與歡迎。從倫敦到英國照理說這個高塔應該要層層推砌上去，一直擴充到全世界，可是第三家店的裁縫師發揮他的創意，在範圍上明顯的製造差異；原本應該要繼續誇大、擴充，他反而將範圍縮小，他只需要和同條街的其他兩家比，比這兩家好，他就是在這範圍內最好的裁縫師了。此篇涉及人際互動及商業行為，自然將其歸類於社會學科。（林璧玉，2009：94～95）許多人把閱讀限於人文學科方面的學習，但其實閱讀在任何學科內都是必須要的技巧，本研究暫舉以上二例說明在知識取向的語文經驗的閱讀內容，在往後的章節內會有其他例子以說明創意閱讀教學在各場域實行的可能性。

（二）規範性的無中生有與製造差異

　　在探討「規範性」與「審美性」的相關問題之前，要先與前一小節的「知識性」作一個分界。因為「知識」上常常包含有「規範性」及「審美性」的成分在，倘若不先加以分界清楚，後面的論述會容易混淆。

　　知識論所形塑提供的知識已經出現兩大類型：一類是「論理真理」式的知識；一類是「本體真理」式的知識。（王宏武譯，1987；趙雅博，1979；曾仰如，1987；王臣瑞，2000；關永中，2002；朱建民，2003；周慶華，2007）當中「論理真理」是指名和實相符。例如「彩虹的顏色是七彩的」、「太陽從東邊升起西邊落下」等等，並且只要經由「順向」的查驗程序，設定的相關概念和命題本身具

有指稱和陳述作用，就可以判斷命題是否為「論理真理」。如「外面在下雨」倘若經查證外面真的在下雨，那這個命題就成立。反過來，則命題不成立，是一個假的知識，不能成為「論理真理」。而「本體真理」，是指實和名相符。它是經由「逆向」的查驗程序，設定後的相關概念和命題本身是否具有代表和測定功能，倘若有則可以判定事物擁有本體真理。例如「他是我的好朋友」這個命題是否成立，要查驗我所設定的「好朋友」的相關概念，比如我的設定是「會借我十萬元的才是我的好朋友」，實際上有借的，才是「我的好朋友」，實和名相符，也就是可以判定這個命題擁有本體真理。（林璧玉，2009：95～96）

前一類知識的設定有相當程度的客觀性，所以已經被不成文的歸屬成了科學管轄的範圍；而後一類知識的設定，由於受制於命題者本身內在對事物界定的標準不同，外人比較不容易檢驗成功，有因為它牽涉層面廣，常涉及到個人的倫理道德價值的論斷以及美、醜判斷標準不同，而將「本體真理」的知識再分化為「規範」和「審美」兩個領域。（林璧玉，2009：95～96）這也就是本研究要釐清的分界。

「規範性的無中生有與製造差異」的判定及教學方法的探討，要以權衡輕重的方式來因應，只要觀念清楚了，教學的重點、方法也隨著成形。這種規範性取向的語文經驗，大抵上可以說是從倫理、道德和宗教的立場出發，找出語文成品有助於教化的成分或質素，而印證語文也是「約束社會成員思想、維繫社會存在的一種形而上的形式」的社會學觀念。（周慶華，2007：201）

本小節以倫理和道德規範模式（在此暫且略去宗教部分），以肯定發覺語文成品所隱含的規範來引導學生思考，是教學者的一項重要工作。在這三大規範中，「倫理」和「道德」是比較不容易區分的；其實二者是相互關連，有時還被視為是同義詞。在本研究中並不強調二者必須明確的區分，因為這兩類都是歸屬於本小節所提

「規範性」的創意閱讀中。儘管如此，對「倫理」、「道德」的認識，還是作一番討論，好讓大家了解本研究在作品分析上的判斷依據。

「倫理」指的是群體規範，強調的是行為在群體間所產生的結果；而「道德」指的是個體的品行和德行，它強調個體行為的理由和動機。（傅佩榮等，1995）舉《道德規範與倫理價值》一書所提到的例子：

> 我有一位好朋友，長久在海外住。因此，返臺居住後，很喜歡在週末跟太太去看電影。良好的生活起居，又引來了麻煩。有一次在週末看完電影後，剛走進大廈，親切的管理員，改變了往常笑容可掬的態度，用一種責問的口氣說：你們兩個也太不夠意思了，我們大家相處了也快四、五年了，平時總像一家人為什麼要搬家也不事先打個招呼，這是基於中國人傳統的固有倫理觀念而發生的責備……當他們上樓打開門之後，立刻就了解到；那是一種誤會的倫理責備，真正應該被罵的，是一群公然闖空門的現代搬家公司。（陳秉璋，2000：293～294）

藉由這個例子讓我們更清楚的明瞭，「倫理」它強調的是行為在群體間所產生的結果，往往會受到外在社會結構與環境條件的改變，而有一些困難及不同的解讀之處。

另外，有關於「道德」的論述，根據學者的研究，自古以來對道德的認知可分為許多派別，每個派別對「道德」的界定都不同，以常人所了解的道德來說，中國人常受到古代所謂天道主義的思想及民間鬼神信仰的影響，很自然把道德看成是一種與生俱來的天理與良心，所謂人同此心，心同此理，公道自在人心，天理昭彰，正是這種道德意涵的展現。這也是本小節前面所說倫理、道德其實很難區分開來，因為在這人倫體系中，「家」、「孝悌」是為我們所重

視的，所以在這體系中的道德觀念，是特別強調社群關係中的規範
文化，以及家庭倫理孝道。（陳秉璋，2000）

知識、規範、倫理、道德這幾項觀念，它們之間的層次關係及
區分不開的交集，以下圖來進一步釐清：

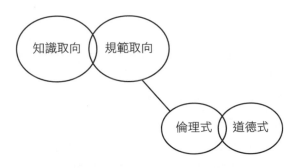

圖 4-3-1　倫理、道德關係圖

資料來源：周慶華，2007：213。

知識取向與規範取向的交集部分是知識可分成「倫理真理」和
「本體真理」，規範性也具有知識，只不過它的知識是屬於「本體
真理」的這一大類。而從規範取向中我們又可分出倫理、道德式的
語文經驗，這也是先前所論述過的。它們並非壁壘分明，在教學上
重疊的部分也不可避免，但是可以視其輕重，教學者必須衡量，取
其非交集部分作為教學重點，釐定教學目標，實施有效的教學。以
下列舉一些「規範性的無中生有與製造差異」的例子來說明，看看
規範性的語文作品展現哪些令人意想不到的創意：

有一次蕭伯納在街上行走，被一個冒失鬼騎車撞在地，幸好
沒有受傷……

> 騎車的人急忙扶起他，連聲道歉，可是蕭伯納卻作出惋惜的
> 樣子說：「你的運氣不好……如果你把我撞死了，你就可以
> 揚名四海了！」（天舒、張濱，2007：75）

　　這個簡短的敘事作品中，蕭伯納看待車禍的認知就偏向於「本
體真理」的知識，對一般人來說是不會如此看待車禍的。而像機車
騎士他所擔心的一定是我們「論理真理」知識下的法律問題，由此
可區分知識性與規範性之間的差異，進而此篇表現出人在社會上所
面臨的一些人際互動、人與人之間問題的處理方式，顯現倫理式的
規範；另外文中「騎車的人急忙扶起他」，由此可見這位機車騎士
是很有良心道德的人（並沒有肇事逃逸、棄他不管），這也說明了
倫理、道德在作品中常有重疊的地方，但是都屬於規範性的範圍
內。由於規範性取向的作品大多與社會、人際有關，在寫作的風格
上都屬於社會學科的範疇，所以以下的例子就不再多作贅述。蕭伯
納如此幽默的反應令人感到意外，所以將它歸於「規範性的無中生
有」的作品。為了讓具有創意作品更明顯的被發掘，不妨先穿插不
具創新的例子來作個對比，相信會更容易找到創意的所在。

> 一位因為寂寞而向當地寵物店買了一隻鸚鵡的女人，在帶著
> 鸚鵡回家幾天後，她回到那家寵物店去抱怨：「那隻鸚鵡到
> 現在一句話也沒說過！」
>
> 「你有給牠一面鏡子嗎？」寵物店老闆問。「鸚鵡喜歡能夠
> 透過鏡子看看自己。」於是女人買了一面鏡子回家。
>
> 第二天，女人又回到店裡，因為那隻鸚鵡還是一點聲音也
> 沒有。
>
> 「試試梯子如何？」……「鸚鵡喜歡在梯子上爬上爬下。」
>
> 隔天，那個女人又再度回到店裡……

「你的鸚鵡有沒有鞦韆?」老闆問。「鳥兒喜歡盪鞦韆,那能使牠們放鬆。」

第二天,女人回到店裡,告訴老闆她的鸚鵡死了。

……「牠在死之前有沒有說什麼?」

「有。」女人回答道。「牠說:『他們難道沒有賣任何食物嗎?』」

(以葳譯,2007:59~60)

這位鸚鵡的女主人,在店裡來來去去好幾趟,買了老闆介紹的讓鸚鵡玩樂的用品,感覺上每次買的物品都不一樣,但在屬性上卻是一樣的,不能是有創意的製造差異。最後結局倘若和上一篇結局讓人出其不意,就會令人拍案叫絕;但這篇的結局卻讓人摸不著頭緒,心想「這鸚鵡既然會說話,何必等到自己快餓死了才開口?」是因為這鸚鵡很有個性不願開口嗎?還是有其他的理由,但是再怎麼說也不至於拿自己的性命開玩笑吧!以下就再舉一則有創意的規範性製造差異的作品來比較:

有一個女大學生偷偷地愛上了教邏輯學的男老師,她多次暗示並給老師遞了一張紙條,上面寫著:「有人問我一道邏輯題。已知:我愛上了你,求證:你也會愛上我。這個題目我解不出來,所以想請您幫我解答一下。」

老師見到紙條……但是又不想直接去拒絕她。於是靈機一動……給她寫了一封回信:

「證明:能夠愛別人的人應是好人。對於你來講,我應是別人。妳能夠愛別人,說明妳是好人。好人,人人都愛。既然

　　妳是好人，那麼人人都愛妳。這個人人當然也包括我，所以
　　我也愛妳。」

（天舒、張濱，2007：140）

這位老師巧妙的邏輯證明，既不傷這學生的心，也化解了一場尷
尬。邏輯證明倘若用在哲學或科學上，那麼就是屬於「論理真理」
的知識；但是在這篇作品中，重點是在處理師生間的倫理關係，由
這位老師的證明裡，可以發現他的倫理道德觀是不接受這段戀情
的，所以他由原本是一對一的愛情關係，轉化到集體的大愛，這
便是「製造差異」，和上一篇的「製造差異」相比，就顯得有創意
多了。

（三）審美性的無中生有與製造差異

　　本小節所要論述的「審美性的無中生有與製造差異」也是屬
於「本體真理」知識中的一環。而「審美」在教育部國語推行委
員會（2008）《重編國語辭典修訂版》上的解釋是：一種對美醜所
給予的評價態度。通常指在主觀的情境中，對事物或藝術品的美
的一種領會。而判斷審美的本質和基礎，我們有什麼根據，憑什
麼權力，按什麼原則能夠斷定作品所顯現出來具有美感經驗，因
為「審美」實屬於「本體真理」沒有絕對的解答，每個人衡量判
斷美、醜的標準不同，而對審美對象產生的審美感受的不同，以
及由此而產生的審美判斷、審美評價的差別或對立，就形成了審
美的差異性。

　　周慶華在《語文教學方法》中，將審美對象擴展到網路時代，
使得審美對象的區分更細緻、整體化，如下圖：

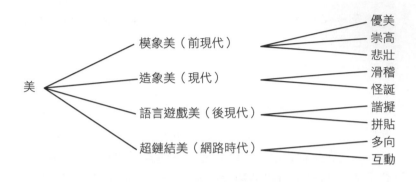

圖 4-3-2　美感類型圖

資料來源：周慶華，2007：252。

當中相關名詞的解釋如下：
1. 優美：指形式結構和諧、圓滿，可以使人產生純淨的快感。
2. 崇高：指形式的結構龐大、變化劇烈，可以使人的情緒振奮
   高揚。
3. 悲壯：指形式的結構包含有正面或英雄性格的人物遭到不應有
   卻又無法擺脫的失敗、死亡或痛苦，可以激起人的憐憫和恐懼
   等情緒。
4. 滑稽：指形式的結構含有違背常理或矛盾衝突的事物，可以
   引起人的喜悅和發笑。
5. 怪誕：指形式的結構盡是異質性事物的並置，可以使人產生
   荒誕不經、光怪陸離的感覺。
6. 諧擬：指形式的結構顯現出諧趣模擬的特色，讓人感覺到顛倒
   錯亂。
7. 拼貼：指形式的結構在於表露高度拼湊異質材料的本事，讓
   人有如置身在「歧路花園」裡。

8. 多向：指形式的結構鏈結著文字、圖形、聲音、影像、動畫
等多種媒體，可以引發人無盡的延異情思。

9. 互動：指形式的結構留有接受者呼應、省思和批判的空間，
可以引發人參與創作的樂趣。（周慶華，2007：252〜253）

　　由於美感的對象、特徵有這種多樣性，更加肯定教學者發掘語
文成品的審美成分的重要性。而審美成分的判斷上，因為人對客觀
事物有多種類型的判斷，不同判斷具有不同的特點。例如「這朵花
是植物」，是科學的邏輯判斷，判斷其科學屬性；「這朵花有用」是
實用判斷，判斷其實用價值；「這朵花很美」是審美判斷，判斷其
審美價值。審美判斷不同於科學、實用判斷，常帶有對感性形象的
感情色彩，常受人審美的趣味、理想和心境等影響。（王世德主編，
1987：69）基於此，本研究對審美性作品的判斷主要以上圖的架構
為主，分析作品中所含的審美成分，實施美感教育的閱讀教學。這
些作品雖然還是免不了會和前面所敍述的「知識性」、「規範性」有
交集重疊的地方，但在此處一樣是權衡輕重，精取審美性的教學重
點。以下舉例說明：

> 開學日，我帶著那些陌生的國一新生去打掃我們公共區域
> ──一片大花園。這些童心未失的小朋友到了花園只顧著看
> 花、聊天……眼裡根本看不到地上的垃圾……更別說小小的
> 煙蒂！
>
> 我看他們這麼悠閒，心裡可著急呢！只好一一吆喝他們：「這
> 裡有垃圾！」「那裡有狗屎！」「把這個撿起來！」
>
> 他們撿了一袋又一袋的落葉，尤其唯一的男生阿成襯衫都濕
> 透了。我沒讓他閒著……我又指著地上的煙蒂說：「這裡還
> 有煙蒂！」

他一邊夾起煙蒂一邊說:「誰這麼壞?亂丟煙蒂!」我想正好可以機會教育,就說:「那種不要命的人。」走回教室的路上……他問我:「老師,你知道誰最壞嗎?」我心虛地想是我這吆喝他掃地的人吧!他笑著說:「我告訴你喔!是風!」

（富米,2002）

這篇文章我把它歸類成「無中生有」的創造性作品,主要是學生的回答「出乎意料」之外,原本應該是氣憤的學生,我們會和文中的老師有著一樣的想法,不會想到最壞的竟然是「風」。再從審美性的觀點來看,老師在旁一直頤指氣使的要大家頂著大太陽撿垃圾,這樣的感覺免不了帶給讀者有些氣憤,雖然氣憤但老師的話又不得不照做（這當中夾著部分「倫理的規範性」,師生的倫常關係,在此處略過不談）,有那麼一點「悲壯」的成分在,而這位學生在最後將這種些微的悲壯感,轉變成為有違背常理的回答,引起人的喜悅和發笑,由「悲壯」轉為「滑稽」的創意。因為有這種劇烈的轉變,所以將本篇作品歸於「審美性的無中生有」的創意。而下篇作品為「製造差異」的例子:

一天清晨,堂娜讓全班三十一名學生拿出一張白紙,並在頁眉處用大字母寫下「我不能」,然後叫學生列出所有他們不能作的事。例如:

我不能作十個伏地挺身;
我不能只吃一個小甜餅……
在學生忙著列出清單時,老師也在列舉自己不能作的,如:
我不能讓阿倫動口不動手;
我不能讓約翰的母親來參加家長會……

寫完後,堂娜讓學生們把紙對折好,放進桌上的空盒子裡……堂娜和學生們齊步到了操場最遠的角落,她面向他

們，嚴肅的宣布：「孩子們，今天，在這莊嚴的時刻，我們在這裡集合，我們將把『我不能』全部埋葬。」……

……接下來，堂娜宣讀了令每個人都難以忘懷的悼詞：「……今天，我們為『我不能』提供了一個安息之地，它走了，留下了它的兄弟姊妹們（我能、我會、我馬上……願『我不能』安息，願在場的孩子徹底摒棄『我不能』，珍惜生命，勇往直前。阿門！）

……只要有學生一時忘記，說了「我不能」，堂娜就會指指墓碑，學生往往會馬上改口。

（商金龍，2007：249～252）

　　這篇作品的創意主要展現在前後以「我不能」、「我能」這樣對比性的表達方式，明顯的製造差異。這個創意的小故事，用一些積極的思想和概念來替代過去陳舊的、否定性的思考模式，是一種能在短時間內改變我們對生活的態度和期望的強而有力的技巧。這種心理上的轉變，偏向於個人對事物的悟性，將它歸於審美對象中的「崇高美」。此崇高有它的見證，藉由堂娜的引導，漸漸轉變學生的習慣；藉由舉辦特殊的「我不能」的葬禮，使學生的情緒振奮高揚，崇高感漸漸提升。藉著欣賞有創意的作品，讓閱讀的視野也夠更加深、加廣。在創意閱讀教學上，說演故事或許已經是教學者能夠熟練的技巧，但是說演故事的內容就亟待教學者能夠獨具眼光挑選出有創意的作品，期許教出有創意思考的學生，也為閱讀後寫作思考立下基礎。

二、科際整合與多媒體運用為輔助的創意閱讀教學

　　接下來本小節先探究科際整合與多媒體運用為輔的教學方法，而後探討如何運用在學校場域的創意閱讀。

　　科際整合教學方法所要著力的對象自然是「科際整合」,但科際整合本身也只是「過程義」的,它的被使力還得轉為「如何科際整合」上。所謂「科際整合」,是指語文經經驗,傳達上是透過各學科整飭合夥(而非單一學科力撐)的手段。這種科際整合的手段,是一種深廣語文經驗的交相烙印,希冀能夠達到最好的教學效率。它在踐行上,已經有所謂「多元智能」(如語文智能╱邏輯數學智能╱空間智能╱音樂智能╱身體運動智能╱人際智能╱內省智能╱自然觀察智能或科技智能╱經濟智能╱社會智能╱政治智能╱文化智能╱學習智能等等)的發掘並用;但總嫌「精準度」不夠。換句話說,多元智能的運用,很容易跟統整性的教學法混在一起而出現所謂「多元智能統整法」一個途徑;但科際整合卻是別為企求深廣語文經驗的另類作法,彼此還是有「著重點」的不同。而這得從一些「零散」的論述抽繹出幾許的論點,來顯示它的一樣不缺的新趨勢性。(周慶華,2007:309~310)

　　大致上,科際整合是晚近為因應生活日益複雜化而盛行的思潮。各學科多少都努力在尋找跟別的學科交融而開啟本學科研究的新契機。所謂「歷史學跟其他科學,特別是跟社會學、政治經濟學、心理學、語言學等科學之間跨學科聯繫的迅速發展,是史學思維進一步發展的最重要條件。所有社會科學家都在呼籲打破各學科之間的傳統隔閡。在分化和尋求自立權的時代之後,各學科都感覺到需要統一」(王清和譯,1988:142)學科的分分合合可在我國教育的課程脈絡中找尋到蹤跡。然而,不論分還是和,在資訊發達的現代科際整合已成為大家所必須重視的課題。

　　科際整合所以能夠成立,最重要的是相跨越的學科之間有一些彼此都具備的條件。如(一)共同的設定:相跨越的學科都有或至少必須有共同的設定;這些共同的設定是它們據以出發來收攝經驗內容的起點。(二)共同的構造:不論相跨越的學科的內容或題材怎樣不同,既然都是認知的知識,一定得有些骨幹;而這些骨幹最後分析

起來都是相同的。學科構造相同的型模的極致，可以是一個假設演繹式的系統。（三）共同的方法：相跨越的學科各自所要處理的題材雖然各不相同，但既然同為「研究」，在這些操作背後總有一些程序是它們不能不共同的；這些程序，一般叫做方法，相跨越的學科必須全部或至少部分地運用的。（四）共同的語言：雖然相跨越的學科都有各自專用的詞彙，但彼此還是要有一些共同的語言，交流知識或互相兌換各自所得概念內容才有可能。這些語言，如「一切」、「有些」、「因為」、「所以」、「如果」、「那麼」、「不」、「是」、「包含（括）」、「或」、「和」、「必然」、「可然」、「概然」等等，相跨越的學科都是全部或至少一部分地採用它們。（殷海光，1989：325～327）如果不是這樣，那麼即使有再多的理由也難以迫使科際整合的實現（倘若執意要那樣做，那麼結果就不能算是科際整合）（周慶華，1998：124～125）。以下有篇文章可以作為科際整合的創意閱讀教學的題材：

> 看看下列由一位到訪美國舊金山的旅人所訴說的情景：「你應該在下午五點時分去看看中國城的那條大街。真是令人驚奇！我可以輕易地想像自己就走在中國的城市中。這地區人口非常密集，幾乎到處都是人。汽車行駛在狹窄的街道上必須要相互協商誰先誰後，車子要猛按著喇叭，才能迫使人們讓出路來。人們像卡通動畫一般地交談，說的大部分是中國話。街道兩旁成排的彩色大廈，許多都複製了東方建築的結構形式。有許多不同類型的商店，販賣著罕見的商品。每一件事看起來和聞起來都如此地不同，讓我禁不住想要去觸摸和品嚐。有些商店賣的是各式各樣的魚類和軟肢動物。有些商店櫥窗就倒掛著看起來像是醃漬或燒烤的鴨子。也有許多商店陳列著我從來沒見過的蔬菜。此外，還有珠寶店、充滿異國情調的茶坊、吸引人的餐廳和販賣中國風小擺飾及紀念

品的雜貨鋪。而最令我感到新奇的商店，是販賣中國藥草的
店。一堆瓶瓶罐罐和籃子，滿滿是我無法辨認的東西。我被
這些奇怪的味道和景象弄得有些昏昏沈沈。由於東西上面所
標示的名稱和價格都是中文字，我所能做的只是想像，而這
些商店對我來說仍像是不可解的謎一般。中國城的人們也很
令人好奇，就像個混合體。有年輕人和老人、中國人和非中
國人、已被西方同化的和仍穿著傳統中國服飾的人（大部分
是老年人）。有些女人用一條看起來像是毛毯的東西斜裏著
背部背著孩子，而其他女人卻推著現代化的嬰兒車。其他的
男人和女人雙手中提著滿滿剛買的貨物，匆匆忙忙橫過街
道，很可能是趕著回去做晚餐。看著男男女女在商店中廝殺
魚類或蔬菜的價錢，是一件很有趣的事；即使我並不了解他
們真正在說些什麼。我買了一件珠寶飾品，但還是沒辦法熟
練討價還價的藝術，所以我付了我開口要求的價錢，我想這
是一件蠢事。討價還價並不是我文化中的一部分。我想即使
我在中國城待上許多天，大概也不能了解得透徹。這真是有
趣的經驗！」

（吳芝儀等譯，2001：24～27）

文中所轉述的那段敘述在論說者的解讀中僅看重它的敘述特性（吳
芝儀等譯，2001：25～27），顯然這是不能滿足「想多一點認知」
的人的需求（也就是那段敘述所呈顯的一些事件為什麼都像敘述者
所說的那樣「不可理解」呢），以致得有另一種解讀策略來填補這
個匱缺。也就是說，這可以採取科際整合的方式來作理解：從符號
學的角度看，敘述者極力編綴舊金山中國城內地狹人稠、街上車多
吵雜、商店販賣西方罕見的物品、顧客喜歡討價還價等符號來象徵
中國人的「髒亂無序」以及身在異國卻難被同化的「冥頑性」。從
結構主義的角度看，這有把中國和西方區隔開來的二元對立結構。

從系譜學的角度看，這隱含有舊金山中國城中的人所以會跟西方人
格調差距甚大，全是承繼於中國文化所致。從心理學的角度看，敘
述者的潛意識裡有不喜歡中國人的情結。從社會學的角度看，敘述
者沿襲了西方社會鄙視中國人的價值觀。從現象學的角度看，敘述
者意識到了自己和他人的存在差異。從詮釋學的角度看，敘述者帶
著自己文化的印記在看中國人，最後仍以「非我族類」定位中國人，
並沒有嘗試深入了解中國人或融入中國人生活的意願。從文化學的
角度看，這所對比的「有序」和「雜亂」等兩種生活方式，其實背
後各有不同的世界觀在促成著，彼此不可共量，也沒有好壞的區別
（也就是說，在中國是氣化觀；在西方是創造觀，彼此難以「一概」
看待。前者，讓人不得不比照大氣的「流動」而「和合」著過；後
者，既然相信萬物為上帝所造「各別其類」，那麼過「井然有序」
或「互不干涉」的生活，也正表示能善體上帝的旨意。如果要「相
互勉強」遷就對方，一定難免人為的殖民災難）。這容或「未能盡
意」，但大抵上已經展現了一種基進式的理解模式了；它將不斷地
提供給人對文化差異性的「敏感」所需的資源，進而重新思考「和
諧相處」或「合理對待」的有效方案。（周慶華，2003：168～170）
這所結合多學科方法來解析評估一個文本，顯然比只用單一學科方
法要具有可看性且能反覆或重疊交錯的深透文本的多重蘊意（即使
不排除有研究者強為賦予，也都未嘗減低它的「特能窮搜冥索」的
風采）。（周慶華，2004：305～311）在這種情況下，科際整合就是
「文本」式的科際整合（而非「主題」式的統整）。它的圖示約略
是這樣的：

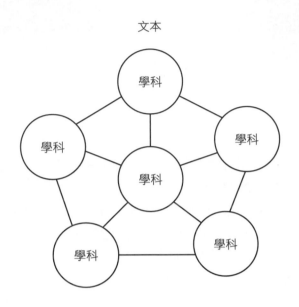

文本

圖 4-3-3　科際整合圖

資料來源：周慶華，2007：315。

　　這是說文本是透過各學科的整合賦義後才成就的。這時要根據當代文論而把文本（text）和作品（work）分開看待，也是使得的。換句話說，意義未定的文本經由接受者援引各學科的資源來理解它而使它成為作品；從而讓作品的「讀者參與創作」性這一可能的意涵限定凸顯出來。所謂的科際整合，約略就是依這種「新裁」的模式而試為實踐完成的。（周慶華，2007：316）因此，創意閱讀透過科際整合必能使閱讀題材更能深入且獲得更多的知識。而透過科際整合，一個小故事也能有多種的角度去詮釋；這其中引導出來的思考可以是客觀的，也可以是非常主觀的，但總是為閱讀帶出創意的教學。

　　其次，要來探究的是多媒體運用教學方法。由於多媒體的「多」樣，永遠處在被開發或新創中（而不是已經定格了），所以它的「新趨勢」性也就起於這一面向未來不斷變異的緣故而加以確定了。而相同的，多媒體運用教學方法所要著力的對象自然是「多媒體運用」，但多媒體運用本身也只是「過程義」的，它的被著力還得轉到「如何多媒體運用」上。所謂「多媒體運用」，是指語文經驗在傳達上是透過多種媒體聯合運用（而非一種或極少數媒體的演現）的手段。這種多媒體運用的手段，是一種總綰語文經驗的最末一道程序，冀望能夠達到最完美的教學效率。它在實際上，早就有許多媒體被發現利用了（如圖表、實物、模型、標本、投影片、幻燈片、錄影帶、電影、電視、廣播、CD、VCD、DVD、電子書、網際網路等等，都已經「廣」被發掘採行）；尤其是新興的電子媒體，更是此中的寵兒。（周慶華，2007：319）現在國小每間教室至少會備有一臺電腦或是電視，教師們可以將教材數位化，如近幾年流行的電子書，打破傳統紙本書籍的想像，把單純的視覺感受轉化成聲光效果藉以提高學童學習的意願。在說演故事方面，從手拿著小本的繪本展示，到利用電腦的簡報器，就可把繪本裡的文字和圖片放大，讓學童可以同時看清楚故事內容和圖片，這些在閱讀教學上頗有助益。但是對於多媒體運用在教學上，還需要一「相對」的真切的認知，才能保障整個多媒體運用不致太過「偏離航道」。因此，在學校場域的創意閱讀教學僅以多媒體為輔助工具，並不刻意強調其主體性。

第四節　相關的教學活動設計

　　本節所要處理的是有關於學校場域的創意閱讀教學的相關教學活動設計。本研究以上述理論為基礎設計相關的閱讀教學活動，以提供學校場域的教學者一個創意且實用的教學活動設計範例。本

節以另類的教材作為教學活動設計的內容。此類的教材內容專以創新文化和帶領風潮為考慮，這是比制式／非制式的選材更上一層，也是場域創意閱讀教學所必須考慮的方向（詳見第一章第三節）。至於學校場域內制式化教材，可以依此原則變化教學。在此先略過不提制式化教材，因制式教材已有出版社代為寫出教學設計，且制式教材也為學校場域中的老師所熟知，因此制式教材並不在本研究中呈現。非制式教材及另類教材，可為閱讀課的教學內容或是補充教材，但因本研究強調創意的閱讀教學，而另類教材比非制式教材又更能顯現其獨特性，更能啟發學童的創意，所以優先選用。或許學校場域在布爾迪厄文化再製的理論中是製造階級差距的工具，而藉由此另類教材的閱讀教學則可以打破一些迷思，使學校教育不再讓學童感覺呆板無趣，進而去思考本身存在的價值，甚至是對自己本身傳統文化有沈思的空間。而非制式教材會於第五、六、七章後的相關教學活動設計中呈現，因故事屋場域、教養院場域及志工培訓場域以跳脫制式場域的限制，本身的場域所接觸的事物比學校場域更為活絡，因此非制式教材或是另類教材都是首選材料，無須再跳回制式教材。

　　以下為學校場域創意閱讀教學的教學活動設計。在此以一篇小短文〈死後的日子〉作為另類教學教材：

一、教材分析

表 4-4-1　學校場域創意閱讀教學另類教材分析

教材內容	死後的日子
	有一位大官生病了，擔心自己會死去，就問身邊的人說：「人若死去，不知死後的日子好不好過！」 有一個人回答：「很不錯。」 大官聽了驚訝地問：「為什麼？」 這個人又答：「若是死後的日子不好過，那死去的人是要逃回來的。」

	可是沒有見到一個回來的，可想而知，死後的日子還不錯。」 大官和身邊的人都笑了起來。（天舒、張濱，2007：242）
教材分析	創造性顯現：討論生死的課題一直是教育體制內所避重就輕的，本文以幽默的手法將生死的問題輕鬆帶過，因不屬於制式教材，而在非制式教材內也鮮少出現，因此將它歸類於另類教材。此外，大官深怕死後會比現在生病更難過，於是很擔心的問身邊的人對死後的日子的看法，那個人絕妙的回答，化解了現場憂愁的氣氛，這種看法因無前例可循，創造性的顯現屬於「無中生有」的創意作品。 語文經驗：此篇文章主要是以我們對生死課題的認知為基礎來進行創作，屬於知識性的語文經驗，就科學論死後的日子是很難被評斷的，但以宗教的角度來看，或許有死後的日子。死後的日子存不存在端看讀者用什麼角度去看。此篇創意在於，如果有死後的日子當然會過得不錯，因為沒有人因為死後過得不好而逃回來，這轉化了原本我們對死亡的恐懼變成無須再害怕的想法。另外，除了知識性的語文經驗，還帶有部分的審美性，在第四章第三節中的美感對象圖中，可以清楚的將它定位在滑稽的審美性，主要是作者和文中的人物理應都不知死後的日子會如何，但還是安排文中人物說出死後的日子應該很不錯，這是個具有衝突的事物，但讀來卻令人莞爾。

二、教學活動設計

(一) 教學核心：引導學生面對親人死亡持有正面的觀點，並同時教導學生雖然死亡會帶走眼前所看到的事物，但仍有許多無形的精神存在，讓學生積極面對自己的人生。

(二) 教學活動設計概念：一個有創意的閱讀課程應該是多元且豐富的，因此在本活動設計課程中，以「死後的日子」作為最終要傳達的概念，也就是人的一生可極其豐富多采多姿，但人難免一死。所以本活動設計先以易讀教材《精采過一生》繪本以及多媒體《人的一生》小短片作為輔助引導教材，後以〈死後的日子〉作為學生進入閱讀思考的教材。

表 4-4-2　學校場域創意閱讀教學活動設計

單元名稱	我的創意人生	教學對象	國小五年級
設計者	黃紹恩	學生人數	25 人（分成五組）
時間	共兩節（80 分鐘）	場地	教室
教材來源	主教材：天舒／張濱（2007）〈死後的日子〉 副教材：《人的一生》網路短片 對比教材：《精采過一生》黃迺毓譯（1990）		
教學資源	A4 白紙、分組表、表 4-4-4（內容比較表）、網路短片、小短文、電腦、單槍投影機。		
教學目標	單元目標	具體目標	
	認知方面 1.認識教材內容。 技能方面 2.能夠分析教材內容。 3.培養獨立思考與技能活用。 情意方面 4.了解教材〈死後的日子〉主旨。 5.培養語文能力。	1-1 能夠回答老師針對教材所提出的問題，並有自己的看法。 1-2 能夠正確的朗讀教材。 1-3 能夠專心欣賞短片並回答問題。 2-1 能夠寫出表 4-4-4《精采過一生》和《人的一生》小短片的內容比較表。 3-1 能夠透過小組團隊精神解決問題，並能有組的回答且分享討論結果。 3-2 能夠運用戲劇表演技巧，來展現成果。 4-1 能夠體會教材所蘊含的意義並且能夠延伸情意。 5-1 能夠培養學生上臺說演能力。 5-2 能夠透過小組合作完成肢體表演。	

教學活動名稱	教學活動內容	時間	分段能力指標	十大基本能力	教學評量
小記者現身	一、準備活動 (一) 教師 　　準備《人的一生》小短片（http://www.youtube.com/watch?v=g9u-0LJmjHs）、《精采過一生》的簡報、A4白紙、分組表、《精采過一生》和《人的一生》小短片的內容比較表以及〈死後的日子〉紙本文章並準備分組。 (二) 學生 　　請學生預先閱讀《精采過一生》（黃迺毓譯，1990）繪本，並訪問家中父母或是長者生平最得意的一件事。 二、發展活動 (一) 引起動機 1.活動一 教師提問： (1) 請問小朋友都有看過《精采過一生》了嗎？ ※有，我前幾天就在圖書館看完了！ ※我沒看，但是我有問我爸爸最最得意的事！ ※有，我看了好幾遍，好好玩喔！ (2) 我想大部分的小朋友都很棒，都把這本繪本看完了，那麼有哪位小朋友要先分享你所訪問到的事？ ※我爸說他一直到高中畢業前都拿全勤獎，連感冒都去上學。我現在也是喔！連感冒都來上學！	10	3-3-2-1 能具體詳細的講述一件事情。 5-3-8 能共同討論閱讀的內容，並分享心得。	四、表達溝通與分享。	能夠回答教師問題。

	※我爺爺說他年輕的時候騎摩托車繞整個臺灣。他好厲害喔！ ※我奶奶說她是最厲害的裁縫師，爸爸的衣服都是她作的。我的衣服都是店裡面買的。 ※我媽媽說她國小的時候是田徑高手，跑步都是班上第一名。 ※我們家人都沒有他們得意的事耶！和《精采過一生》裡面講的不一樣。 (3) 教師總結：嗯！我想每個人都有一件很得意很特別的事，這是一件很棒的事，接下來老師要請你們看一個小短片，影片很快喔！要仔細看！		2-3-2-2 能在聆聽不同媒材時，從中獲取有用的資訊。 3-3-1-1 能和他人交換意見，口述見聞，或當眾作簡要演說。		
記憶大考驗	2.活動二 (1) 短片欣賞：教師準備電腦、單槍投影機，播放《人的一生》短片。 (2) 心得分享：請各組討論在這部小短片中看到什麼？人物出現順序是什麼？這部小短片是在描述什麼？並派代表作口頭報告。 ※出現小嬰兒，然後上學，搭火車、上班、結婚、變成老人，最後變成鬼。應該是在描述這小男孩的一生。 ※小嬰兒長大，爬過公園，上學去、搭火車、上班、喝了很多酒在吐、結婚生小孩、變成老人，最後也是變成鬼。這部片是在描述一個人的成長過程。	20		五、尊重、關懷與團隊合作。 十、獨立思考與解決問題。	各組能夠分工合作。 小組運作情況及問題解決。

	※小嬰兒長大了去上學，然後去上班，接下來上班，然後漸漸變老後，最後變成鬼。我們這組也是覺得是在描述人的一生。 ※一開始有小嬰兒出現，他長大後去上學，然後他搭火車去上班，下班又去喝酒，然後他結婚了生小孩，然後他變成老人，最後死掉變成鬼。這是在講一個人一生會經歷到的事。 ※一開有小嬰兒，後來他很快的長大了，有去上學、上班，後來還結婚生小孩，最後一個人孤單的死了變成鬼。這是在描述一個人的一生。 (3) 教師總結：大家都說得很好，現在就再看一次影片，看你們漏掉哪些地方？（再放一次影片）這部小短片也是在描述一個人的一生會經過的階段，但不代表每個人都會像他那樣，也因此這世界才會如此豐富好玩。你們看過了《精采過一生》，也看了剛剛的短片，現在老師要請你們將這兩個故事作比較，並還有請各組再發揮你們的創意想一想還有什麼創意人生。（教師發下表 4-4-3《人的一生》小短片與《精采過一生》繪本比較表。）	3-3-1-1 能和他人交換意見，口述見聞，或常眾作簡要演說。 5-3-3-1 能了解文章的主旨、取材及結構。	
說一說我的創意人生	3.活動三 (1) 閱讀分享：請學生分享表 4-4-3《人的一生》小短片與	10	四、表達溝通與分享。	能完成表 4-4-4

			七、規畫、組織與實踐。	及上臺分享並能分享不一樣的創意人生。
	《精采過一生》繪本比較表，以及各組的創意人生。 ※我們這組的創意人生是，當小嬰兒一出生就有驚人的生長速度，一下子就變成大人，然後他很聰明，一下子就賺很多錢，接下來就是去環遊世界。 ※我們這組的創意人生是，小嬰兒從小開始就是考試高手，不管考什麼都考第一名，連打球和游泳都是第一名，然後他生下的小孩也都是考試高手，可是他也是第一個死掉的人，因為他是第一名。 ※我們這個創意人生是小孩剛出生時身體就像是一個老人，後來他越活越年輕，最後他是變成嬰兒死掉。 ※我們創意人生是，不用爸爸媽媽叫我們就可以自己起床上學，考試都很厲害，還是溜直排輪的高手，我們不會結婚，但是我們會認養很多可愛的小寵物，一直陪牠們玩。 ※我們的創意人生就是可以一直玩，像玩盪鞦韆、踢足球、躲貓貓等等，都不用煩惱功課沒寫，還是考試沒考好。 (2) 教師總結：從小朋友的分享中，老師可以知道《精采過一生》描述了很多事，《人的一生》只是簡短說明人一生的經歷。還有各位的創意人生，真的很有創意，好像都在反映你們都不喜歡寫作業還有上課，其實上課是一件			

	很有趣的事。所以接下來老師這邊也有小小問題要請大家在思考一下。《精采過一生》的最後有提到，死了以後我們可能會變成其他的東西，那會變成什麼？老師想請你們發揮創意表演，如果你們死後會變成什麼？請各組討論後寫出一個事物在白紙上，然後折起來放在老師桌上的小寶盒裡，待會請第一組先出來抽籤，看抽到什麼就表演籤上的說的事物；看哪一組先猜出來這組表演的是什麼，還有表演的那一組只能動手腳，不能動口喔！現在就開始想吧！記住喔，要特別越好，沒有限制是動物或是物品，請各組發揮創意及想像力。		1-3-1 探索各種不同的藝術創作方式，表現創作的想像力。		
演一演	4.活動四 (1) 即興表演：請學生表演死後會變成怎樣的事物。(教師準備白紙) ※猴子。 ※毛毛蟲。 ※金剛。 ※玫瑰花。 ※樹木 教師：另外準備其他的籤，如：狗、貓、兔子、蛇、綿羊、公雞、車子、摩托車……等等。 (2) 教師總結：請第一組學生出來表演，請臺下學生猜，先給臺上學生三分鐘時間討論如何呈現，並可適時指導學	20	3-3-3-2 能從言論中判斷是非，並合理應對。 3-3-4-3 能在辯論中精要的說出有利己方的意見。	二、欣賞、表現與創新。 五、尊重、關懷與團隊合作。	小組能夠共同討論；演出能夠認真欣賞他人演出。

| 比一比 | 三、綜合活動
1.活動一
(1) 辯論大會：小朋友你們都很有表演的天分和創意。透過剛剛你們所表演的事物，現在老師手邊有一篇小短文〈死後的日子〉，請各組小朋友一同閱讀看看，然後我們要進行一場辯論大會。小朋友可以看到前面有同意〈死後的日子〉的組別和不同意〈死後的日子〉的組別。現在請各小組先討論你們那一組是同意還是不同意，然後請各組派二人到臺前來進行辯論。這是我們第一次進行辯論，所以有一些規則老師會先跟你們說，但是要記住的一點是請不要用不禮貌的話來攻擊對方，儘量找出你覺得有懷疑的話來提出自己的看法，有點像是互相問對方，最後辯論結果是如何不重要，重要的事老師想看你們可以對這篇文章提出多少看法，越有創意越好。還有你可以想想上一節老師跟你們討論過的那部短片跟《精采過一生》裡面所講的，看看裡面講的可不可以作結合。
（公布辯題：死後的日子令人滿意） | 20 | 一、自我了解與發展潛能。
四、表達溝通與分享。 | 能夠閱讀文章，並提出自己的想法，以及在辯論會中提出意見。 |
| | 生如何呈現。每組表演一輪即可。教師將所猜中的組別加分。 | | | |

※不同意組別：我們不同意，因為我們都聽到很多鬼故事，證明他們都不滿意死後的日子，才會回來嚇人。 ※同意組別：雖然有鬼故事，但是我們也都沒遇到過。 ※不同意組別：我媽媽說我阿公去世的頭七有回來，阿公會回來一定是不滿意死後的日子。 ※同意組別：但是我爸說，頭七會回來是因為想回來看看而已，不能代表他們不滿意死後的日子。如果人死後就像《精采過一生》最後面說的，可以變成別的東西，那不就表示死後應該過得不錯，因為有很多選擇。 ※不同意組別：有選擇就真的很好嗎？就代表死後的日子應該不錯嗎？會不會太多選擇也是一個困擾。 ※同意組別：我們覺得有很多選擇很好，這樣每個人都可以選決定自己想要的樣子。 ※不同意組別：我們覺得就文章說的，死後都人都沒有人逃回來，說不定他們有逃回來，只是就像《精采過一生》說的，會變成其他東西回來，所以他們一定是不滿意死後的日子。 ※同意組別：如果他們不滿意死後的日子，可以選擇想要變成什麼，那也是一件很快樂的事，所以那個大官應該可不用怕死亡，所以這個文章應該可以安慰那個大官。				

(2) 教師總結：辯論時間到了！老師聽了小朋友這麼多精采的言論後，感覺你們真的很棒，可以互相的討論和學習，對於辯論是哪一邊贏，在現在不是重點，重要的事小朋友都可以藉著這幾個好玩的閱讀材料去説出自己的想法。我想關於這個辯論一定還有很多，小朋友在課後也可以跟同學一起討論，或者可以和家人一起聊一聊，説不定你們又有新的想法，説不定下次你們可以再説得更好。				

表 4-4-3 《人的一生》小短片與《精采過一生》繪本比較表

比較項目	人的一生	精采過一生
呈現形式	動畫	繪本
主要描寫的人物	一個男孩	爺爺跟奶奶
做了什麼事	當嬰兒、抓蝴蝶、上學、結婚、生小孩、搭電車上班、下班聚餐喝酒、變成老人、最後變成鬼。	出生時也是頭髮禿禿、皮膚皺巴巴的嬰兒、練習坐馬桶、説簡單的話、會爬來爬去、開始上學、不同的年紀有不同的遊戲、喜歡嘗試刺激的事、跟不適合的人談戀愛、也跟適合的人談戀愛、上大學、開舞會、爺爺作特技演員、奶奶變成有名的電影明星、在拍戲的地方結婚、生下爸爸、遇見你們媽媽後我們就當爺爺奶奶、爺爺奶奶退休、頭髮禿、裝假牙、記性越來越差、身體開始縮小、還是喜歡刺激的事、最後也會和其他人一樣死翹翹、死後可能會變成其他東西。

　　本活動設計以全面性的場域創意閱讀教學為設計概念，全面性包含創意的無中生有與製造差異，在教材的選擇上有主教材〈死後的日子〉短文，短文所表現的創意點為無中生有的語文經驗，在設計上以辯論大會去呈現。而《人的一生》小短片以及《精采過一生》繪本作為副教材及對比教材，目的要學生去去比較兩類閱讀題材的不同，是為創意的製造差異的呈現。在學校場域因受限制式教材，教學者因而忽略許多非制式教材及另類教材，而導致學生學習意願不高。本研究嘗試以論述為基礎，設計相關的教學活動；本活動設計除了施以全面性的創意閱讀教學，並以科際整合與多媒體為輔助設計相關活動。這裡要特別提到的是，雖然本研究的教學活動設計格式為制式化的表格，其中加入了分段能力指標以及十大基本能力，但是教材選擇上有非制式化教材、另類教材及多媒體的教材。語言學習是無間斷的，要讓學生對閱讀教材有批判思考的能力，絕非只有教師問、學生答的模式，讓學生可以互相主動學習才是教育的本質。因此，在教學活動中加入辯論大會，讓學生們可以以另類教材為題材，以自己的生活經驗作基礎，對辯論題目發揮更多的想像力及創造力。學校場域的教師也非一定得照著制式的能力指標，如此才能讓學生感受不一樣的創意。透過以上的教學活動於閱讀課實施，相信能吸引學生的目光，進而對學習產生高度意願。

第五章　故事屋場域創意閱讀教學

第一節　故事屋場域的特徵

　　由於「少子化」趨勢以及核心家庭教養功能式微，造成了社會上普遍出現一種「將教育託付學校及社會」與「家庭教育由消費型態的教育模式取而代之」的趨勢，又由於「閱讀的提倡」以及「視聽媒體的興盛」，使得「說故事變成一種趨勢，聽故事成了一種流行」，故事屋因應而生。（許惠晶，2009：122）2004 年 6 月開始，這個專為三至十二歲兒童所設立的說故事場所「故事屋」出現在臺灣，說故事的空間及說書人的角色出現了另類的風格及形式，滿足了不同家長的教育需求及消費選擇。故事屋創辦人張大光也在 2005 年 3 月之後開始展店計畫，在臺北士林及高雄成立分店。接著 2005 年 6 月哇哇故事城堡（原名哇哇童話館）在臺北成立，由王安立和利政男創立，這是國內第一個由兒童劇場轉投資的兒童故事館。再者，就是 2005 年 12 月，東森幼幼臺與如果劇團合作，創立了 YOYO 故事屋。第四家故事屋則是插電兔子窩故事屋，成立於 2006 年 2 月。2006 年 7 月臺灣商人莊志明進軍大陸市場，在上海成立伊索故事屋；而臺灣中部的第一家故事屋童話森林也在 2006 年 10 月成立。至今不到三年，故事屋在臺灣北中南三地以及大陸上海快速崛起。（許惠晶，2009：2）而我個人所任職的黃烈火社會福利基金會，也在 2005 年 1 月成立了童話故事屋。成立的宗旨為創辦人黃烈火的「美好人生　祥和社會」，其目的是藉由說故事的方式，將創辦人的理念潛移默化於參與者的觀念中，不同於商

業化的故事屋，但產生的背景雷同。而類似基金會的非營利組織如學校、圖書館、協會等，也都紛紛推出故事屋的概念而進行閱讀教學。許惠晶（2009）在《說故事‧聽故事：「故事屋」在臺灣的崛起與運作之探討》提及「故事屋」係指一個有消費者付費行為，由一群專業人士提供童話情境、道具，及有給薪的專業說故事者，專門為小朋友說故事的地方，並不包含公共圖書館免費的說故事活動或行動故事劇團。但在本研究中的故事屋場域擴及其中不包含的部分，也就是凡任一場域有說故事活動就是故事屋場域。本章節先探討故事屋場域的特徵，後將創意閱讀教學的概念融入故事屋場域，最後設計故事屋場域的創意閱讀教學活動，讓故事屋場域能夠發揮閱讀教學的專業功能。

一、說故事與故事屋的起源

故事屋從字面上來理解是房子裡有故事，也就是說故事是一個特定的空間裡最重要的活動，因而在此先簡單介紹說故事的起源以及說故事和閱讀活動的關係。單純的說故事可以上溯到人類很早的歷史活動，人類幾乎是有了語言，有了家庭組織，就有了說故事的行為。（賴芳伶，1986：441）Pellowski（1977）認為人類說故事有：起源於人類自我娛樂的需求，滿足解釋周遭自然世界的需求，源自對宗教的需求、或是為了解釋超自然，為了分享人類彼此的經驗、透過音樂、語言來實踐對美、調和的需求，為了紀錄祖先的行誼或是源自期望祖先的事蹟於不朽。Boltman（2001）指出，故事的起源是由於過去沒有電腦、沒有書本、也沒有文字、只有語言，所以語言變成最重要的形式，人們只使用聲音去說故事；在一個沒有印刷的世界，人們使用說故事的方式來款待自己並從事遊戲，表達他們自己並傳達給其他人，學習自己的文化，自己的歷史，以及他們所處四周的自然世界。也就是說，透過老年人教育年輕人價值代代

相傳。透過說故事者，傳說故事持續活躍並行遍全世界。說故事變得如此的重要，像是世界重要的宗教，從耶穌到孔子，從佛陀到穆罕默德，全都使用故事或寓言去教導信徒。然而，從兒童聽故事的反應，也可以證實說故事活動是歷久彌新，每個孩子都期待說故事者可以說出新奇沒聽過的事物。

　　雖然如此，故事一詞卻涵蓋很廣。過去在《國民小學課程標準》的讀書教材綱要在記敘文的部分列出「故事」一項，包含童話、寓言、神話、一般故事、民間故事、自然故事、歷史故事、科學故事等。（教育部，1993）另外，吳英長（2007）在〈兒童故事基架的分析〉一文中提到：「在兒童文學的領域中，「故事」一詞一方面是神話、寓言、童話和小說等文學形式的總稱。」周慶華（2002：9～10）在《故事學》一書中提到，故事一詞的意義，從「過去的事跡」到後來為了翻譯為 story、history、tale 等詞，論述紛紜：「story」是指長篇的傳奇故事，「history」則是泛指歷史或傳記，而「tale」則是指「以人類日常生活的事件」為題材所成就的（屬於「正宗」的故事），最後統一以「故事」來稱呼時，就看不出它有上述多重的意義。故事最單純的解釋，是指一些依時間順序排列的事件的敘述。另外，林良（1990：114～115）在《淺語的藝術》一書中寫到：「故事的真正含義是由許多『事情』組成的有機體。故事是有機的排列事情」、「在兒童文學的世界裡，生活故事、童話、小說、兒童劇，都跟故事有關」。綜合上述對故事一詞的界說，本研究就不再特別將說故事中的故事內容再作區分，而以故事一詞統稱。

　　鍾家瑄（1992）認為說故事除了鼓勵兒童閱讀外，說故事也可幫助兒童語言能力的發展，激發兒童的想像力、創造力並成為教學的支援等；在人際關係方面，說故事可以幫助兒童表達情緒，並幫助他們對事件進行思考及判斷，說故事也可以幫助孩子學習表達溝通；在心理學方面，透過聽故事，可以幫助兒童克服心理壓力、情緒困擾。許惠晶（2009：22）認為說故事方面的教育意義如下：在

語言能力方面，說故事可以讓孩子對故事產生興趣，發展孩子仔細聆聽的技巧，擴展孩子的語言、字彙、閱讀能力，建立孩子對文學及藝術的美感，體驗文字的神奇力量，更幫助孩子建立理解及批判思考的能力；在人際互動方面，說故事可以了解自己與他人的關係，幫助孩子認識自我，促進孩子的社會發展並建立人際互動；在心理學方面，說故事幫助孩子調適壓力，建立同情心，激發創造力與想像力，促進孩子的心智發展與幸福感，培養孩子對文化的欣賞與感知能力，建立世界觀。因此，在閱讀教學活動上最常用說故事活動吸引孩童的目光，進而達到閱讀教學的目的。

　　然而，故事屋一詞是始於「故事屋」的創辦人張大光的口中，2004 年 4 月號的《遠見雜誌》刊載一篇〈從免費志工到兒童商機 說故事說動親子市場〉，除了提到張大光是第一位將說故事導入商業經營的人，並在文中如此敘述著：「親身感受故事的影響力，希望打破一般陽春的說故事方式，張大光辭去唱片業高階主管的工作，投入半生積蓄，在 2004 年打造宛如童話世界的故事屋。」（王怡棻，2007：51）2004 年 6 月張大光以創意搶得先機，創立了「故事屋」，成為臺灣兒童故事館的濫觴。故事屋透過有形的故事環境作舞臺，無形的表演作服務，不僅獲得各界的高度注意，也因此炒熱了說故事市場，更吸引了許多兒童劇團轉而投資。（廖韻奇，2006）「讓說故事熱迅速引爆，並形成話題的關鍵，其實是開創付費聽故事的故事屋。」（王怡棻，2007：52）而根據楊茲珺（2004）在一篇介紹故事屋的報導中，以斗大標題〈全球唯一故事屋 1 小時200 元——巨書老樹雲中坐，說學逗唱講故事〉，文中並形容故事屋「號稱是世界創舉，唯一將聽故事的經驗，變成商品販賣的地方」。可見故事屋在臺灣的創意性與獨特性。也因此，故事屋成為專門為孩子說故事的專有名詞，提到故事屋，一般人就會聯想到是說故事的地方。說故事在不同的歷史脈絡下，被不同的社群脈絡化著。

二、故事屋場域的範圍及特色

　　縱是如此商業化的說故事活動卻隨著社會的變遷，至 2011 年
已經退燒了。前述幾家比較具規模的商業化故事屋，有兩家如娃
娃故事城堡已於 2007 年 9 月 17 日結束營業（王安立，2007）及
YOYO 故事屋於 2008 年 3 月 1 日正式改由【親一下 Kiss Me 劇團】
接手營運，並正式更名為親親故事屋，但我（2011 年 3 月）在網路
上已查無最新訊息，所以也歸為退出營業。雖然閱讀推廣活動仍在
有心人士下大力推廣，但大致上說故事活動以不收費的形式出現較
多，如在學校、公共圖書館、民間協會、地方產業、公共圖書館，
及其他型態的說故事活動。商業化的故事屋為何退燒不在本研究
探討的範圍，所在意的僅限於說故事活動仍持續在各社會角落進
行著，這些角落在本研究統稱為故事屋場域。這些故事屋場域包
括：（一）家庭中的說故事活動；（二）學校的說故事活動；（三）
民間協會的說故事活動；（四）公共圖書館的說故事活動；（五）地
方產業（或收費故事屋）的說故事活動；（六）其他型態的說故事
活動。其相互關係圖示如圖 5-1-1。

　　以上圖示顯示在故事屋場域裡，其說故事的活動場所是有相互
重疊，在這重疊部分是特指說故事活動互相結合，如民間協會會派
志工到學校說故事，或是在學校進行協會特有的說故事活動、地方
產業至學校進行推廣活動，如小袋鼠說故事劇團會到學校作演出，
而有時地方產業也會透過媒體進行說故事活動的宣傳，這些都是說
故事活動場域間的相互關係；而在家庭進行的說故事活動，由於私
密性較高，也比較少和其他說故事活動的場域作結合，因此在此圖
示中是獨立存在的。以下針對故事屋場域中的各說故事活動的場域
再作一些補充說明：

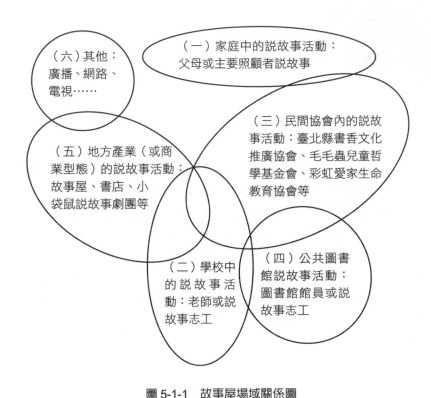

（六）其他：
廣播、網路、
電視……

（一）家庭中的說故事活動：
父母或主要照顧者說故事

（三）民間協會內的說故
事活動：臺北縣書香文化
推廣協會、毛毛蟲兒童哲
學基金會、彩虹愛家生命
教育協會等

（五）地方產業（或商
業型態）的說故事活動：
故事屋、書店、小
袋鼠說故事劇團等

（二）學校中
的說故事活
動：老師或說
故事志工

（四）公共圖書
館說故事活動：
圖書館館員或說
故事志工

圖 5-1-1　故事屋場域關係圖

（一）家庭中的說故事活動

　　在我個人所服務的基金會裡，常會和家長們聊到在家說故事的樂趣，孩子最喜歡的就是床邊小故事，或是親子共讀圖畫書。但是普遍都是孩子上學後，他們就比較少在家說故事，大部分的原因都是覺得孩子大了，應該不需要再說故事；不然就是覺得孩子已經上學，有要學的課業，沒時間聽故事或作其他活動等；甚至有些家長認為閱讀課外讀物會壓縮孩子作功課的時間，所以減少他們閱讀課外讀物的時間。這對推廣閱讀是一大阻力，畢竟學校閱讀推廣或是民間閱讀推廣做得再好，少了家庭的支持，效果還是不理想。如何

讓家長也可以一起參與親子閱讀的行列，是一大課題。這也是本章故事屋場域所要探討的議題之一。

（二）學校的說故事活動

1.國小校園

　　學校型態的說故事活動是義務教育中很重要的一環，學校裡的說故事活動通常在早上晨光時間舉行，除了老師、家長之外，這些說故事者通常是由民間團體所訓練的說故事義工進駐講故事給孩子聽。據臺灣兒童文化藝術基金會統計，臺灣除了嘉義、宜蘭外，二十幾個縣市都有推動閱讀的故事協會；兩大連鎖書店誠品與金石堂每個月舉辦的說故事活動，總計將近五十場；更有大批媽媽們志願到小孩的學校當說故事媽媽。（王怡棻，2007）志工團體除了投入圖書館及其他單位的說故事活動，有大部分是在學校為孩子們說故事。如我個人所任職的基金會的說故事志工，有超過八成都是學校說故事志工或曾經從事學校晨光說故事志工。

2.幼稚園等托育機構

　　目前幼稚園中的說故事活動也是非常熱絡，除了班級老師所做的說故事活動之外，有些學校則是每個月另外安排一至二次的故事劇場，以全校師生共同參與的方式進行；少數學校，更是會與國內劇團合作，固定時間聘請劇團到校演出。不同於小學的是，幼稚園的說故事活動大都是由老師負責，有些則是開放讓家長到自己孩子的班級說故事。比起小學，幼稚園由志工團體進駐說故事的狀況相對較少。由於故事屋的興起，許多學校更以「○○（校名）故事屋」作為學校說故事活動的宣傳名稱，來吸引家長。目前在幼稚園中班級的說故事活動，大都是教師隨機性的，以繪本或課程內與主題相關的故事為主要的內容；倘若是全校性的說故事活動，比較常採用的方式是以戲劇演出的型態呈現。（許惠晶，2009：32）

（三）民間協會推行說故事活動的情形

目前在臺灣的幾個較具代表性的說故事民間團體，推行說故事活動的情況如下：

1.毛毛蟲兒童基金會

1976 年兒童哲學的第一本教材由楊茂秀翻譯為《哲學教室》開始，兒童哲學走進了臺灣，並點狀式地在一些幼稚園及學校散播了它的種子。為了更進一步地推廣兒童哲學，楊茂秀以及一群熱心人士將原來的工作室擴展為「財團法人毛毛蟲兒童哲學基金會」。（陳家誼，2003a：32～35）兒童哲學課程所進行的方式是由教師帶領團體討論，讓孩子以合作的方式一起思考他們所關心或有興趣的問題，形成探究團體。兒童哲學期望透過成員間的合作及互相幫助，培養兒童推理、判斷與創造的能力，同時教導兒童尊重他人的價值觀、合理地評斷他人意見；兒童哲學更希望能讓兒童養成隨時反省以及檢視自己思想，為自己思考、尋求意義的態度，好的思考不僅應該具有批判和創造性，也要是關懷性的思考。毛毛蟲兒童基金會的主要工作內容有：兒童哲學教材的翻譯與本土教材的開發、書籍的出版工作、兒童課程的實驗及研究發展、幼稚園及國小教師研習（兒童故事、兒童哲學與合作思考教學）、成人讀書會與媽媽讀書會的推廣、故事媽媽研習與書香活動推展、說故事諮詢、兒童讀書會、有機教學研究中心等。（許惠晶，2009：33）

2.小大繪本館

小大繪本館是座落於國美館前綠園道旁公寓五樓的小型圖書館，由一群熱愛繪本的朋友們，在全臺推廣小大讀書會多年之後，於 2000 年 6 月在臺中成立的一個「小大」據點。小大繪本館全沒有任何公部門或財團的奧援，仰賴的完全是最素樸、草根的民間力

量來支持。目前的營運完全由一群無給的熱心義工擔任，雖然館內
坪數不大，但一書一櫃、每一個角落都充滿著義工媽媽們的巧思。
（小大網誌－天空部落格，2011）隨著小大讀書會[1]在全臺各地不
斷滋長，在說故事方法上，不少義工受小大精神的影響，開始運用
小大的演奏法來說故事，以親子共讀為職志的小大，在臺灣的團體
可說是獨樹一格。（陳珮甄，2004）館內定期的活動有：中外繪本
作家主題展、繪本下午茶會、周六說故事、繪本講座、研討課程、
親子讀書會、媽媽讀書會等等。

3.彩虹愛家生命教育協會

　　彩虹愛家生命教育協會以服務兒童為目標、多元教學為工具，
配合學校、社區、家庭，致力於兒童生命的建造與培育，以繪本故
事、思考體驗活動以及律動、戲劇等多元藝術，在校園裡幫助兒童
培育愛的能力，用信心作為態度，以勇氣化為行動，做對的選擇才
能堅強面對生命的成長與挑戰。彩虹愛家生命教育協會的主要工作
內容有：培訓說故事技巧、兒童心理與輔導以及教導生命教育課
程；培訓師資作暑假、寒假等社區的營會活動；組織團隊服務兒童，
連結家庭與學校一起培育兒童生命成長。（許惠晶，2009：34）彩
虹愛家生命教育協會這些年來以生命教育為核心提供大人「言教」
的材料和方法，例如說故事、戲劇等；也提供大人反省和成長的機

---

[1]　小大讀書會的創辦人林真美，在日本留學期間看到一位家庭主婦近藤伊子
　　開辦「布穀家庭文庫」將近二十三年之久，每週一次到家中借書、聽故事，
　　就像個小型家庭圖書館。另外組織「媽媽讀書會」與「大孩子讀書會」。林
　　真美看到日本民間如此為幼兒奉獻為文化扎根時，期許自己回臺能做同樣
　　的事，回臺後便成立了「通草家庭文庫」，慷慨捐出自己收藏的 200 多本繪
　　本讓朋友帶著孩子來看書、聽故事。可惜因種種因素，文庫宣告結束。爾
　　後，於 1994 年成立人小讀書會，因考量以孩子為主體的精神，更名為「小
　　大讀書會」。（陳家諭，2003d）推動讀書會經過多次的失敗之後，林真美改
　　變原來的方式，以到處演講的方式散播小大的訊息。到了 1997 年正式成立
　　聯盟，1998 年發行《小大季刊》。（劉慧玲，2000）

會，作為「身教」的示範，更希望提供一個生命教育的生態系統，讓「境教」可以隨時隨地發揮影響力。（黃迺毓，2008：2～3）

4.貓頭鷹親子教育協會

2000 年 3 月份，李苑芳憑著一股熱情和毅力，成立了「中華民國貓頭鷹親子教育協會」，同年七月設立「貓頭鷹圖書館」，同時期開始不遺餘力在各地培訓「貓頭鷹義工」，整合社會資源為弱勢兒童說故事。（陳家詡，2003b：38～41）2010 年 9 月 14 日，由於貓頭鷹協會不勝逐年虧損，正式吹熄燈號。2010 年 12 月 21 日，劉戀文化基金會接手經營，秉持創辦精神持續經營。目前圖書館主要服務為：圖書借閱、志工研習、青少年小說成人讀書會、經典繪本 100 讀書會、繪本博覽會等。（貓頭鷹圖書館網站，2011）

5.臺北縣書香文化推廣協會

臺北縣（現為新北市）書香文化推廣協會的前身，就是一群投入讀書會的媽媽們，一群攜子投入讀書會的袋鼠媽媽們。1996 年來自二十一個鄉鎮的一百多位袋鼠媽媽們，共同凝聚結社共識，團結成立「古北縣書香文化推廣協會」。（陳來紅，2005：38～41）書香推廣協會以推廣書香文化為宗旨，目前提供的資源有：新樹幼兒圖書館、童書俱樂部、閱讀推廣課程、《書香季刊》等。在幼兒圖書館的部分，主要推廣說故事活動：故事媽媽說故事、親子讀書會、大家來說故事活動等；在閱讀推廣課程的部分，包含有：故事媽媽研習、讀書會主持人研習、繪本讀書會、兒童讀書會、親子讀書會，分春秋兩季常年進行。《書香季刊》則是作為提供相關訊息之用。（許惠晶：2009：35～36）

6.雲林縣雲林故事人協會

雲林故事館是雲林第一個歷史建築再利用的例子，它原為虎尾郡守官邸，於 2007 年 3 月透過雲林縣政府提出營運計畫，獲得豐

泰文教基金會贊助，委託多年來致力於閱讀文化推廣的法人雲林縣
雲林故事人協會營運，於 2007 年 12 月 19 日開館。（葉益青，2008：
32～35）故事館除了提供當地藝文教育的展演空間外，如舉辦金穗
獎巡迴影展、週末音樂饗宴，雲林故事館的推動的最主要工作內容
為：館內館舍導覽工作和故事共讀及閱讀延伸，如兒童讀書會、大
家來說故事、招牌故事說演、週末故事饗宴；另外還有說故事培訓，
如雲林狂想曲、週末人才培訓、閱讀希望地圖、故事繪本創作工作
坊及社區大學。（雲林故事館網站，2011）

7.財團法人黃烈火社會福利基金會

黃烈火以個人的捐贈及所屬企業的贊助，先後成立了純青社會
福利基金會、味全文教基金會，及純青嬰幼兒基金會，推動社會福
利，並以「美好人生・祥和社會」作為基金會追求的目標，二十年
來略有成績，而獲得政府主管機關及社會的肯定。黃烈火更於 1996
年底成立了黃烈火社會福利基金會，來推動他所關注的「促進美好
人生，創造祥和社會」。（財團法人黃烈火社會福利基金會網站，
2011）黃烈火基金會所服務的對象為不分年齡的一般民眾，因此在
創辦人黃烈火所關注議題如親子教養下，基金會也於 2006 年 1 月
成立童話故事屋，專門為 3～8 歲兒童說故事，同時也歡迎家長一
同進入故事屋，享受聽故事以及做勞作的樂趣；而 2009 年開始以
童話故事屋作為基礎發展故事夢想列車，專為偏遠地區以及各教養
機構說故事以及帶領閱讀活動。其間基金會也定期為說故事的志工
開辦說故事培訓班，期許為閱讀推廣灑下更多種子。

8.各地的故事協會及故事團

由於閱讀活動的興起，近年來有許多故事協會及故事團體相繼
成立，在地方上為推廣說故事活動與親子共讀而努力。楊茂秀
（2004）形容，這些故事媽媽說故事的教育文化現象有如聖誕節時

看見滿街的聖誕老人背著大禮袋在送禮一般。他也提到，起先故事媽媽是義工，到社區固定的場所或學校的教室說故事給小孩聽，漸漸地由於需要，他們接受培訓；由於教育部及文建會的支持，讓故事媽媽，尤其是培訓故事媽媽的一些人有專業化的趨勢。目前全臺各地除了宜蘭之外，各縣市都設有故事協會。另外，各地的故事媽媽協會、故事團也是說故事義工的主力之一。這些團體包括如：樹林故事團、土城故事團、金科故事團、永康故事人、花蓮故事媽媽團體等。（許惠晶，2009：37）

（四）公共圖書館推行說故事活動的情形

林怡心（2002）指出，我國公共圖書館推行說故事的情形，採常態性舉辦說故事的，活動時間多集中在週六、日，活動地點以兒童閱覽室最多，多數的公共圖書館並沒有規畫每次活動的主題，活動的內容以多元化的方式來經營說故事活動。活動對象多以親子共同參加為主，說故事的義工大多來自學校老師、故事媽媽、志工或說故事團體。說故事活動在我國公共圖書館也行之有年，幾乎所有的公共圖書館都有推行說故事活動，因此在這裡並不作特別詳細的介紹。

（五）地方產業（或商業型態）的說故事活動

1.故事屋（張大光創立）

2004 年 6 月張大光首創的故事屋座落於臺北市大安區，並分別於 2005 年 7 月 1 日在臺北士林設立第二家分店，第三家分店則於 2006 年 10 月 1 日於高雄前鎮區成立；2007 年 9 月 7 日開始進行小小故事屋的課程，將說故事的服務對象象下延伸到零至三歲；2010 年 5 月上海店成立；2010 年 9 月和 YAMAHA 合作在全省分店說故事。（故事屋網站，2011）張大光創立的故事屋的主要服務

內容為說故事，主要服務的對象為零至九歲兒童。故事的呈現方式主要是老師用說、唱、演的方式，搭配著巨大的圖本和創意的道具。這些大書裡面的圖片，都是張大光請專門繪畫童書的畫家為故事特別精心設計的。現在在故事屋中的附加服務主要是外場的說故事，也就是受各機構邀約作外場的說故事服務。

2.哇哇故事城堡

哇哇故事城堡，原名哇哇童話館，於 2005 年 6 月 19 日創立，座落於臺北市文山區羅斯福路上。由利政男創辦，其主要的服務內容為說故事；服務對象為三歲至國小三年級的兒童，最多不超過國小六年級（十二歲）。故事的呈現方式由說故事老師（魔法師）以劇場敘述方式結合遊戲來說故事，其道具多半由說故事的「魔法師」自製。故事屋中的附加服務為：藝術教室、遊樂園、童話劇場、閱讀中心、說故事班等（財團法人國家文化藝術基金會，2007），以及外場的說故事服務。不過哇哇故事城堡已於 2007 年 9 月 17 日結束營業。（王安立，2007）

3.親親故事屋（原 YOYO 故事屋）

親親故事屋位於臺北市南京東路與敦化北路交叉口，鄰近環亞商圈的臺北小巨蛋內。親親故事屋的前身為 YOYO 故事屋，在臺北市政府接管小巨蛋後，於 2008 年 3 月 1 日正式改由【親一下 Kiss Me 劇團】接手營運，並正式更名為親親故事屋。親親故事屋的故事研發、設計、規畫，由原 YOYO 故事屋的故事達人團隊繼續服務，透過有系統的創意團隊，創造出一個專業、有趣、具有藝術氣息的說故事場地。讓小朋友從各式各樣的故事中，激發他們的想像力；也讓小朋友在開心「聽故事」、甚至「玩故事」中，學習如何與人相處，培養正確的觀念，養成良好的習慣。但目前在上網檢索時已無最新資料，推估已停止營業。

4.故事島‧兒童故事屋（原名插電兔子窩）

故事島‧兒童故事屋是由一群來自不同領域的資深經理人所組成，包括藝術創作者、教育工作者、資深媒體人與高科技新貴等所組成，創立於 2006 年 2 月，座落於臺北市大安區敦化南路上。（插電兔子窩網頁，2011）其主要服務內容為中英文說故事。與其他故事屋相比較，故事島‧兒童故事屋是利用數位科技、互動、虛擬感應的電腦技術提供另類的說故事方式。（故事島‧兒童故事屋網站，2011）其故事呈現方式是由專業說故事老師說故事，配合自製繪本，轉製 3D 動畫，以一層樓高螢幕放映取代大書，運用影像感應技術，當小朋友碰觸螢幕，畫面自然出現翻頁效果的方式呈現故事。另外，結合幼兒美語教育教學經驗，以全美語說故事為號召也是故事島‧兒童故事屋的主要訴求。（潘姿吟，2006）

5.臺中童話森林故事屋

童話森林故事屋是由一群深耕於不同領域的專業人員所組成，包含語言治療師、感覺統合醫師、戲劇藝術創作者、教育工作者、舞蹈工作者、音樂老師、媒體工作人員所組成。第一家童話森林故事屋成立於 2006 年 10 月，座落於臺中市臺中港路，至 2009 年間陸續成立幾家分店。但至目前 2011 年仍在營業的國內分店有八家，分別為童話森林總部、臺中大墩會館、員林教育學園、板橋藝術美學會館、新莊藝術美學會館、東湖藝術美學會館、高雄教育學園及大木塊會館；而海外據點為溫州九山公園會館、溫州江濱會館及美國盛荷西 San Joes 館。（童話森林故事屋網頁，2011）該故事屋的故事呈現方式是以一小時說故事搭配一小時的藝術課程，老師運用大型繪本及各式立體道具以及投影輸出的方式說故事，再結合故事結束後的藝術創作，此種結合藝術課程的作法有別於其他幾家故事屋。故事屋採二至四歲、四歲以上分齡，有十二位說中英文

的說故事老師。其主要對象為二至十二歲兒童。童話森林故事屋的
附加服務為外場的公益說故事服務及說故事師資培訓，另附設繪畫
故事屋、幼兒律動、幼兒音樂（打擊樂）、口語表達寫作等藝能課
程，以及劇場故事等。（許惠晶，2009：14～17）

6.書店中的免費說故事活動

　　全省各大書局連鎖店的童書部幾乎都有設立對兒童說故事的
活動，較知名的如誠品、金石堂書店等。書局中的說故事活動雖為
免費，但這樣的說故事型態有商業行銷的成分在，為促銷童書的商
業策略。兩大連鎖書店誠品與金石堂每個月舉辦的說故事活動，總
計將近五十場。（王怡棻，2007：151～154）誠品書店信義兒童館
於每週五晚上 7:30～8:00 有「故事晚點名」的說故事活動，由「誠
品姊姊」為孩子們說故事，對象為十二歲以下兒童，但大都以學齡
前幼兒到現場聆聽居多。另外，全臺各地的誠品兒童館都有每週一
次的說故事服務。（許惠晶，2009：42）再者，金石堂在每週末也
固定有說故事時間，由故事姊姊或故事媽媽為孩子們說故事。全省
各地尚有許多兒童書店或書局，也同樣都有進行說故事服務，是一
項屬於書局行銷策略之一──免費說故事服務。

7.信誼基金會附設小袋鼠說故事劇團

　　小袋鼠說故事劇團是信誼基金會所附設的說故事團隊，是一個
針對不同年齡層制定付費的說故事團體。小袋鼠劇團成立於 1994 年
4 月，以推廣兒童說故事為宗旨。小袋鼠說故事劇團將好書與幼兒
閱讀興趣結合，研發專屬親子的說故事活動，以「個人表演」、「視
聽光影」、「創意偶劇」、「不彩筆塗繪」、「幼兒互動」、「人身戲劇」與
「家庭常見素材」等，呈現豐富多變的故事風貌；並從好書建立豐富
的故事資料庫，引領孩子進入故事的寬廣天地，享受不同故事所蘊藏
的無限驚奇與美妙想像。小袋鼠說故事劇團鼓勵父母與幼師為 2～8

歲孩子說故事，所作的服務有：(1)故事絕招：提供簡單的說故事秘訣及說故事遊戲供家長參考，讓家裡也可變成故事樂園；(2)故事研習課程：不定期舉辦故事研習，以培訓國內說故事專業人才；(3)行動列車：小袋鼠說故事劇團接受各地文化中心、政府機構、幼兒園、企業機構的邀請，演出故事劇場或舉辦故事研習、大型親子活動，延伸服務對象，推廣「愛就是為孩子說故事」，每年並定期舉辦大型的巡迴年度公演，讓各地的親子都能欣賞到小袋鼠的演出。小袋鼠說故事劇團從 1994 年至今 1000 場演出，十萬個家庭同享故事歡樂，演出場地遍及各大幼兒園、特殊機構、偏遠地區、社區等地，其中包括：公園、廟口、教堂、校園禮堂、社教館、社區活動中心……等，上山下海，足跡遍布全國大街小巷、離島。（信誼基金會網站，2011）

（六）其他型態的說故事活動

由於視聽媒體的發達，如文建會兒童繪本花園的網路說故事以及《聯合報》的說故事電子報等，也都在說故事給孩子聽。另外，還有電臺的說故事節目，如臺中古典音樂電臺與財團法人基督教宇宙光全人關懷機構視聽部合作製播的「糖果姊姊說故事」節目等。糖果姊姊的製作人認為，對孩子而言最寶貴的是聽自己的父母為他們說故事，因此決定將稿件放在宇宙光的網站上，供民眾自由取用，希望父母可以自己講故事給孩子聽。（金明瑋，2006）

由於傳統家庭的基本功能的逐漸式微，使得整個家庭的生活內涵改變，文化、經濟活動等也隨著改變。以說故事而言，這種屬於家庭生活中重要的文化及文學活動，其型態及地點也正面臨結構性的改變。而父母作為鷹架的角色也漸漸被取代，除了父母說故事，家庭成員可以選擇以各種不同的方式來滿足這項文化、文學及教育上的需求。以父母而言，這項說故事的權力正逐漸由父母手中轉移至其他人或機構身上。以兒童而言，則是被動地接受這樣的事實及改變，而家庭中除了兒童以外的其他成員則是隨著不同的家庭背景

作出符合他們個人興趣或家庭文化的選擇。（許惠晶，2009：26）
因此，在臺灣我們可以從社會上的各角落聽到說故事活動的存在，
不僅兒童需要說故事，連在商業行銷的策略上，也用上很多關於故
事該怎麼說的技巧。胡寶林（2007）在 2007 年臺北兒童藝術節的
觀後評論中提到，文化可以是一種消費及休閒性的教育，倘若從家
庭生活教育觀點來看會有兩種的發展的趨勢：一個是父母對子女的
教育越來越趨向對學校及社會的託付；另一個則是家庭教育早已經
「落實」到消費行為的模式上，包括家庭的電視綜藝節目等等。所
以消費性的故事屋及各地說故事活動的崛起，證實了這項事實。也
就是說，父母對子女的教育已不侷限在家自己教。說故事對於閱讀
教育的推廣有極大的關係，從上述臺灣各地說故事活動場域的設立
可嗅出端倪。但畢竟說故事只是閱讀活動中的一項，倘若能在說故
事活動中再加進更多創意的巧思，必定可以使閱讀推廣更加深耕。
再從許惠晶（2009）《說故事‧聽故事：「故事屋」在臺灣的崛起與
運作之探討》的論文中得知，現代父母由環境、經濟等等各種變遷，
選擇將子女送進社會的各角落學習，於是消費型的故事屋產生。但
至本研究開始重新著手檢視消費型的故事屋時，發現消費型的故事
屋退燒了。不過值得欣喜的是臺灣各縣市的圖書館有越來越多的說
故事志工加入說故事的行列，學校說故事志工媽媽也慢慢普及。本
章節在探討故事屋場域的創意閱讀教學，說故事活動是故事屋最主
要的特徵，但說故事只是閱讀教學的一部分，倘若能在故事屋場域
的活動中加入更多有創意的閱讀教學巧思，必能讓故事屋場域的閱
讀教學發揮其教育功能，並非只是聽故事而已。

第二節　故事屋無中生有的創意閱讀教學

　　許惠晶（2009）在《說故事‧聽故事「故事屋」在臺灣的崛起
與運作之探討》論文中提及，2004 年「故事屋」出現在臺灣，說

故事的空間及說書人的角色出現了另類的風格和形式,也滿足了家長不同的教育需求及消費選擇。故事在不同的時代被不同的社群重新脈絡化著,更代表著不同時代的文化意義與價值觀。有此可見,閱讀教學以透過說故事方式在學校以外的場域如火如荼的展開,也為閱讀教學的內容增添多元且豐富的色彩。但在閱讀教學選材上,在制式化的學校場域中,因為受限於能力指標或是課程內容,比較受限定;至於非制式的教材,則可不受部頒的課程綱要的限制,但它仍有符合典範或典律的約定要求。(周慶華,2007:55)如同故事屋場域中父母對故事屋的期許,他們一方面期望孩子可以快樂的在閱讀氛圍中成長,一方面也希望故事屋可以教導孩子一些社會規範,因此故事屋場域仍屬半制式化。也就是說,雖然故事屋場域並無明訂的課程綱要,但也因大眾的期許,而在教材的選擇上有了一些限定。然而,如何使故事屋場域的創意閱讀教學發揮其創意,可以從創意發想中的無中生有的觀點作出發,並以故事劇場及讀者劇場作為閱讀教學輔助。

第四章所提及創意閱讀教學在學校場域施以全面性開展,其架構圖詳見第四章第二節。而故事屋場域的特徵所限制,如故事屋場域的參與者,並非長期且固定參與其中;故事屋場域的閱讀教學題材常受社會規範及參與者的價值觀所影響,如時下流行的品格教育。因此,故事屋場域的創意閱讀教學僅以「無中生有」作為閱讀教學的發想,原因為「無中生有」指的是一種原創性、獨創性,也包含靈光一閃、突發奇想的新奇想法或創造力,也因此可以時時刻刻為教學者或參與者帶來不一樣的閱讀教學感受。在本節試著將教學引導材料(創意作品)以無中生有作為創意程度的區分標準,再進一步以此標準將創意作品分為語文經驗三大範疇:分別為知識性的無中生有、規範性的無中生有以及審美性的無中生有。以下就針對一些文學作品來作分析及探究。但因人類所表現出的語文經驗大抵不出這三大範疇;三者有時各自獨立,有時兩兩相關,更有時是

單一作品中三者皆具，此時在說演故事的內容的分析上可以所含的成分多寡來研判、歸類。本研究以文中旨意偏重部分來作引導的重點，在此先舉例各自獨立的作品。而創意中無中生有的判定，也以個人本身所接觸過的作品中因無前例可循，姑且加以判定。

一、知識性的無中生有

「知識性」可說是個人經驗所得，並可進一步判斷真假，可認知、可增加見識，有時也會造成觀念上的改變。以此來判斷語文成品中的依據是什麼，以及更經由這一件事物的邏輯架構或者說它的動作而找出它的意義，也就成為教學者的一項重要工作。（林璧玉，2009：89）以下以周慶華（2008）的〈收藏自己的方法〉為例：

> 有人說：「歷史，除了人名是真的，其餘都是假的；而小說，除了人名是假的，其餘都是真的。」喜歡寫回憶錄……那裡一定有許多不為人知的「罕聞軼事」，可以不必遮遮掩掩的曝光。
>
> 人普遍都有收藏自己的癖好，才會在告一段落時，想把它公諸於世，以顯示自己「沒有白活」；而平日勤於寫日記、拍照存證……也都是為了因應屆時「暴露自己」的所需。
>
> 只是人會說謊，也會遺忘；特別是在利害交關時，更會設法藏匿足以讓自己羞愧悔恨的事件，以致沒有一種告白、傳記不嚴重失真。《侏羅紀公園》電影只說到「生命會找到自己的出路」，還來不及點出生命找到的出路有很多條，包括不敢讓人知道他（牠）所做的不光彩的事。
>
> 這麼說，收藏自己最好的方法，就是不要相信自己能夠收藏自己；如果真要收藏自己，那麼就把自己弄得「醜」一點免得別人說你愛吹噓、自大和忘了自己是誰。（周慶華，2008）

此篇作品是屬於知識性層面的語文經驗,因它提供一個嶄新收藏自己的方法。此篇先論述一般人普遍都有收藏自己的癖好,例如透過寫日記、拍照……而且一般人收藏自己的方法是「隱惡揚善」,作者並提出另類收藏自己的方法,就是不要相信自己能夠收藏自己,如果真要收藏自己,那麼就把自己弄得「醜」一點,此種截然不同的創新見解,將收藏自己的方法概念作一大翻轉,因無前例可循,可說是無中生有的創新。以下再以〈動嘴美術課〉作為例子:

> 上美術課了。石老師提著一包東西走進教室。我奇怪地想:這是怎麼回事?
>
> 石老師像猜到了我的心思,一開口就說:「今天上的是動嘴美術課。不是用筆畫,而是用嘴畫。」我更覺得奇怪了。這時,老師從包裡拿出餅乾,發給每人兩塊。我一見香噴噴的餅乾,真想一口吃掉。石老師卻不讓吃,而讓大家看她先咬。於是,我把眼睛睜得大大的,看老師咬。只見她咬了一口,餅乾就變了形,在餅乾上出現了衣服的領子。她咬了第二口,第三口,就成了袖子、衣領了;接著她又這裡咬咬,那裡咬咬,一件衣服就成了。真像!這時候,同學們大笑起來。在笑聲中,石老師又咬出了手槍、月亮、蘋果等東西。
>
> 同學們看後,按照老師的要求,拿出分到的兩塊餅乾,邊動腦、邊動嘴,學著她的樣子,咬呀咬。哈!果然咬出了自己所喜歡的玩具。
>
> 我拿著餅乾想:咬什麼?腦子裡浮現出嶄新的火箭。我先咬出火箭的身子,接著咬出尖尖的火箭頭,然後咬出尾巴。哈!一隻火箭咬成了。(寫作天下編委會主編,2007:75～76)

〈動嘴美術課〉光是看到篇名就引起無限的聯想，顛覆了一般人對美術課的定義。此篇作品是屬於知識性層面的語文經驗範疇，美術課應該是動手作，這篇文章所敘述的美術課是以動嘴，此類創意屬無中生有。又美術課應是以紙張或其他非食物為創作題材，文章卻以餅乾作為創作材料，讓美術課更增添創意以及樂趣。

二、規範性的無中生有

規範性的作品主要牽涉到倫理與道德層面的探討，而倫理與道德層面的界說已在第四章作過詳盡的敘述，在此並不作特別的探討。而以下所要提供的幾個例子，是為了能提供在故事屋場域中屬於規範性無中生有的作品一個清楚的方向。以下以〈當一天爸爸〉為例：

> 夢寐以求的「爸爸」角色終於被我當上了。大家也許不相信：兒子怎能當爸爸？不信，我也要講給你聽。
>
> 早上，我爸居然真當上了「懶兒子」，都九點了還在床上睡覺。我名義上雖是「爸爸」，可還是怕爸爸打我！既然不能硬來，那就智取。我腦袋轉呀轉，想到一個絕妙的好主意，於是大叫一聲：「啊！12 點了，上班了！」
>
> 現在都放假了，我只不過是嚇唬他罷了。還真靈。看！爸爸猛地一跳，蹦起來了！他驚慌地說：「啊！趕快給我褲子！」我暗自發笑：原來當「爸爸」這麼威風呀！真讓人揚眉吐氣啊！
>
> 不幸的是，爸爸起來是起來了，可馬上醒悟了，不緊不慢地穿著衣服。我本想，事不關己，高高掛起。可又想想，我可是「爸爸」，一家之主，有權也有責，我大吼一聲：「刷牙、

洗臉，別磨蹭！這麼簡單的事就不要我多說了。」可爸爸還在那裡揉眼睛。「別揉，去洗臉！髒手會把眼睛揉壞的。」

我一會兒叫「吃飯」，一會兒喊「快點走」，「看書坐端正」，說了一連串的話。看來，這爸爸真不那麼好當。

一天的「爸爸」生涯結束了，我的嘴都磨起了繭，口水滴水無存，但覺得形象還不夠高大，因為爸爸幾次說我：「婆婆媽媽，嘮嘮叨叨。」這話似曾相識。原來我就曾經這麼說他。我現在才明白爸媽為什麼嘮叨了。

「你還當不當爸爸？」媽媽意味深長地問。

「當兒子多好，誰還當爸爸呀！」我決然地說。

是啊！當爸爸要起床早些；凡事要想在前頭；言行要十全十美，挑不出毛病。碰上我這樣調皮的孩子，凡事說三遍，不是婆婆也是婆婆了。我今天算是理解爸爸了。（寫作天下編委會主編，2007：174～175）

此篇作品主要是強調人際互動裡角色的互換，並且能在最後體會出當爸爸的不容易，心智得到了成長，屬於規範性的範疇。以角色對調來體驗不同的生活模式，雖然生活中常會有角色互換的創意，但是因為每個人的體驗、認知不同，所以將此種的創造性歸屬於「無中生有」的創意作品。此外，再以下這個例子〈不同尋常的計程車〉來說明規範性的無中生有的創意：

我剛坐進這輛計程車，就感覺到了它的非比尋常，車廂地板上鋪著山羊毛地毯，地毯邊上撒著鮮豔的深秋紅葉，玻璃隔版上鑲著梵谷和高更名畫的小幅複製品，車窗晶亮透明，一塵不染。我對司機說，我從來沒有見過如此漂亮的計程車。

「我喜歡聽到乘客這樣讚美我的車。」司機笑著說。

「裝飾得這麼漂亮，這是你自己的車嗎？」我問。

「不，這不是我的車，這是車行的車。」他說，「多年以前，我還在計程車公司當清潔工的時候，就想到這個主意了。那時候，每天晚上車子回到公司的停車場，都骯髒得像個垃圾桶，地板上到處都是菸和廢紙，座位上或車門把手上總沾有一些黏呼呼的東西，像花生醬、口香糖啦什麼的，讓人看了很不舒服。我當時就想，如果有一輛值得乘客們去自動保持清潔的計程車，他們或許就會更為別人著想了。我相信，人人都懂得珍惜美的事物。

「後來，我領到了計程車營業執照，便馬上採用了這個主意。我把車行給我駕駛的計程車收拾得乾乾淨淨，又自己掏錢去買來了一張漂亮的薄地毯和一些鮮花。每位乘客下車後，我都要仔細地察看一下車子的整潔狀況！因為我一定要讓後來的每個乘客都能感覺到它的整潔。所以，我的車每天回到停車場後，都依然十分乾淨。這樣過了大約一個月，我的老闆就把這輛車交給我來承包，於是我又買來了那些名畫複製品。

「我從十五年前就開始駕駛計程車了，我的乘客從來沒有讓我失望過。沒有人在我的車廂地板上像我所說的那樣亂扔菸頭，也沒有誰會在我的車上亂抹花生醬或口香糖。先生，正像我所說的那樣，每一個人都懂得珍惜美，也懂得欣賞美。假如我們的城市多種一些花草樹木，將所有的樓房屋宇都打扮得漂漂亮亮，我敢和你打賭，一定會有更多的人不會在大街上亂扔垃圾的。」

（何勝峰，2007：164～165）

此篇作品主要在敘述人類在公眾場合所展現的道德水準表現，在語文經驗裡是屬於規範性的文章。在創意的表現上，這不同尋常的計程車，外表也許和其他計程車沒什麼不同，但坐上去後卻是別有洞天，一掃以往計程車給人的印象，竟是出奇的漂亮而且乾淨。此外，這麼整潔的環境還是由乘客自動保持清潔，這是司機無中生有的創意巧思，也就是盡其可能把他所駕駛的計程車的內部保持整潔外，還添加藝術的氣息，這不僅贏得乘客的心，還讓老闆在一個月內給他承包計程車。同時，他還提出假設，這城市如果可以打扮的漂漂亮亮的，那一定會有更多的人不會在大街上亂扔垃圾。

三、審美性的無中生有

對於審美性的語文作品的定義在第四章也已作了詳述，在此就以相關例子來說明審美性的無中生有的作品。這些作品雖然還是免不了會和前面所敘述的「知識性」、「規範性」有交集重疊的地方，但在此處一樣是權衡輕重，精取審美性的教學重點。以下篇文章〈製作美麗〉來說明：

> 我不是一個美麗的女孩，在美女雲集的學校，我實在太平凡了。在男生眼中，我只是一個長相普通的醜小鴨；在女生眼中，我只是一個性格開朗的好朋友；在老師眼中，我只是一個並不耀眼的小星星……沒有人會將我與美麗聯繫在一起，沒有人會認為我和美女有什麼關係。於是，我打從心底感到自卑。
>
> 三年級的時候，我第一次參加楚才作文競賽，並第一次在這種國際性大賽中拿到三等獎。在頒獎典禮上，我再次看見了她——張白渺——一個連獲三次楚才一等獎的女生。我們是同一個學校的學生，她可以算是我的學姊。我曾經在校園裡

碰過她，但是並沒有覺得她與別人有什麼不同：眼睛不是特別大，皮膚不是特別白，周圍也沒有特別多的朋友。但在頒獎禮上，當她走上講臺，接過獎盃，朗讀她事先寫好的演講稿時，我突然覺得她很美。她的眼神、她的聲音，都展現出她的氣質。

在那一刻，我腦中毫無徵兆地冒出四個大字：製作美麗。我自己都驚呆了……她此刻的美是她製作出來的？怎麼可能？

四年級的時候，受熱愛體育的爸爸影響，我認識了伏明霞。這位世界跳水冠軍起初並沒有給我太好的印象。小小的眼睛、黃黃的皮膚、大大的鼻子，這一切都讓我覺得，她並不美麗。有幸在奧運會上看到她跳水的姿勢，那感覺就像是一條美人魚從跳臺上跳下，以美妙絕倫的姿勢投入水中，微濺起的水珠在空中散開，形成一朵水晶般的花。那一刻，我覺得她很美麗，沒有理由地覺得她很美。一年前的那四個字再次浮現在我腦中：製作美麗。難道美麗真的能被製作出來？

五年級的時候，正值周杰倫當紅。在各種各樣的廣告、娛樂新聞中，我見到了他的「盧山真面目」。說實話，看到他的第一眼，我的感覺只能用「慘不忍睹」形容。他的眼睛小得像一條縫，鼻頭圓圓的而不高挺，整個人似乎只有骨架子一般，好瘦好瘦。在一個娛樂節目的末尾，我第一次聽到他的歌聲。他抱著吉他認真彈奏著，用他獨有的聲音演繹心聲，那旋律如天籟般。在那些旋律進入我耳朵時，我覺得他好帥。製作美麗，再次在我腦中回響。這一次，我相信了？美麗是可以製作的。

張白渺用文章證明了她的美麗，伏明霞用體育精神製作了她的美麗，周杰倫用音樂製作了他的美麗。他們用自己的方式，證明了自己的美麗，那我為什麼不行？

　　當我鼓起勇氣，走進這個賽場，我就在想：我也要用我的文
字製作自己的美麗。

（寫作天下編委會主編，2007：124〜126）

此篇文章主要在談論什麼是「美麗」，而「美麗」可以被製作嗎？
作者在結尾肯定「美麗」是可以被製作的，這在創意的發想上是屬
於無中生有，因為我們能製作美麗的作品、美麗的事物，而人如何
製作美麗，作者先舉出三個鮮活的例子，最後印證自己的想法。在
語文經驗裡屬於審美性的崇高美，因作者為體悟「製作美麗」而回
溯到以前的經驗，從小時候感到自卑到可以很有自信走進比賽會場
去「製作自己的美麗」，讀起來讓人情緒振奮。

　　總結上述無中生有的語文作品，本研究特將三大語文經驗分開
探究，實則方便讓教學者可以了解各語文經驗所著重的是哪一部
分。當然一個語文作品中大都涵蓋三大語文經驗，只是所偏重部分
為何而已。在故事屋場域中特重無中生有的部分，除了在閱讀材料
中可以選擇無中生有的創意語文作品加以設計成教學活動外，另
外故事屋場域中所著重的是說演故事。從第一節談故事屋場域的
特徵中，可以了解現在的故事屋都只偏重在說故事，有時刻意忽
略演故事這區塊。說故事固然可以引起孩子的注意，演故事也可
以吸引孩子的目光。雖然也有團體專門在演故事，但是鮮少觸及
和孩子甚至是家長一起來說演故事，這也是本研究想要探討和教
學的重點。

第三節　讀者劇場與故事劇場的輔助創意閱讀教學

　　說故事可以單語（一個人說），也可以多語（多人合說）；以及
可以劇場性，也可以非劇場性。（周慶華，2007：66）戲劇的觀念
在今天，特別是所謂後現代的時代，如果我們把舞臺上所見到的，

或任何一個空間所見到的表演，都稱為戲劇的話，那便沒有所謂戲
劇的理論。（姚一葦，2004：15）因此，在本節開始論述如何以讀
者劇場和故事劇場來輔助創意閱讀教學前，先論述何謂戲劇，讓教
學者可以更清楚明白本節重點。

　　戲劇最通俗的定義：一部戲劇，是設計由演員在舞臺上，當著
觀眾表演的一個故事。這裡所謂的一部戲劇，乃是指一個故事。何
謂故事？我想人人都知道，因為從小孩子時就聽過講故事，後來也
看童話故事、小說、敘事詩、戲劇、電視、電影等等，不論是口講
的、手寫的，或是透過攝影機表現的，都有一個故事在，一部戲劇
就是一個故事。（姚一葦，2004：15）而戲劇有人認為它是綜合藝
術，不能再受敘事體的制約：

> 戲劇並非詩歌，甚至戲劇詩的說法也難以成立；同時戲劇和
> 散文也有區別，只有在特殊情況下，散文才具有戲劇的特
> 性。戲劇的本質難以用文學術語來加以定義。如果非這樣做
> 不可的話，這些術語的意義就完全不同了。比如在小說中，
> 「行動」這一術語是指人物所經歷的生活旅程和參與的戰
> 鬥；而在戲劇中，上述的意義能退居次要的地位。戲劇中的
> 「行動」主要指演員們在舞臺上的行為和動作。在《麥克佩
> 斯》的劇本中添上一幅蘇格蘭地圖將無裨於事；因為麥克佩
> 斯實際上並未從格拉密斯征戰到福爾斯，他只不過在舞臺上
> 出場和退場而已。戲劇的效果就取決於演員，也取決於觀
> 眾。即使是同一戲班用同一程式演出同一戲劇，有時效果也
> 會相差甚大。這種差異在很大程度上取決於不同的觀眾，也
> 取決於演員對這些不同觀眾作出的不同反應。戲劇和繪畫或
> 印在紙上的詩歌不同，它不是恆定不變的批評對象，而且也
> 沒有所謂「心靈中的理想舞臺」。對於戲劇來說，實際演出
> 的重要性是它本身固有的。因此，在某次演出時，《李爾王》

可能是一篇相當抽象的關於自然本性的說教；而在下一次演出時它則可能是一場以沈默告終的驚天地泣鬼神的悲劇。

（袁德成譯，1987：74～75）

這就會使原故事「孳生」出許多故事來。又比如說，戲劇在中西方各有不同的演出形式：所謂「（戲劇是）再現某一活動的表演」（葉長海，1990：3）或「一部戲劇，是設計由演員在舞臺上，當著觀眾表演的一個故事」（姚一葦，1997：15），說的就是西方戲劇的情況；而所謂「戲曲者，謂以歌舞演故事也」（王國維，1975：59）或「（戲曲是）以詩歌為本質，密切配合音樂、舞蹈，加上雜技，而以講唱文學的敘述的象徵方式，透過俳優以代言體搬演而表現出來的綜合藝術」（曾永義，1986：7），說的就是中國傳統戲劇的情況（按：西方也有歌唱形態的「歌劇」，但仍以「話劇」為主；而中國也雜有說白的「科白戲」，但仍以「歌舞劇」為主，彼此在藝術形態上有相當程度的差異）。但從二十世紀初（五四運動前後）開始，中國人以倡導新文化運動為名，大舉仿效西方人的生活方式，連西方的戲劇也一併帶進來了；不久就「反客為主」，取代傳統戲劇而成為時代的新寵。（吳若等，1985；葉長海，1991）因此，現在國人所談的戲劇，幾乎都指來自西方的戲劇，中國傳統所見的那些戲曲（包括六朝的代面、撥頭、踏搖娘等歌舞劇；隋唐五代的參軍戲、滑稽戲等科白戲；宋金的諸宮調大曲等歌舞劇和傀儡戲、皮影戲、雜劇、院本、南戲等戲劇；元明的雜劇和傳奇及崑曲；清所見的雜部／崑曲和花部／亂彈及地方戲等等〔王古魯譯，1996；孟瑤，1979；盧冀野，1975；劉輝，1992；曾永義，2000〕）即使還沒有完全沒落，也是「頹勢難挽」了。既然這樣，那麼就不得不再繼續維持這種「宗西」的情勢而去尋求可能的開展。（周慶華，2001：195）而這也同樣的又衍生出許多可說的不同的類型：如有的依據表現方式而區分話劇、歌舞劇、歌劇、舞劇、默劇、假面劇、

偶戲等等（張曉華，1999：63〜64）；有的依據情緒性質而區分悲劇、喜劇、通俗劇（悲喜劇）、混合式戲劇等等。（同上，64）有的依據輔助媒介的特徵而區分舞臺劇、廣播劇、電視劇、電影等等。（王書芬譯，2000；吳若等，1985；蔣麗蓮，1982；姜龍昭，1985）；有的依據表現技巧而區分寫實劇、現代劇（前衛劇）、後現代劇、網路戲劇等等。（鍾明德，1995；馬森，2006；紀蔚然，2007；須文蔚，2003）不論這些不同類型區分之間相互有什麼關連，它們都合而形成所謂的戲劇的框架；也使得相關的故事演出勢必要在這個框架中獲致定位。換句話說，只要思考演故事的方式問題，就得從上述的架構中去酌斟決定（即使是新創演故事的形態，也難免要以上述的架構為對照系）。（周慶華，2002：329〜331）

　　除了上述這點，所演故事的題材的安置和所演故事的形式的設計等，也各有「技巧」妙招等待人應機熟練運用。前者（指所演故事的題材的安置技巧），有所謂營造一個涵蓋焦點（一個特定的時刻，它抓住了廣泛而普遍的人生經驗的精髓，並且展現它的寓意）、張力（為求反應的壓力）、對比（明／暗、聲響／安靜、動作／靜止、逆轉等）和象徵（動作或對象藉著具體及其力量來翻動深層的情感；它同時包含著多重意義）等劇場效果的方案。（鄭黛瓊譯，1999：3〜9）這自然是可以當作圭臬來奉行；但對於具體的題材的安置，卻得別為費心再作謀畫。姑且以傳奇劇為例，所安排的英雄的行跡，被認為得包括下列三幕十二個階段（平均四個階段為一幕）：

　　（一）平凡世界；（二）離家遠行的召喚；（三）拒絕召喚；
（四）路上過到朋友、貴人、嚮導；（五）跨越第一道門檻；
（六）跟盟友或敵人相遇；（七）深入異域，（八）最大的考驗；（九）報償；（十）歸途上；（十一）起死回生和諒解；（十二）返家（以上十二個階段，並非所有劇情都一定要包含；

偶爾會少掉當中幾個階段，或者隨劇情、人物的需要而有所政變）。

（王書芬譯，2000：53）

這大體上很可以參考借鏡（典型案例如電影《與狼共舞》）。後者（指所演故事的形式的設計技巧），演故事終究是要舞臺上實踐的；它的所有的組成成分以及該成分整體的性質，都得接受舞臺和觀眾的考驗，於是而有「結構」的問題產生。這種結構，無非是要達到最高的戲劇效果；而這可能因不同的考慮而有不同的結構方式。一般的舞臺劇有所謂「敘事性結構」和「劇場性結構」的區分。當中敘事性結構，是以各種可能的方式來呈現故事（不論是一個故事還是多個故事、集中緊湊的還是零零碎碎的、順敘的還是倒敘的）。它還可以再分出五個次類型：（一）純戲劇式結構：這種結構保持了戲劇結構的獨自特點，基本上不跟其他樣式混合（如易卜生《玩偶之家》、王爾德《溫得米爾夫人的扇子》、小仲馬《茶花女》等）。（二）史詩式結構：這種結構融合了史詩（史傳式或傳奇式）的結構方式（如莎士比亞《李爾王》和《威尼斯商人》、布萊希特《三分錢歌劇》等）。（三）散文式結構：這種結構迥異於前兩類形式的特徵，它接近於形散神不散、不注重故事情節而講究真實自然、追求情調意境的散文的結構（如霍甫特曼《織工們》、契訶夫《海鷗》、高爾基《夜店》等）。（四）詩式結構：這種結構擯棄了一切傳統的影響，既沒有完整的故事情節，也沒有確定的人物性格和連貫的邏輯語言（如尤涅斯可《禿頭歌女》、貝克特《等待果陀》、梅特克林《覃盲》等）。（五）電影式結構：這種結構集上述四類結構形式的特點於一身，而統一它們的主要是不受時空限制表現情節的電影蒙太奇手法（場景的跳躍），別具一格（如米勒《推銷員之死》、謝弗《阿瑪迪斯》、黃哲倫《蝴蝶君》等）。至於劇場性結構，則是包含兩層結構：一層也可以寫下來，類似敘事性結構；另一層則是純劇場性的（所

謂純劇場性的，意涵有二：第一，劇場性結構的劇部分〔有些有劇本；有些根本沒有定型的劇本〕，很難作為獨立的故事或文學作品來欣賞；只有在劇場中才能實現它的價值。第二，在演出時常會發現劇作的觀點是不統一的，一定要在跟它相矛盾或相補充的劇場的觀點〔或者是導演的、演員的，或者是觀眾的〕共同作用時才有意義）。它也還可以再分出三個次類型：（一）「戲中戲」結構：這種結構中的「戲中戲」是全劇的主要成分，而該戲中的敘事性故事自始至終受一個明顯的劇場性的框架的制約，並且由這個框架的存在而時時暴露出故事和人物的不確定性；但要是撤去這個框架，全劇也就不存在了（如皮蘭德婁《六個尋找作者的劇中人》、日奈《黑人：一個玩笑劇》、魏斯《川哈薩德》等）。（二）儀式性結構：這種結構跟戲中戲不同，它的劇本並不複雜（大多比傳統的敘事性結構還要簡單），重點是在演出及跟觀眾參與的關係上（如格洛托夫斯基《忠誠王子》、貝克夫婦《現代樂園》、謝克納《69 年的狄奧尼索斯》等）。（三）社會論壇劇結構：這種結構不但有儀式劇那樣儀式性的觀眾參與，還要讓觀眾帶著理智參加戲劇的創作；不但像某些戲劇一樣激起觀眾思考社會政治問題，還要讓他們當場表達出來、甚至當場採取行動（如伯奧《四川好女人》）。（孫惠柱，2006）戲劇性結構大體上是由於後出的電影、電視的競爭而發展出來的（敘事性結構中的電影式結構還不足以跟電影、電視「匹敵」）。至於藉由於電臺、電影、電視、網際網路等科技形式來傳播演故事的情況，因為不受限於特定的舞臺，所以也就可以別為思考「結構」的問題（如前面所述電影的情況），這就不必多說了。而為了展現所演故事形式設計的高明，也不妨從上述的架構中去裁奪仿效；不然就自行再另創新式。（周慶華，2002：334～339）此外，還有所演故事的場合營造布置技巧。所演故事究竟要採用那一種結構方式以及希望達到什麼效果，在相當程度上也得一併考慮演出的舞臺；正如有人所說的「由劇本到演出，當中過程繁瑣複雜，有些因素事

前一定要考慮周詳；但不到正式在舞臺上面對觀眾發表，誰也無法
預測作品的真正風貌」。（尹世英，1997：1）而這由演員、導演以
及舞臺設計、服裝設計、燈光設計、音樂等合作經營而成的舞臺（劇
場），到了現代已經發展出鏡框式舞臺（舞臺是在一「鏡框」內，
觀眾的位置坐在舞臺的正前方；「鏡框」口裝有布幕，可以遮掩或
展示舞臺）、中心舞臺或圓形舞臺（它的表演區在中心，通常是四方
形或長方形或圓形；觀眾的座位像排球場一樣地環繞著表演區的四
周，打破鏡框式舞臺的觀眾和演員之間的組合）、馬蹄形舞臺（開放
式舞臺凸入觀眾席，沒有舞臺邊緣的限制；除了背後的一面牆，其
餘三面都伸向觀眾之中，形成一個開放的空間，比較能和觀眾打成
一片）、伸展式舞臺（結合鏡框式舞臺和馬蹄形舞臺的特徵；觀眾如
同馬蹄形舞臺坐成一個寬廣的弧形線，圍繞著這很大的伸展部分的
三面，同時可看見舞臺及後面的橫貫舞臺）和可變性舞臺（利用好
幾種形式的舞臺組合，或同時運用，或舞臺變成可變性，由電動升
降舞臺隨時改變觀眾和演員之間的關係）等多種舞臺形式（同上，5
～21）；任何繼起的戲劇結構的定案，多少都得方參酌‧才能免於「事
倍功半」（如儀式性結構的戲劇就不大合適在鏡框式舞臺上演出，而
史詩式結構的戲劇也不大合適在中心舞臺或圓形舞臺上演出；否則
一定不會有好效果）。而有關所演故事的場合營造布置技巧，也就是
從這裡去「勤加磨練」了。（周慶華，2002：339～340）如此了解戲
劇的原理之後，再進入本研究所要探討的讀者劇場與故事劇場：

一、以讀者劇場為輔助的創意閱讀教學

讀者劇場是由兩個或兩個以上的朗讀者，作戲劇、散文或詩歌
的口語表現，必要時將角色性格化、敘述、各種素材作整體組合，
以發展出朗讀者和觀眾一種特殊的關係為目標。它表現的方式是讓
演員朗讀者，從頭到尾都在舞臺或固定的區位上，以搭配少許的身

體動作、簡單的姿勢及臉部表情，朗讀出所設計的各個部分。（張曉華，1999：243～244）讀者劇場更像是一個心靈式的戲劇。畫面在觀眾心中進行，因此肢體動作是非常有限的，其本質為抽象。它是一種經營班級戲劇活動的優良方式，可以在學生的表演技巧成熟前，在觀眾面前展示。它是要學生著重在意義上，而不是在肢體上。（鄭黛瓊譯，1999：173）由本章第一節中了解故事屋場域大多由說故事者說演出故事內容，雖然有和觀眾作互動，在理解故事內容上相信說故事者一定作了很多努力，但是在觀眾的感受裡就僅限於他們所理解的。因此，在故事屋場域中加入讀者劇場，可讓觀眾直接親臨故事情境，尤其是有些很美的文學作品，透過朗讀和少許的肢體動作更能讓參與者（臺上和臺下）感同身受。

　　由於工作環境使然，我常常接觸故事媽媽在面臨選擇怎樣的故事要呈獻給孩子的時候，我就觀察到：故事媽媽會選擇故事劇情比較高潮跌起的故事，如果選擇稍微文學性高的作品時，常常會不知所措。拿林真美譯（1996）的《小房子》來當例子，《小房子》是一本圖文並茂且文字優美的繪本，文章敘述小房子每天站在丘陵上看風景。除了日月星辰和四季的變化之外，小房了還看到周圍的景物，隨著挖馬路、開商店、蓋高樓、鑿地下鐵……而一點一滴的在作改變。結果，小雛菊和蘋果樹不見了，代之而起的是都市的烏煙瘴氣和行色匆匆的人們。還好小房子主人的孫子的孫子的孫子發現了，她把小房子移到一個有小雛菊和蘋果樹的丘陵上。小房子又回到了它喜歡的鄉下，靜靜的，欣賞大自然的風景。這是一個描述環境變遷的故事，是一個很可以推薦讓孩子閱讀的故事，然而要如何呈獻給孩子們又是一大學問。除了讓說故事者獨自一人在臺上朗讀這故事外，如加入讀者劇場的概念，讓孩子上臺朗讀，更能增加和孩子的互動，同時間也達到閱讀教學中說話教學的策略。

　　教學者要以讀者劇場作為閱讀教學輔助前，必須要先分析文本以及考量受教者的年齡，尤其是在故事屋場域。普遍來說，會來故

事屋聽故事的孩子大都為學齡前兒童，有的故事屋限定只能孩子參加，大多數是親子一同參與。但雖名為親子參與，家長也大多數不怎麼參與其中的活動，此時讀者劇場便可邀請親子一同參與演出，而教學者扮演引導的角色。如此一來，故事屋場域才能有新的開展，也能讓閱讀的氣氛從故事屋場域帶回家庭，讓閱讀教學能夠深耕。

二、以故事劇場為輔助的創意閱讀教學

　　故事劇場由席爾斯（Paul Sills）所發明，這種方式是以一班或小團體，兼用敘述和對話的方式來呈現故事，而同時情節的行動便展開了。有挑戰性之處，在於找出哪些是敘述的部分。在有效的基礎下作出選擇，把文中意涵傳達出來。（鄭黛瓊譯，1999：172）故事劇場比讀者劇場更為口語化，敘述者的說明是由角色所分攤。因此，劇中人物有時候會以第三者的身分，用旁白或獨白來敘述一些情況。演員往往需要穿著劇裝，當敘述時其他演員還可以表演啞劇動作；同時可以將歌舞、音樂作搭配演出，是較具動態的一種故事敘述戲劇表演。（張曉華，1999：244～265）

　　人們喜歡聽故事，就像人們也喜歡看戲一樣，但是要成為戲中的演員需要許多時間和專業技能，但不可否認的是，唯有透過演出和揣摩戲中的角色才能感受故事中的點滴。我所服務的基金會就曾組織過故事媽媽一起來演戲，從開始寫劇本到實際演出，故事媽媽們在其中感受良多。但是要如何在故事屋場域作戲劇表演又是一大挑戰，尤其故事屋場域受限於時間以及成員，根本沒辦法在短短的一兩個小時的時間內完成戲劇表演，因此以故事劇場為輔助，就能同時兼顧到說演故事。在此以李俊德譯（1998）的《最喜歡洗澡》為例，日本的繪本巨匠林明子以可愛小男孩喜歡洗澡為故事的主題，唯妙唯肖的畫法將小男孩在浴缸裡和其他的動物一起共享洗澡

的樂趣，表現得淋漓盡致。藉此將小孩子最討厭洗澡的事變得生動有趣，閱讀本書可幫助孩童養成良好的生活習慣、增進豐富想像力、建立保健觀念，誠然是爸媽的好幫手。故事情節很能跟學齡前的兒童的生活經驗作結合，但如果只是教學者在臺上看著圖片把故事說完，這樣臺下的觀眾恐怕感受還沒那麼深刻。在基金會我曾嘗試，事前準備好洗澡的道具和劇裝，讓臺下的小觀眾們一起在臺前演出這本繪本，結果讓來基金會故事屋的大人和小孩都玩得不亦樂乎，爾後常常聽到來參與過此場故事屋的家長分享他們的孩子對於這個戲劇表演後感想以及對洗澡這件事的想法。我想他們的確確確實實讀進了這本書，這不就是故事劇場帶來的魅力，也成功驗證故事劇場輔助閱讀教學的創意表現。

第四節　相關的教學活動設計

　　本節所要處理的是有關故事屋場域的創意閱讀教學的相關教學活動設計。本研究以上述理論為基礎設計相關的閱讀教學活動，以提供故事屋場域的教學者參考的一個創意且實用的教學活動設計範例。本節以非制式教材作為活動設計內容。在非制式教材的選擇上因考量故事屋場域的對象，本研究主要以繪本故事作為題材，分別設計以讀者劇場為輔的創意閱讀教學設計活動以及故事劇場為輔的創意閱讀教學活動設計。

一、讀者劇場

（一）故事內容

　　本活動設計以林良譯（1998）《烏鴉愛唱歌》為教學內容，以下為故事內容：

森林邊一棵大樹上，烏鴉爸爸和烏鴉媽媽造了一個溫暖的窩。

烏鴉媽媽生了三個蛋，在她的細心照顧下，孵出三隻小烏鴉。爸爸媽媽替三個小寶寶取名叫麥克、馬克和米克。每天，爸爸和媽媽不停的飛來飛去為他們找食物，三隻小烏鴉還是不停的嘎嘎叫：「肚子餓，肚子餓！」

三隻小烏鴉長得很快，不久翅膀就長出密密的羽毛。有一天早上，爸爸說：「今天要教你們一件最重要的事，學飛。」麥克和馬克興奮的在巢裡蹦蹦跳跳，不停的拍著翅膀，叫著：「飛呀！飛呀！飛呀！」。麥克跳到窩邊往下看，一下子沒有站穩，掉了下去。他嚇得用力拍打翅膀，沒想到，這就樣飛了起來。馬克鼓起勇氣走到窩邊，用力一跳，咻的一聲飛到旁邊的樹上。

「飛得很好！」爸爸誇獎著，「我真為你們感到驕傲！」「現在輪到你了。」爸爸對米克說。米克搖搖頭。「別害怕，」媽媽安慰著，「我會和你一起飛。」

「我不想飛……」

媽媽望著米克，「什麼？我有沒有聽錯，你不想飛？」「嗯。」「可是，孩子，」媽媽說，「每隻烏鴉都得會飛，不然就不是真正的鳥了。」

「可是我就是不想飛。」米克固執的回答。不管爸媽怎麼勸，哥哥們告訴他飛有多好玩，米克還是說：「我就是不想飛。」爸爸失望的搖搖頭，說：「算了，我們先帶麥克和馬克出去吧！」說完，爸爸和媽媽帶著兩個哥哥飛出去。

米克自己一個留在窩裡，雖然無聊，但是他一點也不難過，反而高興的唱起歌來。剛開始他唱得很小聲，很快的，越唱越大聲，一首接著一首，動聽極了。森林裡的鳥兒聽到，都飛了過來。當烏鴉爸爸飛回來，看見很多鳥兒，就好奇的問：「你們為什麼坐在我家門口？」

「我們在聽你兒子米克唱歌，他唱得好極了」鳥兒們說。

爸爸不相信：「別胡說！哪有烏鴉會唱歌。」鳥兒們說：「米克，唱歌給你爸爸聽。」但是，不知道怎麼搞的，米克卻一個音也唱不出來。「我就知道，烏鴉是不會唱歌的啦！」爸爸說，「再說，唱歌有什麼用，又不能當飯吃。他應該去學飛！好了好了，你們走吧，米克要學飛了。」

森林裡的鳥兒只好拍拍翅膀飛走了。這時候，媽媽和麥克、馬克也飛回來了。「真棒！」兩隻小烏鴉興奮的叫著，「沒有比飛更快樂的事。」米克輕聲說：「可是，我覺得唱歌才最快樂。」兩隻小烏鴉聽了，哈哈大笑：「烏鴉是不會唱歌的啦！你呀，根本就是怕飛，還說什麼愛唱歌！」媽媽說：「假如你怕飛，那不要緊，多練習幾次就會了。」爸爸生氣的說：「別胡鬧，在我家不准唱歌！」

可是米克真的好喜歡唱歌，他想：如果在家不能唱，那就到別的地方唱。可是離開家不是一件簡單的事，因為他還沒學會飛呢！想到要從這麼高的地方飛出去，米克的心理實在很害怕，可是為了能唱歌，他決定試一試。

第二天，爸爸媽媽和馬克、麥克飛出去以後，一大群鳥兒又來聽米克唱歌。米克唱完了歌，開口說：「我想學飛……」。「沒問題！包在我們身上。」鳥兒們都很願意教米克怎麼

飛。有一天早上，全家都坐在樹枝上，米克問爸爸和媽媽：
「我在家真的不能唱歌嗎？」爸爸說：「對！」媽媽也說：「別
傻了，為什麼一定要唱歌？」米克說：「在家不能唱，我就
到別的樹上去唱。」

於是，米克閉上眼睛走到樹枝邊，拍動翅膀往前一跳……唉
呀，米克飛起來了！全家都張著大嘴巴，不敢相信他們的眼
睛。「他怎麼會飛呀？」米克飛過樹林，來到一棵大樹上。
他坐在樹梢上唱歌，唱出全世界最好聽的歌。（林良譯，1998）

（二）教材分析

1.語文經驗

此篇故事屬於知識經驗範疇的作品。烏鴉是屬於鳥類，鳥類是
會飛翔的，故事中的烏鴉一家人除了第三隻小烏鴉米克不想飛之
外，每隻烏鴉都是會飛的，而且其他兩隻小烏鴉還說，沒有比飛更
快樂的事。但是第三隻小烏鴉米克卻喜歡唱歌，他把唱歌視為比飛
更要，甚至到最後為了要唱歌而學飛。這也說明了，要做自己喜歡
做的事之前，要先衡量自己的能力可以做到什麼。此篇作品更帶有
規範性範疇的經驗，如烏鴉爸爸不准小烏鴉米克在家唱歌，小烏鴉
米克表面上遵守爸爸的訓誡，沒在全家面前唱歌，卻暗自唱歌給森
林裡的小鳥聽，卻也因此學會飛，最後離家到別的樹頭唱歌，在倫
理上違背的爸爸的旨意，但是學會飛又是爸爸和媽媽的希望。

從文化的觀點來看，在西方創造觀型文化的思維上，努力呈現
自己的特色，為了能做到獨一無二，必須有所抉擇，而離開家做自
己喜歡做的事情並未違背上帝的旨意。因此，這類的行為在西方世
界裡是被允許的。但在氣化觀型文化的世界裡，因注重和諧自然，
此類行為會被認為違背倫理道德。因此，作品在此深究起來，在文

化的觀點或許有些差異，但在臺灣社會因隨著西方觀點的引進，這
類的作品已經充斥在各各角落，因此這故事是普遍能被接受的。

2.創意表現

此篇作品的創意表現是屬於無中生有，因為烏鴉跟會唱歌的鳥
類是連不上關係的，沒有人會把唱歌跟烏鴉作結合，但是故事呈現
第三隻小烏鴉米克最喜歡唱歌，甚至比會飛還重要。故事將烏鴉還
有森林的鳥兒作擬人化的處理，這是製造差異的創意呈現，將本書
的創作觀點：勇敢追夢的想法，借烏鴉的角色呈現。

（三）故事屋場域創意閱讀教學讀者劇場活動設計

關於故事屋場域創意閱讀教學的活動設計以下列表格呈現：

表 5-4-1　故事屋場域創意閱讀教學讀者劇場活動設計

單元名稱	忠實作自己	教學對象	三～七歲（學齡前兒童）以及其家長		
設計者	黃紹恩	學生人數	14 人（分二組）		
時間	80 分鐘	場地	基金會故事屋		
教材來源	主教材：林良譯（1998）《烏鴉愛唱歌》				
教學資源	圖畫書、劇本、A4 白紙。				
教學目標	了解故事所要傳達的意義，即發覺自己的天賦。 能重新詮釋故事內容並以讀者劇場方式呈現。 能藉讀者劇場加深親子之間的情感。				
教學活動名稱	教學活動內容		時間	教學具體目標	教學評量
	準備活動 (一) 教師先將《烏鴉愛唱歌》的內容作劇本的呈現。如下： 場景 旁白：森林邊一棵大樹上，烏鴉爸爸和烏鴉媽媽造了一個溫暖的窩。一				

天，烏鴉媽媽生了三個蛋，在她
的細心照顧下，孵出三隻小烏
鴉。爸爸媽媽替三個小寶寶取名
叫麥克、馬克和米克。(此時，烏
鴉全家上臺)

場景二
旁白：每天，爸爸和媽媽不停的飛來飛
　　　去為他們找食物，三隻小烏鴉還
　　　是不停的嘎嘎叫：「肚子餓，肚子
　　　餓！」
小烏鴉麥克、馬克、米克：肚子餓！肚
　　　子餓！(齊聲說)
旁白：三隻小烏鴉長得很快，不久翅膀
　　　就長出密密的羽毛。有一天早上。
烏鴉爸爸：今天要教你們一件最重要的
　　　事，學飛。
小烏鴉麥克、馬克：飛呀！飛呀！飛呀！

場景三
旁白：麥克跳到窩邊往下看，一下子沒
　　　有站穩，掉了下去。他嚇得用力
　　　拍打翅膀，沒想到，這就樣飛了
　　　起來。
烏鴉媽媽：哇！我的天才寶貝！你一下
　　　子就學會了。
烏鴉爸爸：你們看！學飛一點也不難。
旁白：馬克鼓起勇氣走到窩邊，用力一
　　　跳，咻的一聲飛到旁邊的樹上。
烏鴉爸爸：飛得很好！我真為你們感到
　　　驕傲！現在輪到你了。
烏鴉米克：搖搖頭。(動作)
烏鴉媽媽：別害怕，我會和你一起飛。
烏鴉米克：我不想飛！
烏鴉媽媽：什麼？我有沒有聽錯，你不
　　　想飛？

烏鴉米克：嗯！ 烏鴉媽媽：可是，孩子，每隻烏鴉都得 　　　　　會飛，不然就不是真正的鳥了。 烏鴉米克：可是我就是不想飛。 旁白：不管爸媽怎麼勸，哥哥們告訴他 　　　有多好玩。 烏鴉米克：我就是不想飛。 烏鴉爸爸：算了，我們先帶麥克和馬克 　　　　　出去吧！（搖搖頭並帶著兩個哥 　　　　　哥飛出去） 旁白：米克自己一個留在窩裡，雖然無 　　　聊，但是他一點也不難過，反而 　　　高興的唱起歌來。 場景四 旁白：剛開始他唱得很小聲，很快的， 　　　越唱越大聲，一首接著一首，動 　　　聽極了。森林裡的鳥兒聽到，都 　　　飛了過來。（森林的小鳥飛到米克 　　　身邊） 場景五 烏鴉爸爸：你們為什麼坐在我家門口？ 森林的小鳥：我們在聽你兒子米克唱 　　　　　　歌，他唱得好極了。 烏鴉爸爸：別胡說！哪有烏鴉會唱歌。 森林的小鳥：米克，唱歌給你爸爸聽。 小烏鴉米克：張開嘴卻沒出聲。（動作） 烏鴉爸爸：我就知道，烏鴉是不會唱歌 　　　　　的啦！再說，唱歌有什麼用，又 　　　　　不能當飯吃。他應該去學飛！好 　　　　　了好了，你們走吧，米克要學飛 　　　　　了。 森林的小鳥兒：拍拍翅膀飛走。（動作） 此時烏鴉媽媽和麥克、馬克也飛回來了。 小烏鴉麥克、馬克：真棒！沒有比飛更			

	快樂的事。			
	小烏鴉米克：可是，我覺得唱歌才最快樂。			
	小烏鴉麥克、馬克：烏鴉是不會唱歌的啦！你呀，根本就是怕飛，還說什麼愛唱歌！			
	烏鴉媽媽：假如你怕飛，那不要緊，多練習幾次就會了。			
	烏鴉爸爸說：別胡鬧，在我家不准唱歌！			
	旁白：可是米克真的好喜歡唱歌，他想：如果在家不能唱，那就到別的地方唱。可是離開家不是一件簡單的事，因為他還沒學會飛呢！想到要從這麼高的地方飛出去，米克的心理實在很害怕，可是為了能唱歌，他決定試一試。第二天，爸爸媽媽和馬克、麥克飛出去以後，一大群鳥兒又來聽米克唱歌。米克唱完了歌。			
	烏鴉米克：我想學飛……			
	森林的小鳥：沒問題！包在我們身上。			
	場景六			
	旁白：有一天早上，全家都坐在樹枝上。			
	烏鴉米克：我在家真的不能唱歌嗎？			
	烏鴉爸爸：對！			
	烏鴉媽媽：別傻了，為什麼一定要唱歌？			
	烏鴉米克說：在家不能唱，我就到別的樹上去唱。			
	旁白：於是，米克閉上眼睛走到樹枝邊，拍動翅膀往前一跳……唉呀，米克飛起來了！全家都張著大嘴巴，不敢相信他們的眼睛。			
	烏鴉爸爸、媽媽、麥克、馬克：他怎麼會飛呀？			
	旁白：米克飛過樹林，來到一棵大樹			

	上。他坐在樹梢上唱歌，唱出全世界最好聽的歌。 (二) 學童及家長帶著輕鬆的心情進故事屋。 二、發展活動 1.活動一 教師提問： (1) 你們聽過烏鴉唱歌嗎？那聽過其他的鳥類唱歌嗎？是哪些鳥類呢？請各組討論後，各派一對親子上臺發表。(教師將學童及家長分成二組) ※我們沒有聽過烏鴉唱歌，我們聽過九官鳥學説話，還有麻雀啾啾啾的歌聲。 ※印象中烏鴉應該不會唱歌，我們這組有人聽過黃鶯唱歌。 ※應該沒有吧！牠們都會亂叫。 (2) 你們愛唱歌嗎？還是你們有不一樣的興趣。 ※我不喜歡唱歌，我喜歡畫圖。 ※我最喜歡唱歌了！還有喜歡畫畫。 ※我不喜歡唱歌，可是我喜歡踢足球。 ※我也不喜歡唱歌，我最喜歡游泳。 (3) 有一隻烏鴉愛唱歌，你們覺得會發生什麼事？ ※應該會很難聽吧！所有的鳥類應該會很討厭他吧！ ※他應該會被人類捉起來研究吧！ ※我覺得牠應該不是烏鴉，只是名字叫做烏鴉。 (4) 教師總結：從老師問你們的三個問題來，應該可以發現今天的主題是關於烏鴉，而今天的故事要你們説和演給大家一起欣賞。現在老師手中有兩份劇本和兩本《烏鴉愛唱歌》的繪本，現在就請各組的家長上來拿。			
分組討論		15	能引起對教學內容的興趣。	能回答教師問題，並提出自己的生活經驗。

我會讀劇本	2.活動二 研讀劇本：此時有兩組都會拿到劇本還有圖畫書《烏鴉愛唱歌》，但請其中一組要上臺演出，教師從中協助分配角色，並提示如何演出。另外一組為家長帶著孩子一起閱讀《烏鴉愛唱歌》，形式可請其中一位家長朗讀給孩子聽。	10	可以從圖畫書及劇本中了解故事內容。	家長能夠帶領孩子閱讀劇本及圖畫書。
讀者劇場表演	3.活動三 讀者劇場表演：請第一組親子上臺按照老師給的讀者劇場的劇本演出。	20	能按照劇本演出故事內容。	能揣摩故事裡角色的情緒，並做出表演。
一起來創作	4.活動四 (1) 創作劇本：欣賞第一個組別的演出後，教師請大家一起發想，還有什麼動物可以代替烏鴉作演出，並以故事架構提示全體，如問題（小烏鴉米克喜歡唱歌，不想學飛）→解決（烏鴉爸爸不准小烏鴉米克在家唱歌，小烏鴉米克決定學飛，要到別的樹上唱歌）→結果（小烏鴉米克真的學會飛，也到別的樹枝上唱出全世界最好聽的歌）；大家一起來改劇本，請你們只要創作三個場景就好了，並請第二組作演出。（發下A4白紙請大家一起創作。以下為學生所創作的劇本） ※劇名：只愛吃菜的小獅子 場景一 旁白：小獅子阿力從小就只愛吃菜，尤其是菠菜，他最愛的就是菠菜。可是他的家人只吃肉，所以每到晚餐時間，都是阿力和家人爭執的時間。 獅媽媽：我的阿力寶貝，吃一點今天爸	25	能創作以其他動物為主的故事內容。	能夠創作出創意無中生有的語文經驗作品。

	爸帶回來的羚羊肉吧！我特地留 腿的地方給你吃喔！ 阿力：我不要，文起來好噁心喔！我要 　　　去找菠菜吃了！ 獅爸爸：阿力！不准走！我們獅子只吃 　　　　肉！你卻吃菜，還跟小動物一起 　　　　玩，簡直是丟我們獅子家的臉， 　　　　明天你跟我去狩獵！ 獅哥哥、獅弟弟：肉這麼好吃！怎麼可 　　　　以不吃肉呢！（此時阿力沒有理 　　　　牠們，還是繼續去找他要的晚 　　　　餐。） 場景二 旁白：第二天早上，阿力的爸爸要帶阿 　　　力和牠的兄弟一起去打獵。可是 　　　阿力在半途中溜走，讓阿力的爸 　　　爸很生氣。原來阿力跑去跟其他 　　　的小動物玩，就在他們玩得很開 　　　心的時候，他們聽到一隻小豹的 　　　呼救聲。 小豹：救命呀！我在河裡！ 其他小動物：阿力！快！我們趕快去救 　　　　牠！ 旁白：阿力便奮不顧身的跳進河裡要救 　　　小豹，可是因為河水太湍急了， 　　　阿力雖然抓住了小豹，可是也一 　　　起被水沖走，眼見就快要到瀑 　　　布，此時突然有一支有利的首抓 　　　住阿力的肩膀。 獅爸爸：阿力！撐著點！ 旁白：原來是獅爸爸發現阿力溜走，也 　　　很緊張到處去找阿力，沒想到居 　　　然發現阿力和小豹在河裡，雖然 　　　牠的力氣很大，可是眼見也快要 　　　抵不住河水的沖擊時，獅爸爸的			

	身體被一條長長的東西圍住，原來是大象的鼻子，而大象的尾巴還有一隻猴子抓著，猴子的另一隻手牽著羚羊的角，而羚羊的尾巴則是被豪豬的手緊緊牽著，後面還有其他動物一起牽起手把小豹、阿力還有獅爸爸一起救上岸。(各種動物依照旁白一一牽起手。)		
	獅爸爸：多虧有大家的幫忙！不然我和牠們都要掉進瀑布裡！		
	動物們：不用客氣！我們和阿力都是好朋友！		
	場景三		
	旁白：阿力和獅爸爸濕淋淋的回家後，獅媽媽擔心的問起所發生的事。		
	獅媽媽：你們怎麼了！怎麼全身濕答答的。		
	獅爸爸：自己問阿力吧！		
	阿力：因為我看到小豹掉進河裡快要被淹死了，於是我就不顧一切跳進河裡，可是我的力氣太小，也一起掉進河裡，好恐怖喔！還好有爸爸來救我們！		
	獅爸爸：那也要感謝你那些動物朋友，他們一起救了我們！		
	獅哥哥、獅弟弟：一定是你沒吃肉，力氣才會這麼小！(此時阿力害羞的樣子)		
	獅媽媽：飲食要均衡，向我們獅子既瘦要吃肉才有力氣，你多少也要吃一些吧！		
	阿力：我知道了！可是我真的不想跟爸爸去狩獵，因為我喜歡和他們玩！		

	獅爸爸：不要在胡說八道了！我們獅子可是萬獸之王，雖然他們有救我們，但是我們還是得去狩獵，你若不想狩獵，那就離開這裡吧！ 旁白：於是阿力就離開了獅群，雖然一開始沒有爸爸媽媽的照顧和兄弟姊妹的陪伴，阿力覺得很難過很孤單，可是他在獅群外反而跟其他小動物當上了好朋友，阿力每當看到小動物需要幫忙時，他都會第一時間去幫他們，而小動物也因此更加尊敬他，他成了小動們的萬獸之王。			
說說看你學到多少	(2)　心得討論 ① 請各組討論今天所表演的劇場跟電視劇有什麼不同？還是跟你所看到的戲劇有什麼不同？ ※今天沒有道具，還有很多旁白的話，其他演員好像只要作動作就好了。 ※今天所表演的劇場雖然很簡單，可是卻很好玩，雖然不像電視劇或其他劇場一樣專業，可是我們卻和小孩子玩得很快樂！ ※今天的劇場好像旁白的朗讀技巧要很好，才能把整場戲演完。 ② 教師總結：沒錯今天你們所創作的劇場是讀者劇場，它需要朗讀技巧狠的旁白，這個劇場很有趣的地方是，你們也可以不用按照劇本一版一眼的演出，旁白也可以突如其來的加進好玩的動作，那麼表演者就要表演出來，這是很好玩的。今天你們也很棒可以創住出來小獅子不吃肉的故事，這個構想很有創意，不過在結尾的地方可以有不同	10	能夠從活動中了解讀者劇場的運作並培養親子之間的情感。	能具體說出如何進行讀者劇場。親子之間能互相討論教師所提出的問題。

	的結局，可以讓整個故事更讓人驚奇。例如加進阿力後來還說服獅子全家一起吃素等等，大家回家可以再想想看還有哪些也去的部分可以加進去。		

　　《烏鴉愛唱歌》內容多以對白方式進行，因此很適合用讀者劇場作為活動方式。活動中請故事屋場域中的家長一起參與，因活動對象為 3～7 歲學齡前的孩童，父母帶著孩子一起參與演出是很好的經驗。在本活動設計中，加入親子共同創作讀者劇場的劇本，用意為體現故事屋無中生有的創意閱讀教學，學員可藉著編讀劇本，擴大自己本身的語文經驗。在創作活動中，教師可引出家長及孩子無中生有的創意思考，如思考還有其他動物是可以改編其天性，創作無中生有的習慣：如此繪本《烏鴉愛唱歌》是以烏鴉的角色來表明如何追求夢想，是否也可利用其他角色？或者是根本可以不用角色就能表達所閱讀的觀點？或是可以在此本繪本中再找出其他的概念？這是教師可以在教材分析中了解到，進而思考學員是否也可以想到。

二、故事劇場

（一）故事內容

　　本活動設計以賴馬（1999）《慌張先生》為教學內容，以下為故事內容：

> 「4 點 10 分，該去收衣服了⋯⋯」布基先生放下手上的書說。「等一下就要去看戲了。」
>
> 今天是星期六，晚上 6 點鐘「大樹洞劇場」要上演精采的布偶戲。

4 點 40 分，慌張先生還在睡午覺。

和布基先生一樣，古怪國大樹村的其他居民也正準備出門。慌張先生是大樹村的慌張大王，他本來的名字已經沒有人記得了。

5 點了。輕輕鬆鬆穿上衣服、穿好鞋，關上門，大夥兒一起去看戲。

「哇！5 點 15 分了。」慌張先生終於醒了。「糟了！糟了！來不及了！」這是慌張先生的口頭禪。還有「快點！快點！」這句話。「啊！我的鞋！」

哼著歌，踏著步，大樹村的居民們走在最美麗的金色山坡上。

「5 點 45 分了。」大樹洞劇場到了，許多人正忙著準備。

「唉呀！」倒楣總是跟著慌張而來。

「還有 8 分鐘就 6 點了，大家準備好了嗎？」

「慌張先生，你要趕到哪裡去？」「快點！快點！我可是今天的主角呢慌張先生緊張的唸著。」「慌張先生，加油！快唷！」來看戲的人也紛紛為他加油！

「到了，到了，6 點整，還好……」「終於趕上了。」他衝進更衣室，慌慌張張套上戲服，戴上頭套，急急忙忙踏上舞臺。竟然發現，今天演出的是「賣火柴的醜小鴨」。不是「侏羅紀肉圓」。

「明天才有你的戲啦！慌張先生。」

（賴馬，1999）

（二）教材分析

1.語文經驗

　　此篇故事屬於規範經驗範疇的作品，所傳達的概念是時間管理。故事的文字很少，但文字與圖像中表達慌張先生因為平常對時間管理上不周，所以常常做事都慌慌張張的，而有慌張先生的大名，也因此在故事中脫序演出，在不該出現的場合中現身了。而此篇作品也帶有審美性的語文經驗，是屬於滑稽美。因文字的位置散落在畫面的各角落，且適當說明各畫面中進行的事件，但是事件到最後的發展是，原來慌張先生跑錯了劇場，結局令人發笑，但卻又帶有點讓人省思的味道。

　　《慌張先生》是本土創作家賴馬的作品。賴馬的創作常以不知名又虛構的動物來作主角，故事幽默卻又以輕鬆的角度來探討父母所關心的事。如《慌張先生》是在探討人們對時間管理的故事，小朋友常有經驗是玩到不知道什麼時間該做什麼事，雖然大人也是如此。故事的發展輕鬆和諧，結局也不一語道破，留下讓讀者去猜想最後會發生什麼事。在氣化觀型文化的行動系統裡講求勞心勞力分職，故事中的慌張先生是一位劇場的演員，即使睡過頭還是念念不忘自己的職業，要趕快去劇場作演出，一切都很自然而然的走進更衣室，作了自己本分該作的事。雖然結局不是慌張先生完美的演出，卻也帶出大家對他的習性的包容，因為他是大樹村有名的慌張大王。

2.創意表現

　　此篇作品的創意表現是屬於無中生有。故事高潮點在慌張先生以為他可以順利站上舞臺演出，一切都如他所希望時，作者卻神來一筆點出，他走錯劇場，又再一次證明他的慌張。故事中，文字不

多，卻能藉著圖畫說故事，而圖中所創作的角色是現實生活中所虛構的，是為一般人所沒能想到的，而這些創意的角色也為這本繪本帶來更多的樂趣及想像空間。

（三）故事屋場域創意閱讀教學故事劇場活動設計

關於故事屋場域創意閱讀教學的活動設計以下列表格呈現：

表 5-4-2　故事屋場域創意閱讀教學故事劇場活動設計

單元名稱	作時間的主人	教學對象	三～七歲（學齡前兒童）以及其家長		
設計者	黃紹恩	學生人數	14 人（分二組）		
時間	80 分鐘	場地	基金會故事屋		
教材來源	主教材：賴馬（1999）《慌張先生》				
教學資源	圖畫書、劇本、音效 CD、道具、數種有顏色的布、影印機。				
教學目標	一、了解時間的重要性。 二、能按照教師的劇本演出故事內容，並在討論間了解故事劇場的運作模式。 三、能創作出無中生有的創意語文經驗。 四、能藉故事劇場加深親子之間的情感。				
教學活動名稱	教學活動內容		時間	教學具體目標	教學評量
個別提問	一、準備活動： (一) 教師 將故事劇本化，如表 5-4-5 故事劇場劇本表。 (二) 學生 活動前閱讀完《慌張先生》。 二、發展活動： (一) 引起動機 1.活動一 教師提問： (1)　活動前已經請你們看完《慌張先生》這本繪本，相信你們已經了解這本故		5	能引起對活動內容的興趣，並了解接	能具體回答出自己所遭遇的經歷。

	事的內容。所以老師想先問你們喜歡遲到嗎？你在什麼情況下會遲到？該如何改善這種狀況？ ※不喜歡，因為會被罵。上學的時候會遲到，因為賴床。我會買一個大鬧鐘叫媽媽起床，然後請媽媽一直叫我起床。 ※不喜歡，會被處罰。上直排輪課的時候，因為媽媽忘記送我去。所以我希望有一個小叮噹的任意門，這樣我要去哪都可以，不用擔心遲到。 ※不知道什麼是遲到。 ※我喜歡遲到，尤其是上游泳課的時候，因為我不想游泳。所以只要是我不喜歡的課，我都要遲到！ (2) 教師總結：聽到小朋友各式各樣遲到的理由還有解決的方式，老師都覺得很有創意，就跟《慌張先生》一樣，最後一定會有解決的方式。		下來的活動。	
故事劇本大接龍	2.活動二 (1) 今天我們要玩故事劇場的遊戲，在玩之前，我們要先創作故事劇場的劇本，請你們就《慌張先生》的故事內容再作一些改編，我們現在就一起來創作不一樣的《慌張先生》。現在老師會把你們分成二組，我先為故事起頭，你們要接下來想會發生什麼事，看哪一組接得最有創意。（以下劇本，第一句為教師先開頭，接下來為二組互相腦力激盪下的對話） ※古怪國有一位先生，他總是慌慌張張的，所以久而久之大家都忘記他的名字，而叫他慌張先生，這天一早上…… ※慌張先生因為昨天看電視看太晚，還是在呼呼大睡。 ※已經十點了，太陽都曬到屁股了，慌張先生還沒有要起床的意思。但是古怪國	25	能自由創作故事。	能具體說出故事的發展。

的居民都在準備要去參加古怪樂園的
開幕典禮。

※說到古怪樂園，這可是經過了兩年的打
造才完成的，而慌張先生正式幕後的大
功臣，雖然他總是慌慌張張的，可是他
有很多很古怪的點子。

※像是人體雲霄飛車，只是要兩個人抱在
一起就可以在這個軌道上飛奔，享受刺
激的飛翔般的感受。

※還有小朋友最喜歡的音樂馬車，這根一
般的音樂馬車可是不一樣的，坐上去馬
車可以讀到你心裡的感受還有根據你
的喜好，會放出你最喜歡的音樂。

※還有一個遊戲設施是棉花糖彈跳床，不
僅可以在裡面玩彈跳，還可以邊跳邊吃
棉花糖。

※還有很多很好玩的遊戲器材，也是慌張
先生的點子，所以古怪樂園的開幕典
禮，他一定到。

※眼見十點半的剪綵儀式就快要到了，慌
張先生還在夢鄉。

※大家都在等慌張先生，當然還有一個很
重大的理由非得由慌張先生出面。那就
是只有慌張先生才有樂園設施總開關
的鑰匙。

※沒有了總開關，也就沒得玩，所以每個
人都很緊張，於是叫了公雞先生趕快到
他家去找他。

※但是公雞先生因為前一天早上工作得
太勤勞走不動。

※於是又有人說那麼叫小狗先生載公雞
先生趕去慌張先生家。

※小狗先生當然願意，可是因為前一天和
貓小儿吵架吵得太厲害，前腳都扭傷
了，也沒辦法這麼快到慌張先生家。

※就在大家都快要吵成一團時，有一個小
孩站出來說：「交給我！我有法寶！」

	他從褲子的口袋裡拿出了另一個口袋，手裡從那個口袋掏呀掏，居然掏出一個木門。 ※正在大家都覺得很驚奇的時候，小男孩就說：「這是任意門，只要你跟他說要去哪裡，進了這個門就會到那裡。」 ※於是所有人都對那個木門大喊：「慌張先生的家！」然後大家就一窩蜂衝進那扇門。果然看到慌張先生正在床上呼呼大睡。 ※所有人都大喊：「慌張先生！起床啦！」 ※慌張先生被突如其來的喊叫聲給嚇到跌到床下。他驚恐的說：「地震了嗎？趕快逃命呀！」 ※小男孩說：「不是啦！是古怪樂園的開幕典禮啦！」 ※慌張先生一聽不是地震，是古怪樂園要開張的事，他就說：「不是明天才要開幕嗎？」 ※這時候慌張先生門口衝進了貓頭鷹先生，他說：「慌張先生說得沒有錯！的確是明天！」 ※「那為什麼大家都在今天去古怪樂園呢！」每個人都很疑惑到底今天開幕這個大事情是誰說的。 ※小貓說他是聽小狗說的，小狗說他是馬兒在吃草時說的，馬兒說他是聽到猴子在聊天時知道的，猴子說他是聽到兔子在跟烏龜賽跑時說的，兔子和烏龜也說他是聽到小老鼠說的，只見小老鼠很無辜的根大家說：「他是聽到慌張先生在洗澡的時候唱出來的！」 ※最後慌張先生說：「原來是我在唱歌的時候，唱錯了！不好意思了！」 ※「厚～慌張先生～」大家都很失望的看著他。「不過我也可以為了大家改成今		

	天啦！」慌張先生拿出鑰匙，大家就一起去古怪樂園玩了！ (2) 教師總結：哇！老師聽到家長跟孩子們腦力激盪出這麼棒的故事，比原版的慌張先生還要精采，值得讓我們在給自己一個愛的鼓勵老師聽到你們這麼精采的對話，發現你們都很有創意，我也幫大家作了一個記錄，我試編了一個你們剛才創作的故事劇本，待會要請爸爸媽媽帶著你們的孩子一起來研讀這個劇本，接下來我們一起來演故事劇場，讓這個故事更生動。(教師將所做的劇本─親子的對數影印成數份，以本教案需影印七份)			
大家一起來演戲	3.活動三 上臺演出：請教師分配劇本角色，並請大家按照劇本演出，教師可適時引導劇情發展。(教師可教導家長及小朋友利用有顏色的布製作簡單的道具，如披上花布可以變成小花貓等等，以象徵角色，或是利用教師先前所準備的道具，如古怪王國的立牌、枕頭、睡墊等等) (三) 綜合活動	30	能按照所創作的劇本演出。	能根據劇本作故事劇場的演出，並充分份融入表演的情境中。
回饋時間	1.活動一 檢討成效： (1) 你們覺得經過演戲之後有對自己所創作的故事有更加了解嗎？還有哪些地方可以做到更好？ ※有，而且我覺得在演戲的過程中很好玩。 ※有，而且我跟我兒子還想創作其他更有趣的故事，下次可以演給大家看。 ※有，不過我覺得時間太短了，希望下次可以創作出更有趣的故事。 (2) 教師總結：今天的時間的確不太夠，不過你們可以在短時間技能創作出	20	對所演出的內容有所回饋，及發表內心的感受。	能具體說出活動後的感受及需要改進的項目。

	不同的故事,甚至是老師之前沒有想到的橋段,老師覺得你們非常有創意,下次也來玩玩看不一樣的故事劇場。		

表 5-4-3　故事劇場劇本

場景一			
角色	對話	動作	道具、服裝
旁白	今天天氣一樣是非常的晴朗,而古怪王國的大樹村又有一件慌張先生的大事即將要發生。		古怪王國大樹村的立牌。
慌張先生	才3點而已,睡一下午覺好了!	說完便在旁躺著睡覺。	睡墊、枕頭。
布基先生	唉呀!都4點10分啦!該去收衣服囉!不能在看下去了!	坐在椅子上,放下書本後走進後臺,接著換紫泡泡先生登場。	書本、椅子。
紫泡泡先生	魯啦啦!魯啦啦!魯啦啦魯啦勒!我呀!要趕快洗澡!待會要去看戲囉!	邊洗澡,邊唱歌。說完之後,換小鳥先生登場。	蓮蓬頭。
小鳥先生	嗯～我得趕快上完廁所,不然待會會來不及去看戲。	蹲作馬桶的樣子,說完後換牛角先生帶兩個孩子登場。	把凳子當馬桶。
牛角先生	孩子們,我在準備待會看戲要吃的餐盒。讓我看看,夠不夠,哥哥一個,弟弟一個,我一個……(碎碎念)	布基整理餐盒,孩子在旁邊看。	餐盒。
牛角兄弟	爸爸我要吃兩個啦!我還要吃披薩!		
牛角爸爸	好啦!好啦!我看看廚房還沒有昨天剩下來的!	牛角全家一起下場,換烏鴉上場。	
烏鴉	已經好幾個禮拜沒洗頭了!我得趕快洗得香香,免得被人家說好臭!	說完下場,換大眼先生出場。	洗髮精瓶子。
大眼先生	唉呀!怎麼鼻頭又長出一顆大痘子!這樣怎麼行呢!待會可要去	走出舞臺,換長毛怪出場。	鏡子。

	看戲的，趕快把它擠掉……唉喲！好痛！都流血了！趕快去止血！		
長毛怪	呼！還是這種泡澡粉最對味，好舒服！好香喔！唉呀！時間好像不早了！我要得來起來準備，待會要去看戲啦！	看看牆上的時鐘。說完下臺，臺上只剩慌張先生。	
場景二			
旁白	原來今天是星期六，晚上 6 點鐘，大樹洞劇場要上演精采的布偶劇，所以古怪國的居民，每個人都提早做好事情，準備要去看戲。		
紫泡泡先生	洗好澡了！可別忘了刮鬍子呢！不知道這禮拜的減肥餐有沒有用，秤秤看體重！ 維持得還不錯，看看今天要穿哪件衣服。	刮完之後，拿出體重機。 站上體重機，露出滿意的笑容。 拿出領帶、西裝等衣物穿上，並在旁等待。	刮鬍刀、體重機、領帶、西裝等衣物。
小鳥先生	終於上出來了！看看今天要戴哪一頂帽子？ 這頂好嗎？ 就這頂吧！	拿出一疊帽子。 試戴三頂。 拿出皮鞋穿上後，在旁等待。	帽子三頂、皮鞋。
牛角先生	孩子們！趕快穿衣服囉！襪子有沒有穿上！ 可別忘記望帶美味的餐盒了！	催促兩兄弟快穿上衣服、襪子等衣物，並拿出餐盒。 牛角一家人在旁等待。	衣物、襪子、鞋子、餐盒等。
烏鴉	總算把一頭髒了很久的頭髮給洗乾淨了！看我用吹風機趕快吹乾！準備要出門了！	拿出吹風機吹頭髮後，穿好鞋子，在旁等待。	吹風機。
大眼先生	總算止血了！穿著我的紅襯衫！我要出門去囉！	穿了襯衫，說完俊仕旁等待。	紅襯衫、鞋子等。
長毛怪	怎麼吹都不順！毛多真是麻煩！得快一點囉～	拿吹風機吹頭，穿完鞋子後在旁等待。	吹風機、梳子等。

布基先生	嘿！你們還在玩！從我收衣服到現在還沒玩夠！趕快穿衣服了！待會可要去看戲！會來不及喔！	孩子在旁邊嬉戲，然後布基先生幫他們穿衣服。（此時慌張先生還在睡覺，還有打呼聲）	衣物籃、衣物等。
布基先生	5 點了！我們出門去吧！	所有角色手牽手一起下臺。	

<table>
<tr><td colspan="4" align="center">場景三</td></tr>
<tr><td>旁白</td><td>5 點 15 分了！慌張先生終於醒了！</td><td></td><td>時鐘。</td></tr>
<tr><td rowspan="3">慌張先生</td><td>糟了！糟了！來不及了！</td><td>重複三遍，邊念邊穿衣服。</td><td>衣物。</td></tr>
<tr><td>快點！快點！</td><td>重複三次，邊念邊穿鞋子，鞋子要故意穿錯不一樣的兩隻，起身走動後，再往自己的腳看。</td><td>鞋子。</td></tr>
<tr><td>啊！我的鞋！來不及了！算了！</td><td>慢跑環繞教室一圈。</td><td></td></tr>
<tr><td colspan="4">場景四</td></tr>
<tr><td>團長</td><td>還有 8 分鐘就 6 點了！大家準備好了嗎？</td><td>三位演員：醜小鴨、兔子、熊在旁套上布偶頭套。</td><td>布偶裝：醜小鴨、兔子、熊。大樹洞劇場立牌。</td></tr>
<tr><td>醜小鴨、兔子、熊</td><td>報告團長！我們都準備好了！</td><td>然後和團長一起下臺。</td><td></td></tr>
<tr><td colspan="4" align="center">場景五</td></tr>
<tr><td>紫泡泡先生</td><td>慌張先生你要趕到哪裡去？</td><td></td><td></td></tr>
<tr><td>慌張先生</td><td>快點！快點！我可是今天的主角！</td><td></td><td></td></tr>
<tr><td>所有演員</td><td>慌張先生，加油！快唷！</td><td>齊聲唸三遍，慌張先生在慢跑環繞教室一圈後回到舞臺。</td><td></td></tr>
</table>

場景六			
慌張先生	到了！到了！6 點整，還好……終於趕上了！	慌慌張張的樣子穿上劇服、戴上頭套然後急急忙忙走上舞臺，此時舞臺上有醜小鴨、兔子跟熊。	劇服。
團長	搞什麼東西！慌張先生！今天演出的戲是賣火柴的醜小鴨啦！明天才有你的戲啦！	全演員定格，都驚訝的看著慌張先生。	劇場演出的劇名立牌。
故事劇場結束			

　　此活動設計以故事劇場作為輔助，目的是讓孩童和家長一起參與一場戲的演出，但因為時間以及人員的限制，姑且將此類戲劇表演視為遊戲。且在本活動設計中加入親子共同創作劇本，目的為讓家長帶著孩子參與閱讀的歷程，從先前所閱讀的慌張先生，到活動中以聽、說的方式，天馬行空創作無中生有的故事文本。故事屋場域的創意閱讀教學目的為帶出閱讀的新思維；故事屋場域不是只有單向的由說故事者說故事而已，而可以藉著讀者劇場與故事劇場讓參與的人有新的互動，並體驗戲劇的魅力，並從中領會閱讀及創作劇本的技巧。

第六章　教養院場域創意閱讀教學

　　我個人因為在社會福利基金會服務而接觸許多社福團體，所以有機會將閱讀活動推廣於教養院。但憑一股熱情進入教養院推廣閱讀是不夠的，尤其是帶著故事志工進入教養院說故事更是一大挑戰。也因此在本研究中特意加入教養院場域。本章的第一節試著先以兒童福利法了解教養院場域的特徵，後闡述為何要在教養院場域推廣閱讀；第二、三、四節為如何在教養院場域以創意閱讀教學推廣閱讀活動。

第一節　教養院場域的特徵

　　機構安置與教養服務在過去（60年代之前）一直是兒童福利的主要業務，尤其對於一些貧童、兒童虐待個案、非婚生之子女或原生家庭不適擔任教養角色等。「家外安置」處遇的本意是為了保護兒童，意即當兒童因故無法安全的居住在自己的家庭中，例如遭受虐待、疏忽等惡性對待事件，兒童就會被「家外安置」。（王明仁、彭淑華、孫彰良等，2008：237）安置服務一般可分為家庭式與機構式的服務；家庭式的安置又以親戚及寄養家庭的家外安置為主，而機構式又以相關教養機構或育幼院為主，是屬於兒童安置照顧體系裡的最後一道防線。安置照顧的目的在於提供上述兒童臨時式的替代性照顧，待原生家庭功能恢復，再讓兒童返家；如家庭功能已喪失，再尋找永久性的規畫，如收養家庭。70年代之後，隨著國內兒童發展問題與日俱增，安置服務也日漸明顯。雖然早期的兒童福利業務，以安置為唯一且很重要的處遇，但自兒童照顧觀念轉變及兒童發展研究的影響，兒童安置觀念也隨著改變：以兒童寄養為第一優生；

其次為兒童收養；最後不得已仍要考量機構安置服務。（郭靜晃，2004：528）雖然如此，還是有部分兒童或少年因本身伴隨著一些行為問題或性格異常，使得一般寄養家庭接受意願不高，而使得他們成為一些「難置兒」。（杜慈容，1999）而教養機構可以在有控制及資源的環境下，配合兒童的特殊需求，協助其能身心健全發展，待其適應社會環境，所以機構安置還是有存在的必要性。（郭靜晃，2004：529）在我個人所服務過的一所偏鄉學校內，就有 20 幾位學生為某教養院的院生，常聽校長和我分享她對這類孩子們的想法。她覺得可以被安置到機構的孩子其實是比較幸福的，因為有幾個更特殊的孩子由於種種因素而無法被安置，但卻一直處於被虐的環境中，讓她覺得很無奈；而其中一個無法被安置的孩子已經出現嚴重的行為偏差，且常常帶著傷痕上學。也許是因為體制上的關係，使得這類的孩童無法被安置，但其實就算被安置，孩童在心理的創傷上恐怕也不低。因此，余漢儀（1995）提出機構安置服務雖然讓兒童、少年免於家人的傷害，但分離的經驗卻也造成孩子心理情緒與生活適應上的困難；而且機構內複雜的人際關係、較不彈性的管理規則，也會造成兒童及少年日後人格及行為的負面影響。因為家庭因素被安置與不被安置的孩童，都有其問題在，但限於本研究的範圍，在此只探討被安置在教養院內孩童的學習狀況。以下介紹政府遷臺以來臺灣地區育幼院機構照顧服務的發展、臺灣目前兒童及少年的安置機構的種類及其目的、服務內容、安置機構業務的轉變與發展等：

一、遷臺以來臺灣地區育幼院機構照顧服務的發展

（一）1940、50 年代

臺灣光復初期兒童福利事務發展是以救濟院、教養院，以及殘障機構等替代性質的福利服務機構來推展，其主要發展的重點為教

養保護及技能訓練。至於在核心國家與邊陲地區的經費、知識與資源的強制擴散過程中，非營利組織的 CCF 在主客觀的相對優勢之下，率先在臺灣地區採取家庭型態的機構教養方式。（葉肅科、蔡漢賢，2002）遷臺後政府所實施有關社會救助的服務措施與 1949 年所制定有關育幼服務機構教養相關的單行法規（包括：臺灣省立救濟院組織規程、臺灣省育幼院組織規程、臺灣省育幼院兒童入院出院辦法、臺灣省救濟院育幼院所家庭補助辦法）等法源相關。（孫健忠，1995）另外，1943 年所公布的「社會救濟法」對於政府遷臺後的育幼服務工作也具有指標性的作用。例如育幼所收留養年齡的分界為 2 歲至未滿 12 歲的兒童，在留養期間，必須規畫安排院童的教育及技能的訓練，此為救濟方法的部分；另外社會救濟法將育幼院規範為救濟設施的一部分。此外，也將育幼院收養的運作訂定了明確的規範。（丁碧雲，1975）

（二）1960 年代

政府於 1965 年頒布有關社會救助的政策——「民生主義現階段社會政策」，此項政策的頒布也使得育幼院在十年內（1960 年至 1970 年），由七家遽增至二十七家，院童數由 1,468 名增加到 4,012 名。（蕭肅科、蔡漢賢，2002）由於育幼院的家數及院童數的增加，以及 1968 年九年國民義務教育的實施，育幼院院童收容年齡由原本未滿 12 歲延長至未滿 15 歲，其功能已不單單僅限於安置的功能，對於院童的教育及技能訓練也必須提升。（臺灣省文獻委員會，1992）

另外，此階段也制定了許多相關的法規辦法，包括「臺灣省立育幼院扶助兒童辦法」（1963 年）、「贊助私立救濟院福利設施辦法」（1963 年）、「私立救助設施管理規則」（1964 年）、「公私立救濟、育幼院學童升學請領公費辦法」（1969 年）、「設置兒童福利業務人員研習中心以強化從業人員的專業知能」（1963 年）（蕭肅科、蔡

漢賢，2002），以及 1970 年所通過的「中華民國兒童少年發展方案綱要」。

（三）1970 年代

與 1960 年代相較之下，安置機構已非貧困家庭兒童的唯一去處。因政府提供貧困家庭兒童生活上的補助，加上從 1960 年代中期政府積極推動人口調節政策的因素。（內政部人口政策委員會，1981；丁碧雲，1975）所以 1970 年代育幼院收容人數明顯下降，由 1970 年 4,000 多名下降至 1981 年的 2,000 多名。（蕭肅科、蔡漢賢，2002）至於 1973 年「兒童福利法」的通過，此法的內容主要是以不幸兒童為目標人口群；而對於兒童保護的政策及措施，以及兒童福利機構的經營管理的部分，在法源的基礎上仍有許多不足的部分。

（四）1980 年代迄今

此階段為因應政府兒童保護政策，育幼院在經營型態及運作上有明顯的變化，朝向收容多樣化發展。例如 1990 年省政府社會處在三家省立育幼院設立受虐兒童緊急庇護所；此外鼓勵並積極輔導民間傳統育幼機構的轉型等。（施教裕，1998：153～204）這樣的變遷，加上外在性結構的限制（如機構的轉型、合法立案的他律規範、國外資源撤離的生存壓力，以及兒童福利需求的轉變等），使得育幼院在此階段包括院所數及收容人數等都出現明顯落差的現象。

另外，此階段並完成修訂許多相關法規辦法，包括「兒童寄養辦法」（1983 年）、「兒童寄養業務及收費辦法」（1985 年）、「兒童福利法」（1993 年修正實施）、「兒童福利專業人員資格要點」（1995 年）、「兒童福利專業人員訓練實施方案」（1997 年）、「兒童少年福利法」（2003 年），以及兒童局專責單位的設立（1999 年）等法規辦法，對於育幼院的功能及定位等產生了衝擊及影響。（蕭肅科、蔡漢賢，2002）

綜上所述，政府自遷臺以來已將近五十五年，臺灣地區育幼院機構雖在不同的年代環境中，隨著社會的變遷及相關立法的規範下演變、發展，但育幼院在功能上已不再只是一安置、照顧的機構，面對不同的因素所產生的問題，使得其必須轉型朝向收容多樣化的方向發展。（郭靜晃，2004：528～531）

二、機構安置的種類及目的

機構安置的教養是政府與民間團體共同對失依兒童所提供的一種團體照顧方式，尤其在對提供兒童安全堡壘的家庭失去了功能，加上社會資源及支持系統日益薄弱，更衍生社會對機構安置的需求。早期對失依兒童，提供類似家庭給予兒童一些生活照料及學習機會的機構收容，稱為孤兒院或育幼院，一般是由非營利組織或慈善人士興建。漸漸地，這些機構收容一些破碎家庭、變故家庭或低收入的家庭。（馮燕等，2000）日後隨著社會兒虐事件頻增，此種安置機構於是成為兒童保護的最後一道護身符，提供家外安置。自 2000 年隨著凍省，原有省立桃園、臺北、高雄育幼院，分別改稱為北區、中區及南區兒童中心，並成為一種兼失依、兒虐、性侵害及流浪兒童的綜合性的教養機構。（郭靜晃，2004：531～532）

我國兒童少年福利法第五章福利機構中第 50 條規定：兒童及少年福利機構分類如下：（一）托育機構；（二）早期療育機構；（三）安置及教養機構；（四）心理輔導或家庭諮詢機構；（五）其他兒童及少年福利機構。前項兒童及少年福利機構的規模、面積、人員配置及業務範圍等事項的標準，由中央主管機構制訂。新合併的兒童少年福利法未對安置及教養機構作一補充定義，未來會在兒童福利施行細則明定。但 1993 年的兒童福利法第 23 條規定：中央及直轄市、縣（市）政府為收容不適於家庭養護或寄養的無依兒童，以及身心有重大缺陷不適宜於家庭撫養的兒童，應自行創辦或獎勵民間

辦理下列兒童福利機構:(一)育幼院;(二)兒童緊急庇護所;(三)智能障礙兒童教養院;(四)傷殘兒童重建院;(五)發展遲緩兒童早期療育中心;(六)兒童心理衛生中心;(七)其他兒童教養處所。對於未婚懷孕或分娩而遭遇困境的婦、嬰,應專設收容教養機構。

　　總括來說,機構安置係指兒童因家中遭遇變故或遭受不當教養或虐待,所以使兒童不適宜待在原生家庭。因此,兒童必須要採取家外安置。而家外安置優先的考量為寄養服務(暫時性);其次為收養服務(永久性的規畫);最後才為機構安置(可為暫時性及永久性)。所以說來,機構安置及教養的目的是透過安置,給予兒童暫時性或永久性的養育及教育,以協助兒童身心健全成長,以及幫助兒童返回原生家庭或能適應社會環境。(郭靜晃,2004:533)

三、機構安置的服務內容

　　機構安置的對象是因家庭遭受某些原因(如變故、兒童虐待等),而使兒童「不適宜」或「不能」再待在原生家庭;而家外安置的寄養服務又不適合時常採取的服務方式,當然兒童又有其特殊性,例如,行為、人格或特殊需求(如肢體或心理障礙等),所以機構教養服務於是成為一綜合及多元性的服務。郭靜晃(2004)指出兒童及少年安置機構經常使用服務內容有:

(一)兒童安置機構

1.院童教養

(1) 生活照顧:因院童的年齡都很小(12歲以下),且大都來自家庭結構不健全或功能失調的家庭,所以其生理及心智的發展常有遲緩的現象,顯現於外的行為也多偏失,需給予更多的愛心包容及更專業的照顧與輔導。機構採家庭型態方式教

養，依院童年齡及性別的考量分為幾個不同的家，各家有家名，每家配置二名保育人員，輪流值勤全天候給予院童最妥適的生活照料；對於院童的身心發展，除了保育人員時時關注外，還不定期前往院童就讀的學校訪視，並於每晚就寢前安排貼心的會談。輔導員和社工員也定期值勤，以協助保育人員輔導行為偏差院童，處理突發狀況及個案諮商。另有膳食委會組織負責院童三餐膳食事宜。

(2) 課業輔導：多數院童因先天條件不足，以致學業、成就、學習動機低落。正值國小、國中的義務教育階段，是基礎學力建立最重要的時期，為協助院童快樂學習，並奠定良好學識基礎，院家輔導的措施如下：

　① 針對學習困難的院童：建議學校設置學習障礙資源班，以進行補救教學。

　② 召募各大專院校學生組成志願服務隊，實施一對一的課業輔導，針對學習進度嚴重落後，或智能不足需特殊教育的院童，或是召募在職或已退休的老師來擔任輔導課業的志工。

　③ 運用電腦教學軟體輔助院童的學習，使電腦能生活化、教育化。

(3) 才藝訓練：為促進院童智能發展，提供多元學習機會，透過外聘學有專精的師資及部分志工老師的熱心服務，辦理各項才藝班，如電腦、珠算、兒童聖經、繪畫、編織、桌球、吉他等課程，以期增長見聞，啟發智能及提升院童自我概念，頗多助益，深受院童歡迎。

(4) 休閒活動：定期辦理各種休閒活動或比賽，如戶外旅遊、郊遊登山、烤肉、知性參訪等活動，藉以調適身心，並豐富生活經驗。

　2. 衛生保健

(1) 定期辦理全身健康檢查，以期孩子能在整潔舒適的環境中成長。

(2) 因院童均來自弱勢或功能不健全家庭或受遺棄的兒童,他們在身心發展的關鍵期,缺乏適當教養或身心受虐,所以在認知發展、生理發展、語言發展、心理發展,以及生活自理能力等方面均有遲緩現象,所以院家需積極推動早期治療:

① 將發展遲緩的院童送至醫院評估及安排適當治療。

② 對於情緒困擾、心理障礙的院童,安排至醫院作心理治療。

③ 積極接洽特教系學生來作志工,幫助每一位身心障礙的院童。

3.個案輔導

協助行為偏差或適應不良的院童,或是情緒困擾的院童,提供個別輔導,以增加其適應能力,使其人格得以正常發展。

4.追蹤輔導

經人收養或是終止收容關係的院童,為確保其離院後能繼續接受良好的教養及生活,院家會與其保持密切聯繫,追蹤輔導,以適時、適地的給予協助與支援。

(二)青少年安置機構

除了實務上的需求,國內這幾年因「少年福利法」、「少年事件處理法」,以及「兒童及少年性交易防治條例」等與少年有關的法令均提到安置服務的概念,使得少年安置服務的定位更為明確與迫切。

我國自 1989 年通過少年福利法後,短短不到十年間陸續通過或修訂三個與青少年福祉相關的福利法案。這些法案包括兒童福利法的修訂、兒童及少年性交易防治條例及少年事件處理法的修訂。隨著這些相關法令政策的修訂或通過,保護青少年的福利觀念迅速且普遍受到社會重視。綜觀這些法案中,對於應受保護的少年類型、保護的流程、服務的機制,以及相關罰則都有明確的規範。因

此，針對這些特定青少年的特殊需求所需要服務內容及項目也隨著發展，其中最凸顯需要性的就是安置服務。（張紉，2000：191～215）

少年安置服務的興起，主要是奠基於一群需要受到的保護的青少年，無法從他們原生家庭中得到應有的身心照顧。因此，由國家提供替代性家庭服務，以協助青少年順利成長。雖然這種替代性家庭的福利措施，有其福利政策思考上的殘補性缺失及爭議處。（余漢儀，1995）但對於遭逢不幸或受到傷害的青少年仍然有其實際上的需要。

倘若對於需接受安置服務的對象及安置類型加以分析整合後可以發現，目前國內認定需要接受安置服務的少年類型大致分為五類：

1. 家庭遭變故、家人不適合或無力教養的少年。
2. 因家人蓄意傷害（如虐待、惡意遺棄、押賣，或強迫少年從事不良行為）而需要保護的少年。
3. 因任何原因而從事性交易行為的少年。
4. 行為偏差或適應不良的少年。
5. 經由司法機關裁定，需安置於相關福利機構以接受保護管束者。

由以上的分類可以清楚看到：相較於提供給兒童的安置服務，我國法令在規範以少年為主體的安置服務類型中，仍以有行為問題的少年為主，也因此具有「機構化」、「集體化」的特色，容易讓接受服務的少年感受到「拘禁性」與「強制性」。雖然少年可以體認安置服務是「善意」的，是為了保護他們免於受到更多的傷害，但不論其被安置的理由為何，在嚴格的與外界區隔的制度下，他們對此作法最深刻的感受是「沒有自由」。所有的善意是因不自由的住宿環境而大打折扣。該如何使這些原本具有福利意涵的安置服務能夠將福利的理念傳達給少年，並讓少年感受到安置機構所提供的服務對他們的裨益，乃是目前國內少年安置服務亟需突破的工作。（郭靜晃，2004：535～536）因此，在教養院場域的創意閱讀教學並不含此範圍，仍以兒童教養院為主。

四、兒童安置機構業務的轉變與發展

(一) 收容對象多樣化；過去數十年來，機構收容兒童大多來自父母雙亡，或單親年滿 60 歲以上、有精神方面疾病，兒童身心有問題的或低收入戶的家庭；爾後隨著社會環境變遷、家庭功能轉變，機構收容的對象隨著有了重大的變革。以目前機構所發現收容對象因「兒童保護案件」入家者（被虐待、受疏忽、遭遺棄及家庭遭遇重大變故）佔有人數三分之一強；另因父母（一方或雙方）「判刑確定在執行中」入家者（販毒、吸毒、其他各類案件）也佔六分之一強。此外，因家庭結構改組、家庭功能喪失（父母離婚、一方失蹤、未婚生子）的單親家庭兒童及經法院協商裁定轉介的兒童、少年，也有越來越多的趨勢。對於前述各類兒童，機構都全力配合政府政策，以兒童福利的最佳考量，予以收容教養。

(二) 照顧內容全面化：機構除了以往的單純式照顧，如免於孩童挨餓受凍、來自功能不健全的家庭外，須給予更多的愛心、包容及更專業的輔導照顧，其內容需更專業化、全面化。

(三) 保健醫療專業資源整合及社區服務化。

    1. 早期療育：早期介入早期療育是發展遲緩幼兒進步的關鍵所在。越早期介入越能省下教育成本。專家學者也認為早期療育一年的功效是 3 歲以後的十倍。所以機構對於早期發現、早期接受治療是有必要多加注意及發展的。

    2. 心理治療：對於頗多的情緒困擾、心理障礙或長期創傷症候群的院童，需聘專業心理治療師為其作心理治療。對於行為偏差或負向行為的院童，需辦關懷成長團體來引導正相向行為及增進社交技巧。

(四) 志工服務社區化制度化：期待召募更多的大專志工來機構服務，也希望結合社區資源和機構附近的社區作分享資源。（郭靜晃，2004：541）

　　綜觀以上所得教養院場域的特徵可知，教養院的院童因有其特殊的背景，不同於一般的孩童，因此在推廣閱讀上也有其必要性。然而，志工的課業輔導並不等於閱讀教學。許多院童也許因為志工的輔導而將該完成的課業做完，但成績落後是為事實，不喜歡讀書的院童還是佔多數。因此，場域創意閱讀教學的目的，也在於能讓院童自然而然喜歡上閱讀。在教養院場域由於環境特殊，以致適合採用製造差異的創意閱讀教學，將於下一節中作介紹。

第二節　教養院場域製造差異的創意閱讀教學

　　在教養院場域中，因為院童的年齡都很小（12 歲以下）且大都來自家庭結構不健全或功能失調的家庭，所以他們生理及心智的發展。常有遲緩的現象，顯現於外的行為也多有偏失，需給予更多的愛心包容及更專業的照顧與輔導。而多數院童因先天條件不足，以致學業、成就、學習動機低落。但他們又是正值國小、國中的義務教育階段，為基礎學力建立最重要的時期。（郭靜晃，2004：533）也因為如此，教養院場域的創意閱讀教學在教材的選定上會比較謹慎，以不觸及兒童心理創傷處為主。因此，本節在教材的選擇上有了一些限定，以非制式教材為主。非制式教材雖然不像制式教材有明確的教學目標及各項限制，但仍有符合典範或典律的約定要求。（周慶華，2007：55）然而，如何在教養院場域的閱讀教學發揮其創意？這不妨以製造差異為出發點，並以布偶劇及廣播劇作為閱讀教學的輔助。

　　創意的另一個定義為「製造差異」，也就是指並非完全創新，而是能顯現「局部差異」的創新。在本研究中所以為的創意閱讀教學，就是指這類可以製造差異的情況。而本章節先探討製造差異的

文學作品；再進一步以此標準將創意作品分為語文經驗三大範疇：
分別為知識性的製造差異、規範性的製造差異以及審美性的製造差
異；最後才連結到相關的閱讀教學。以下以一些文學作品作分析及
探究，但因人類所表現出的語文經驗大抵不出這三大範疇；三者有
時各自獨立，有時兩兩相關，更有時是單一作品中三者皆具，此時
在內容的分析上可以所含的成分多寡來研判、歸類。本研究以文中
旨意偏重部分來作引導的重點，以提供教學者參考。本研究以語文
經驗的三大範疇為基礎，試圖將文學作品分繫於這三大範疇之中。
由於知識性、規範性及審美性的定義已於第四章第二節中作了詳盡
解釋，在此便略過不再重複，而直接以例子來作說明。

一、知識性的製造差異

以何勝峰（2007）的《最受歡迎的 100 個行銷故事》中的〈外
賣的世界〉為例：

> 一位輟學的孩子，到都市裡找工作，找份替速食店送「外賣」
> 的工作，每月薪資不高，但工作辛苦，忙碌期一天得送六百
> 份速食。

> 他人瘦小，又靦腆。熟悉他的客人問：「是不是不想上學，
> 蹺課來打工的？」他說是，但不是為了賺錢。這個回答讓人
> 驚訝。他母親病了，常年藥物不斷；父親是個殘疾人，在市
> 鎮上擺了一個燒餅攤。他是家裡重要的經濟來源……他有過
> 許多新朋友，但他們都做不久，少則一月，多則三月，都受
> 不了那微薄的薪資而跳槽了。

> 他做了六年，從一個小孩長成青年。遠近市場的商販們幾乎
> 全認識他，六年過去了，他們也把小孩子認同為速食店的老

闆。直到有一天，有一個新來的女孩問他：「每個月賺多少？」他紅著臉說：「三千。」她不信，說你也是一個小老闆，怎麼可能只賺三千。他說自己只是個送外賣的。有人驚覺，他的確是個送外賣的，六年前就是。但他們就是不明白這孩子的眼中為什麼只有外賣，他笑笑。

後來，他真的辭去了速食店的工作，開了一家家庭服務公司。家庭服務公司城裡很多，競爭激烈，不會有太多的生意。但是他的公司卻生意興隆。原因很簡單，他在送外賣的六年中，認識了幾千位生意人，生意人是城裡最需要家庭服務的團體，而他給他們留下最好的印象。當他在城裡開起第四家連鎖公司，資產像滾雪球一樣膨脹的時候，認識他的人都覺得不可思議：一個送外賣的孩子，怎麼可能單槍匹馬在無縫可鑽的市場中脫穎而出。他自己說：「很少會有一個人送六年的外賣，在這個城裡有嗎？」道理竟然簡單得讓人有些不相信。

（何勝峰，2007：22～23）

此篇知識性的語文經驗在於：一個送外賣的孩子，怎麼可能單槍匹馬在無縫可鑽的市場中脫穎而出。他自己說：「很少會有一個人送六年的外賣，在這個城裡有嗎？」道理竟然簡單得讓人有些不相信。原來在都市送外賣這份工作是一件苦差事，因此沒有一個人可以靠送外賣而生活。然而，文中所描寫的男孩顛覆了一般人的觀念，靠著送外賣建立了他日後的商業基礎。而文中寫到男孩送外賣一送就是六年，居然在某天辭職建立了自己的家庭服務公司，在競爭的環境中卻還能生意興隆。從送外賣變成老闆，正是一種製造差異，讓讀者可以明白男孩可以建立自己成功的事業，全憑自己在送外賣中所建立的人際關係。這也說明了一個人要成功，不是單憑運氣，而是努力蟄伏的結果。另外，有一篇寓言為知識性語文經中的製造差異：

　　青蛙族舉行一場攀登比賽，比賽的終點是座很高的鐵塔塔頂。

　　比賽開始了，有一群青蛙圍著鐵塔看比賽，卻也有觀眾在高聲議論：「這塔太高，牠們肯定到達不了塔頂，太難了。」

　　聽到這些話，很多青蛙洩氣了、退出比賽，但仍有部分青蛙還向上爬。所以觀眾更高聲議論：「這太難了，沒有誰可以爬到塔頂的！」

　　於是越來越多青蛙退出比賽，到最後剩下一隻還在努力。雖然，觀眾還在繼續說著：「下來吧！太難了，不可能爬上去的！」但牠毫不氣餒……終於攀上了塔頂。

　　牠下來之後，大家都很想知道，牠哪來這麼大的力氣與信心爬完全程；有隻青蛙跑去問牠，這才發現：原來這隻青蛙是聾的。

（勁草，2003）

此篇的知識性是在於：「這隻青蛙是聾的」。聾的聽不見任何聲音，當然聽不見觀眾的高聲議論，自然也就不會像其他青蛙一樣受到影響。如同做一件事一樣，如果太在意別人的眼光，最後總是會一事無成。而製造差異的顯現在於耳聾的青蛙跟正常的青蛙在行為上的差異對照。最後，在知識性語文經驗的製造差異裡再舉以下例子來說明：

　　鋼琴家波奇談吐非常幽默，是個幽默家。有一次他到美國密西根州福林特城演出，當他登上舞臺時，竟失望地發現，劇場的觀眾不夠多，有一半以上的座位都空著。

　　他定了定神，然後幽默地對觀眾說：「福林特城的人一定很有錢，我看到你們每個人都買了兩、三個座位的票。」

整個劇場頓時一片笑聲，於是演出在歡樂的氣氛中進行下去了，結果獲得了圓滿成功。

（天舒、張濱，2007：27）

此篇知識性的語文經驗在於：鋼琴家波奇談吐非常幽默，是個幽默家。什麼是幽默，一般人常把玩笑當幽默，錯把別人的苦痛當幽默。然而，真正的幽默，即使在不利自己的局面中，也能化險為夷，妥善地控制局面，如同鋼琴家波奇一樣。然而，本文中鋼琴家波奇面對一半以上的座位都空著時，雖然很失望，但藉著自己的幽默，化解了這尷尬的情緒，讓演奏會可以在歡樂的氣氛中獲得圓滿的結束。文章一開始安排失望的情緒，後為歡樂，此為製造差異；但是此文要提的事鋼琴家波奇幽默的一語：「福林特城的人一定很有錢，我看到你們每個人都買了兩、三個座位的票。」這句話在創意的顯現中帶有無中生有的創意，如此天外飛來的一句話，雖然明白一個人不太可能買兩、三個座位的票，但是誇了福林特城的人很有錢，急智又幽默的話語，化解了自己處於票房不佳的劣勢。

二、規範性的製造差異

規範性語文經驗的作品一般人認為應該帶有嚴肅，且富教育意味，但其實透過創意的角度去選擇材料，應該不難發現許多幽默的作品裡也隱隱透著規範性的語文經驗在裡面。這種隱藏在文章裡而不說清楚明白，反而帶給人有更多的省思。以下以一篇小故事為例：

法國人佛朗華因尊重女性而享譽世界。他一生中從不當面說令女士難堪的話。有一位長得很醜的婦女，自認為有辦法讓佛朗華破例，於是特地來拜訪他，要佛朗華對她的長相作評價。

見面後，佛朗華說：「所有的女人都是天上掉下來的天使，但是有些天使掉下來時，不幸的是鼻子先著地，夫人，這不是您的責任。」

（天舒、張濱，2007：22）

此篇規範性的語文經驗在於：法國人佛朗華因尊重女性而享譽世界。即使佛朗華受到了挑戰，也因為他高超的婉說藝術，既委婉地說出了事實，又適度地給人安慰，能夠讓他「堅守城池不失」。既然所有的女人都是從天下掉下來的天使，只不過那個面相很醜的婦女是鼻子先著地，這裡顯現了創意性的製造差異。也因為這個差異造成了面容不好看，但還是天使，因此佛朗華還是一個以尊重女性而享譽世界的名人。下則規範性語文經驗的文章，更是讓人在啼笑皆非中體悟人生百態：

一位英國旅遊者遊覽挪威後，發現口袋裡的錢只夠買一張回家的船票了。乘船從挪威到英國只需兩天的時間，因此他決定乘船的兩天裡不吃任何東西。

第一天早晨他沒去吃飯；午飯時，他仍舊躺在他的房問裏。到了晚上開飯時，他餓極了，再也忍不住了，他想：「即便飯後他們把我扔進大海裡，我也要吃飯。」

吃飯時，他把侍者擺在面前的所有食物吃得一乾二淨，並做好了對付一場吵架的準備。

「把賬單拿來！」他說。

「先生，賬單？」侍者問。

「是的。」

「我們沒有什麼賬單，」侍者回答，「在輪船上，一日三餐的費用已經包在船票裡了。」

（天舒、張濱，2007：38）

此篇規範性的語文經驗顯現在於：英國的旅遊者發現他的錢只夠買一張船票的費用，雖然擔心沒錢吃飯，但由於肚子真的很餓，於是狠下心決定，即使飯後被丟進大海也要去吃飯。衡量自己的能力可以做多少的事，是大家共有的意識，但是即使面臨生死交關也要冒著被控「吃霸王餐」的風險？有人說人性有善惡兩面，但是當生命危急時，倫理道德的意識又該往哪放？這篇文章可以探討許多讓人備感爭議性的問題，值得教學者省思及考量。文章中侍者回答英國旅遊者，船票已包含三餐的費用，不禁讓讀者對這個糊塗的英國旅遊者不知道該笑還是該感到可憐。而此處創意的製造差異表現在於：旅遊者和侍者對於船票服務內容的了解不同，帶來文章富饒趣味。下列文章也同樣有內含教化人心的意味：

有一個無賴，經常三餐不繼。有一天他偶然路過一戶人家，見人家正在辦喪事，而門口有人在議論某老先生的為人長短。於是他走進門對著靈柩就放聲大哭。

大家都不認識他，他說：「這位老人生前和我是莫逆，幾個月不見，沒想到竟有這麼大的變化。剛才路過才知道，所以未來得及奉告安慰，先進來哭哭，以表達我的懷念之意啊！」

這家人感激他的情意，就留他吃飯喝酒。在回家的路上，他遇見了一個窮人，就把自己混飯吃的經過告訴了對方。

第二天，那個窮人也到一戶喪家去大哭。人家問他是怎麼回事，他回答說：「這死去的人生前和我相好。」話剛說完，大家都往他臉上打。原來，這家死的人是位少婦。

（天舒、張濱，2007：131～132）

此篇規範性的語文經驗顯現於：有個無賴，經常三餐不繼，卻靠著哭喪家的靈柩而混飯吃。雖然在臺灣傳統禮俗上，喪家會準備飯菜給前來悼喪的人，但是文章中討飯菜吃的人卻是一個無賴。一樣是道德倫理的問題，如何去解決問題？文章以後來用同樣手法的人但有不同的遭遇作為文章中想傳達的訊息，就是「夜路走多了，總是會碰到鬼」。雖然不是報應在文章一開始出現的無賴的身上，也深深提醒了讀者在倫理道德上的迷思。此篇文章創意的製造差異顯現在於：前後兩人為了吃一頓免費的飯菜，而有不同的際遇。

三、審美性的製造差異

以下篇文章〈愛是什麼顏色〉作為審美性語文經驗的製造差異的例子：

春天，正是楊柳吐翠、鮮花怒放的時候，大地五顏六色，光彩奪目，真美啊！

「愛和春天天一樣，也很美！」老師說：「我們心裡要充滿愛。有愛就有溫暖，有愛就有色彩。」

那愛是什麼顏色？也和春天一樣色彩斑斕嗎？我偷偷地笑了：呵呵！這麼傻的問題？我可不敢去問老師。

我跑到茂密的小樹林，問小草：「小草，小草！你知道愛是什麼顏色的嗎？」小草撓了撓頭，細聲細氣地說：「愛是可愛的綠色！」

咦……難道愛就一種顏色嗎？

……

我聽了，心裡琢磨著：怎麼他們說的不一樣啊？

噢！對了，藍天見多識廣，他一定會給我滿意的答案。於是我仰頭問藍天：「藍天爺爺，藍天爺爺！您能告訴我，愛是什麼顏色的嗎？」

藍天爺爺一聽，忍不住笑了，用深沉的聲音回答道：「愛嘛，當然是藍色的嘍！」唉！我現在是越問越糊塗了！他們說的都是自己喜歡的顏色啊！那麼愛到底是什麼顏色？

我想，空氣到處漂浮，他的經驗豐富，一定知道。我就拉著空氣問道：「空氣大哥呀！你說，愛是什麼顏色？」

空氣大哥聽了，難為情地說：「對不起！我也不清楚。愛是透明的，也許沒有顏色吧？哎呀！我也不知道。小朋友，你還是去問別人吧！」

……

我問了好多好多，問了好久好久，他們卻說出了完全不同的答案。最後，我只好跑回學校問老師。

老師摸摸我的頭，笑了，和藹可親地說：「你見過水晶嗎？水晶在陽光下會閃耀出不同顏色的光芒。愛就像水晶一樣，也是透明、純潔的，卻因為每個人的理解不一樣而折射出不

同的顏色。但這並不重要，重要的是我們心裡要充滿愛。有愛就有溫暖，有愛就有色彩！」

哦！我明白了——愛和春天一樣，是五彩繽紛的！

（寫作天下編委會，2007：111～113）

此篇審美性的語文經驗顯現於文章中的各段落，如：春天，正是楊柳吐翠、鮮花怒放的時候，大地五顏六色，光彩奪目，真美啊！文中描寫作者試圖找尋愛是什麼顏色，而問了許多大自然間的事物，文字優美，讀來大自然的景色盡收眼底，也帶領讀者觀察生活周遭的美景。此篇文章創意的製造差異處為作者用小草、月季、藍天、空氣、大山、稻穗以及冬雪等事物，來凸顯自己對愛是什麼顏色的不解。最後老師的回答，給了作者答案，原來愛和春天一樣，是五彩繽紛的！下篇文章〈我們的「怪」老師〉可以讓讀者感受不一樣的審美性的語文經驗：

曾老師是我們班的語文老師。她呀，可是我們公認的「怪」老師。

一怪：一天，「怪」老師笑容滿面地走進教室，環視了一下同學們，「刷刷刷」揮動粉筆，在黑板上瀟灑地寫了「逛大街」三個醒目的大字。一石激起千層浪，同學們頓時像沸騰的水似的，七嘴八舌地議論起來：

「不可能吧？」

「有這麼美的事？」

「看來，要造福人群了！」

只見「怪」老師笑而不語，又在「逛大街」後面加上了「學語文」三個字。

同學們的情緒一下子來了個急煞車，眼睛瞪得滾圓。

「怪」老師見此情景，微微一笑，說；「同學們，在逛大街的過程中，你們一定能學到不少語文知識……」沒搞錯吧？逛街還能學到語文知識？我們一個個丈二和尚──摸不著頭腦。

誰知，就這麼逛了幾天，同學們還真收穫頗多：有的人發現大街上錯別字屢見不鮮，有的人發現成語被「改頭換面」，派上了廣告用途。你瞧，「其樂融融」這個成語被精明的摩托車店主改造後，用在大幅宣傳廣告上──「騎樂融融」。還有的同學在逛街的過程中，發現商店的招牌幾乎囊括了漢字的所有字體：楷書、行書、隸書……

逛大街還真讓我們逛出了名堂。正如「怪」老師所說：「生活處處皆語文。」

二怪：你聽說過學生當老師？老師當學生嗎？我們的「怪」老師可讓我們嘗了一回「鮮」，過了一把「老師癮」。

要學〈草船借箭〉這一課了，可樂壞了我們班的「三國迷」。看到他們躍躍欲試的樣子，「怪」老師索性藉機圓了他們的「三國夢」。王芳、賴澤盛、張健他們平時「二流子打鼓──吊兒郎當」，這回可出人頭地了。你看，他們的表現多規矩，還像模像樣地準備了教案呢！

……

「怪」老師更是笑得像「八月的石榴──合不攏嘴」。

三怪：更有意思的是，「怪」老師竟把默劇表演搬上了我們的課堂。

那節課上,「怪」老師一上來就來了個「開門紅」。她首先在黑板上寫了「啞（　）表演」幾個字,大家紛紛上去填,有的填「吧」,有的填「口」……一分鐘過去了,還沒有人填對。「怪」老師急得手舞足蹈,用各種動作提醒我們。噢,明白了!羅賽箭步上前,填了個「劇」字。「怪」老師終於滿意地笑了。

……

活動結束後,同學們紛紛主動地寫了作文。有了這真實的感覺、生動的情景,我們的作文怎能不佳作連篇,異彩紛呈呢!

四怪:「怪」老師怪招不勝枚舉。你聽說過向老師借貸分數嗎?「怪」老師可是我們班的「高利貸者」,差一兩分就及格的同學可以從她那兒借貸分數,將考試成績拉成及格。不過,有貸就要有還喲!你找她貸了一分,下次考試就要還她五分。所以,你要是還不努力的話?小心離及格線越來越遠!

……

對於「怪」老師的這種「怪」教學方法?我們還是舉雙手贊成的。這幾年,教科書都變了樣,如果教學方法還是老一套,那肯定會落後呀!

曾老師,您「怪」得好,我們希望您繼續「怪」下去。

（寫作天下編委會,2007:24～27）

此篇作品審美性的語文經驗在於:作者形容「怪」老師,怪的地方在哪裡,有滑稽之美,文章所敘述「怪」老師的事蹟,讓人摸不著頭緒,但確實能引起孩子的好奇心,讓孩子在有創意的教學中,更

能自動自發的學習。然而，這些「怪」老師所做的舉動，雖然怪且有悖常理，卻也是現代教學者所欠缺的。此篇作品也帶有知識性的語文經驗，如同「怪」老師所說「生活處處皆語文」。而此篇作品在創意的製造差異的顯現上為：作者呈現「怪」老師有四怪，都是在描寫「怪」老師的教學技巧。

　　教學者透過對教材內容的分析，可以很清楚明白在教學目標上能達到什麼效果，這也是本研究所努力的方向。因此，在這提供幾篇作品的分析，以加深教學者分析教學內容的技巧。而在本章節中所提出的作品，放在教養院場域運用也有好的效果。但在此不刻意觸及教養院場域院童的心理創傷，因為兒童心理創傷的諮商不在本研究範圍。雖然如此，閱讀經驗有部分會觸及兒童的生活經驗，但也並非不能談，而是端看教學者如何以有趣的教學引領孩子喜歡閱讀，進而對教養院場域的學童的課業有所幫助。

第三節　布偶劇與廣播劇的輔助創意閱讀教學

　　教養院設置（家外安置）的用意，是期待兒童在安置系統中逐漸從惡性多次轉換安置場所對待的經驗中復原、健康的發展，但是當兒童面對與家庭分離與失落、再加上機構照顧者異動頻繁，機構設計的限制，安置的情況反而讓兒童面臨潛在受創的可能。（王明仁、彭淑華、孫彰良，2008：237）如兒童在面臨不穩定的安置照顧情境，則產生較多的情緒困擾及行為問題，以致造成人際關係退縮或衝突等適應不良的現象。當負面情緒無法抒解時，進一步則阻礙心智成熟及學習發展的能力。此外，安置的時間越久，認知的缺陷及情緒行為上的困擾會越嚴重。倘若是嬰兒時期即已安置，更將損害情緒健康的發展。然而，機構的設計卻讓兒童甚少感覺被愛；加以照顧者經常更換，教養方式不一，不僅讓兒童無法適從，更不易與照顧者產生感情的連結與建立依附信任關係。（余端長，2002）

我在接觸教養院場域的院童時，曾和教養院的老師（他們稱照顧者為老師，有的教養院會讓學童稱他們為爸爸或是媽媽）聊到院童的身心狀況，老師給了我一個結論，就是他們知道自己為什麼在這裡，他們也得要學會堅強和獨立。當我實際和院童接觸時，我突然回想這是多麼殘忍的事。所以在我為他們辦活動的時候，院童哭鬧或是情緒不好時，老師只是視為正常狀況，沒有再加以安撫。當然，也許老師們（也就是社工）受過某些訓練，也明白孩子的狀況，原意也很好（希望孩子們獨立），但是如此殘酷的景象，當下的確讓我感覺難受。再來從和老師們的對談中，也了解孩子的學習狀況，普遍不理想，老師們也表示閱讀的確是他們所需要的學習技巧。因此，在設計本章節的場域創意閱讀教學時，認為以布偶劇與廣播劇為輔助教學最為理想。以下就先分別介紹布偶劇與廣播為輔助的創意閱讀教學。

一、以布偶劇為輔助的創意閱讀教學

我國的傳統偶戲，種類繁多，在龐雜的民間戲曲裡獨樹一格。以物象人，小小戲偶在藝人掌中，演盡了人間悲歡離合的百般情。它自古以來就為農業社會人們閒暇時不可或缺的娛樂劇種。傳統偶戲源遠流長，從時間歷程來看，自漢代就開始萌芽；到了唐末時漸漸形成為獨立的戲劇；元明兩代繼續進展；到了清朝已經燦然大備，不僅是民間流行，即使官廷的王公貴族都常設有偶戲戲班，蔚成風氣。就空間的擴展而言，偶戲循著各地方的戲曲聲腔，以當地方言演唱，曲詞淺顯，劇目通俗，廣泛受到各地民眾所喜歡。流傳來臺灣的偶戲計有：皮影戲、傀儡戲及布袋戲，在農業社會裡扮演著酬謝神明、娛樂百姓的種種角色。在昔日教育不普及的鄉村裡，除了娛樂外，更充滿了人文教化意義。（陳正之，1991：序）然而，隨著時代的變遷，臺灣社會進入工業化後，傳統偶戲受到各種新興

娛樂的競爭壓力致日趨沒落，而現代兒童所看到的兒童劇場也大多為西化下的結果。因此在偶戲的呈現方面，偶的種類也變得更多元更趨近兒童的生活。偶的種類非常多，只要能在手上操弄的都可以稱為偶。（白碧華，2007：41）因此，在教養院場域中的布偶劇，布偶的形式及種類很多。在這先介紹故事媽媽可隨手利用手邊材料製作的偶以及傳統偶戲中的偶；在此除了介紹偶外，也特別介紹偶戲的種類，好讓教學者可以更清楚了解布偶劇。

（一）偶的種類

(1) 襪子偶：可運用襪子長長的特色做出一隻會吐蛇信的襪子蛇、套在手上耍弄，當牠出其不意的撲上小朋友時，小朋友都會害怕的把身體往後縮起來。可是過了一會兒，又忍不住的探頭往蛇的嘴巴瞧，甚至想摸摸看；有調皮的還把手伸進襪偶的嘴巴裡，拉拉縫在嘴巴裡的蛇信。（白碧華，2007：42）

(2) 筷子偶：利用筷子以及卡紙，將故事角色畫在卡紙上，黏貼在筷子上操弄。有如傳統偶戲中皮影戲的皮影戲偶；只不過所用的材料不一樣，且形式較為複雜。但是它卻是最能讓故事媽媽隨手運用的材料。

(3) 磁鐵偶：需要的材料有雙面膠、厚紙板、磁鐵。磁鐵偶的製作方法，可影印或畫出故事中的角色，再將磁鐵貼在角色背後。

(4) 手掌偶：能在手掌中操縱的偶都是手掌偶，又如把偶畫在手上，在手掌上畫出故事中的主角，便是手掌偶；在傳統偶戲中，布袋戲裡的角色也是手掌偶，只是形式較為複雜。

(5) 手指偶：只利用手指頭便能呈現故事中的角色，可用筆畫上去，或利用手邊的材料，做成可以套在手上的偶。

(6) 杯偶：杯偶的製作所需要的材料有免洗筷子、紙杯、塑膠杯、膠帶、包裝紙、小布偶（要裝在裡面的動物或東西）。製作步驟：

步驟一：在杯子後面挖一個洞在紙杯、塑膠杯下方挖一個洞讓免洗筷子可以輕易的穿過去。注意不要過大，免得筷子會不穩，會有搖搖晃晃的現象發生。

步驟二：用膠帶把小布偶和筷子黏在一起，將免洗筷子從杯後的洞伸進去後，把筷子從杯口拉出，並且把小布偶或你想放在杯中的東西和筷子緊緊地黏在一起（倘若不夠緊，可用細線加工將二者綁緊）。

步驟三：圍上包裝紙，製造神秘感。杯中的動物或物品當然不能讓人看見，所以使用包裝紙（要高過杯口至少 7 公分）把杯子團團圍住，然後用膠帶把包裝紙左右兩端黏在一起，再將包裝紙塞入杯中，一個沒有人知道裡面是什麼東西的杯偶就大功告成了。（白碧華，2007：31～32）

(7) 皮影戲偶：戲偶的原料以驢皮最佳，牛皮太堅硬，羊皮太柔軟，二者都不能完全表現出影戲偶的特質，只有軟硬適中的驢皮才能顯現纖細、優美、幽幻及幻想。在臺灣因為驢皮取得不易，都用牛皮製作。（陳正之，1991：48）

(8) 傀儡戲偶：又稱懸絲偶。一具可以靈活操弄的懸絲傀儡分由提線版、偶頭、身軀、手、腳等五部分構成。而各部分因流傳到臺灣的原屬地不同，有南部和北部兩種類型。（陳正之，1991：118）在這就不再多作介紹。

(9) 布袋戲偶：早期的布袋戲偶木雕偶頭、錦繡衣飾都來自唐山。各種角色的頭冠、戲服也都有各自的形式，大致與傀儡係相似。1980 年代曾在布袋戲棚下成長的人，看完布袋戲也會一時手癢用紙片折個小戲帽套在食指上，學唱曲扮演布袋戲。當時有一種以土黏香和膠水拌合翻模作偶頭加上絹印的戲服非常受小孩子們的歡迎，隨著布袋戲的式微，它也一度消失無蹤。如今鹿港有位施建宏又重拾舊時的「家私」，做出一仙一仙的土黏戲偶。（陳正之，1991：215～217）

(10) 現代布偶戲偶：現代布偶戲偶種類也很多，在此統稱為現代
布偶。如九歌兒童劇團向國外引進木偶（也稱執頭偶）、雙
面偶、杖頭偶等的技術，讓現代偶戲增加不少風采。（引自鄧
志浩口述、王鴻佑執筆，1997：48）在戲偶的面容上及角色
劃分並未像傳統偶戲一樣制式；在偶的服裝及道具也較貼近
現代人的生活。

（二）偶戲的種類

(1)　皮影戲：皮影戲班的組合比一般傳統戲曲的戲團簡單多了；
「七緊八忙九消停」這是一句形容它的俚諺，七個人是太緊
了，八個人還忙不過來，九個人才有機會喘口氣喝口茶，它
的道具和舞臺都很輕便，可以隨身攜帶。皮影戲的戲臺幾乎
全都是後臺構成，後半部是樂師及鑼鼓架的位置，早期伴奏
的樂器，包括管絃、打擊樂器，少者八九種，多者高達十五
種。不過目前各皮影戲班人員緊縮了許多，樂器也少了。後
臺的前半部是掌籤人的天地，四周掛滿了皮偶，掌籤人隨手
可以取下派上用場。掌籤人多半席地而坐，雙手透過竹籤操
弄皮偶，在影窗前的燈光照耀下，皮偶的影子便投射窗幕
上。皮偶活動的舞臺稱為影窗，這是一個木框子繃上白布成
為影幕。早期影窗較小，大約是一公尺高一百六十公分寬，
影幕用半透明的燈光紙或玻璃紙，上演時一不小心就會戳
破。現在的影窗都放大為高一百六十公分，寬二公尺多，影
幕也採用白色的布料。從前沒有電力，燈光採用油燈，須藉
燈蕊燃燒發光，火焰晃動不定，光度又弱，投射在窗幕上的
影像看來有點模糊，然而卻有一種古老的神祕風味。其後改
用電土燈，這是一種礦石加水後，塵生瓦斯燃燒發光，亮度
及穩定性都比油燈高一些，但投射出來的影像還是不像現在
明亮，所以早期的皮影戲並不是全靠皮偶的精美來引人入

勝，文戲以聽唱腔口白為主，武戲就看動作及特技了。現在燈光早已改用二百五十燭光的大電燈泡，也有的戲班在影窗裡加裝彩色燈泡，影窗特別明亮；為了配合放大了的影窗，皮偶跟著放大，也－改舊時單調的顏色，變得斑斕絢麗，皮影戲演出更顯得多彩多姿。（陳正之，1991：37～39）

(2) 傀儡戲：戲劇演出的傀儡戲舞臺，像個真人演出舞臺的縮影，但它不如歌仔、亂彈等戲劇的舞臺那麼彩色斑斕、富麗堂皇，較為樸素無華。同是偶戲，布袋戲的舞臺是採高架方式，在整個戲臺的上半部，觀眾看戲得微微仰起頭來。傀儡戲的舞臺卻是在下半部，與觀眾的視線平行。舞臺大約僅佔整個戲臺的四分之一，中間掛著彩繪的布景，如山水風景或者宮殿、廳堂等，配合演出的情節可以換布景。也有的是僅掛一幅錦織的簾幕，上面彩繪有象徵古祥的圖案及戲團名號。戲臺的兩側各掛有素色的簾幕，這不屬於布景，只用來遮蓋後臺的內幕，以凸顯表演舞臺。舞臺中間的簾幕高度與演師的胸線齊，演師及助手站在簾幕背後，戲偶大都自右邊入場，由左邊出場。舞臺後面就是後臺，三側各以竹竿搭成架，戲偶就掛在竹竿架，由演師依出場次序把各類腳色排列好，上演時由助手依序取下來遞給演師。戲偶架後面是伴奏樂師的坐位，除了樂器架，大部分的戲團都以裝戲偶的戲箱充當樂師的坐椅。有些戲團上演時，在後臺還設有神桌，將三個丑腳掛上，稱為大王爺、二王爺、三王爺，上演戲之前得先燃香祭拜。流傳在臺灣的偶戲，以傀儡戲演出的動作最為細膩，臺步、身段一如大戲裡的演員有板有眼，這些美妙的動作全由演師手中那塊提線板以及板下十餘條懸絲的抽動表演出來，所以演師的地位最為重要。傀儡戲展現在舞臺的動作看來好像很自然平淡無奇，其實要使它的動作如同真人扮演一樣靈活細膩並不簡單。歷來許多學者專家對傀儡戲

偶表演動作與傳統戲曲起源彼此的關係頗有爭議，這兒且不去談它，但看到傀儡戲偶在舞臺上的身段、臺步與真人扮演的傳統戲曲所表達的美的形象竟然如此相近，可見它們關係的密切。（陳正之，1991：111～115）

(3) 布袋戲：布袋戲名為「小戲」或稱「掌中戲」，顧名思義是以人的雙手、巧手來操作演出。它同樣是戲劇表演的方式之一，是帶有擬人化的戲齣與戲劇方式，也同樣的綜合了戲劇、文學、美術、音樂、肢體等五種藝術美。但是偶戲此須戲偶、演師、樂師和後場四者相互配合演出。就布袋戲偶的藝術來說，譬如尪仔頭除了臉譜呈現繪畫美之外，還有不靠臉譜而靠眉目、五官、身段、體態與亮麗的色彩等相結合而成的生動豐富的細緻動作來取勝。一個個所顯示的不僅是雕刻美、繪畫美、性格美，還加上戲齣演出時的聲、光、色等舞臺張力。布袋戲在過去的社會與教育功能裡，就是一種最通俗與親民的表演形式，最容易深耕入社會及民間的底層，而轉化後的電視戲、文化會場戲則是取得快速傳播與精緻化的藝術效果，三者之間有著不盡相同的價值與功能。它們可能時間重疊或交錯出現，也可能同時存在，如今它們也可以一同走進國家文化的殿堂。（黃春秀執行編輯、國立歷史博物館編輯委員會編輯，2007：19）

(4) 現代布偶戲：以九歌兒童劇團為例，九歌兒童劇團在1988年開始的兒童戲劇裡，除了有真人的演出外，每場戲都加進了不同形式的偶。如在1988年7月的《東郭、獵人、狼》的戲劇中，就首次把老人戲偶融入戲劇中；1989年4月的《畫貓的和尚》裡的師父就是一具大木偶，和尚為一具小木偶；1990年8月的《太陽的孩子》中有小布偶的出現，同時搭配小戲臺，讓演出更加特別；1990年12月的《李兒上山》中將壞掉的布偶還有垃圾當作道具演出；1992年

8 月的《夢之神》全劇使用大型偶（真人將大型偶穿在身上）以及雙面偶來演出等。爾後九歌兒童劇團把偶戲演得更為精緻。（引自鄧志浩口述、王鴻佑執筆，1997：107～146）

（三）以布偶劇為輔助的創意閱讀教學

偶的神奇處，就在於當我們把手和偶融洽的結合在一起時，原本毫無生氣的偶突然活了過來，它可以藉著你的口說話，也可以就著你的手走路，因為它有這種神奇的作用，所以用在說故事上便能吸引孩子的目光。（白碧華，2007：22）除此以外，如果能讓兒童親自操演偶戲，兒童能將自己所想的以及必要的事藉著玩偶充分地說出來，因而可以培養他們的說話能力、豐富兒童的想像力；況且玩法簡單，兒童都能夠自由自在地玩。（岡田正章監修，1989：27）兒童都喜歡玩扮演遊戲，藉著所扮演的角色，常常說出令人驚訝的事情。在教養院場域裡，院童因為環境因素，學習動機低落，因此在帶閱讀教學時，就必須以更有趣的手法來吸引院童們的目光。偶所呈現的說故事活動，不僅孩子喜歡，連大人也愛不釋手，因此放在教養院場域的閱讀教學中，更能讓院童的學習動機加深。此外，教學者如能在教學活動上設計讓院童操演偶戲，更可以培養院童的說話能力以及想像力。

二、以廣播劇為輔助的創意閱讀教學

（一）何謂廣播劇

廣播劇是指在廣播放送，主要為播音員或配音員所演出的<u>戲劇</u>。也稱為放送劇、音效劇、聲劇。（維基百科，2011）有人說，它是聲音藝術；也有人說它是動作藝術；還有的人說它是戲劇藝

術。概括起來，廣播劇以廣播的特點，用對白、音樂、音響效果等
藝術手段創造聽覺形象，展開劇情，刻畫人物；有時穿插必要的解
說詞，幫助聽眾了解劇中情境和人物的活動，誘發聯想，從而達到
聞其聲如見其人的藝術效果。與任何劇目一樣，廣播劇也是從無到
有，不斷發展起來的。19世紀末20世紀初的幾十年間，電子科學
技術的發展，錄音技術、還音技術的普遍應用，唱片的出版發行，
無線廣播電臺的建立，有聲電影的成功，無疑都對人類聽覺感受能
力的發展提高起了巨大作用。

　　廣播劇的藝術手段之一是對白。劇中人物間的衝突，都是靠語
言來完成的。而這個語言，指的是以人民群眾的口頭語為基礎，經
過加工、提煉，達到準確、鮮明、生動，更加富有形象性和藝術感
染力的文學語言。廣播劇中的語言，一是人物語言；二是解說語
言。全劇的基本構思、主題深化都要靠語言表達出來。廣播劇的
解說語言和人物語言，在推動劇情，轉換場景，承上啟下，描述
人物內心世界的活動，以及深化主題的作用，不可低估。文藝作
品講究真、善、美，廣播劇也不例外。一個好的廣播劇除具備題
材好，結構巧，語言妙外，音樂、音響選擇得當是廣播劇成功的
重要因素。法國啟蒙運動學者德尼·狄德羅（Denis Diderot）說：
美就是真、善的形象表現，真、善、美是些十分相似的品質。在
前面的兩種品質之上加上一些難得而出色的情狀，真就顯得美，
善也顯得美。德尼·狄德羅所說的「情狀」，指的是音樂、音響。
一般的廣播文藝作品，有錄音音響，語言音響，配樂音響，效果
音響。而廣播劇對配樂音響和效果音響十分講究。（奇摩知識＋網
站，2006）

　　廣播劇的配樂音響選擇大致可分：概括劇情的主題思想，表達
作者對劇中內容、人物、事件的主觀態度；抒發感情；渲染氣氛；
加強戲劇性；加強對劇情藝術結構的連貫性和完整性。還常有背景
音樂、轉場音樂、環境音樂、生活音樂、抒情性音樂、敍述性音樂、

情節性音樂等。配樂音響在廣播劇中扮演的角色十分重要。廣播劇因題材不同,使用的音響也不同。通常音響分為:動作音響由人或動物的行動所產生的聲音,如人的走路聲、開關門聲、打鬥聲、動物的奔跑聲等;自然音響自然界中非人的行為動作而發出的聲音,如山崩海嘯、風雨雷電、鳥叫蟲鳴等;背景音響:也稱群眾雜音,如市集上的叫賣聲、運動場中群眾的喊叫聲、戰場上的喊殺聲等;機械音響:因機械設備運轉所發出的聲音,如汽車、輪船、飛機的行駛聲,工廠機器的轟鳴聲,電話鈴聲,鐘錶的滴答聲等;槍炮音響: 使用各種武器、彈藥所發出的聲音,如槍聲、炮彈、地雷、彈著點的爆炸聲及彈道呼嘯聲等;特殊音響:人為製造出來的非自然音響或對自然聲進行變形處理後的音響,這類音響多半在神話及科幻題材的廣播劇中使用。不久,具有語言、音樂、效果三種聲音因素的綜合性聽覺藝術—廣播劇應運而生。1942 年初,英國的 BBC 電臺播出了世界上第一個廣播劇《煤礦之中》,引起轟動。(奇摩知識+網站,2006)

廣播劇的藝術特徵:著名美學家庫森(原名未詳)、哈特曼(原名未詳)等曾把藝術分為視覺藝術、聽覺藝術和想像力藝術。廣播劇則屬於聽覺藝術。劇情、人物的外形、動作都要靠聽視轉移、表象聯想引發的想像在腦中浮現。因此,對劇本的結構要求更嚴。電影劇本、話劇等通常結構為:一主腦、二支歌、三大場、四曲折、五六大章、七八個人。廣播劇本也離不開這個圈。具體地說,也要根據積累的生活素材和所要表達的思想進行戲劇構思,也就是設計人物關係、組織戲劇情節和安排場景。要有開端、發展、高潮、結局,有的作品還有序幕和尾聲。廣播劇本離不開故事,而故事是靠情節展示的。情節既然是行動的摹仿,它所摹仿的就只限於一個完整的行動,裡面的事件要有緊密的組織,任何部分一經挪動和刪削,就會使整體鬆動脫節。同時,故事要易於扣人心絃,引人入勝,跌宕起伏,使人情緒激越。總括來說,選擇重大的題材,編織可信

的故事，提取感人的細節，精配音樂音響，認真錄製，這就是廣播劇藝術的優勢和它獨特的審美特徵所在。（奇摩知識＋網站，2006）

（二）以廣播劇為輔助的創意閱讀教學

　　廣播劇的特色為運用聲音來呈現，在閱讀教學上就是聆聽與說話教學的延伸。在教養院場域特殊的環境下，院童們特別需要為自己發聲，尤其是受虐兒，根據研究統計，有許多受虐兒往往是已經被家暴了許多時間，才得以被安置。這現象也說明受虐兒，因為身心遭受虐待，不敢言語而錯失被及時安置的時間，而在教養院內的院童也大多鮮少表述自己的感受。因此，在教養院場域加入廣播劇，除了要以廣播劇豐富且精采的內容吸引院童院外，同時也可藉此訓練院童的聆聽與說話，幫助院童學習。在廣播劇的創意閱讀教學材料上，已於第二節作過詳細說明，在此不再贅述，而於下節教學活動設計中詳述。

第四節　相關的教學活動設計

　　本節所要處理的是有關教養院場域的創意閱讀教學的相關教學活動設計。本研究以前述理論為基礎設計相關的閱讀教學活動，以提供教養院場域的教學者參考的一個創意且實用的教學活動設計範例。本節以非制式教材作為活動設計內容。在非制式教材的選擇上因考量教養院場域的對象，本研究主要以同一本繪本故事作為題材，分別設計以布偶劇為輔助的創意閱讀教學設計活動以及廣播劇為輔助的創意閱讀教學活動設計。

一、以布偶劇為輔助的創意閱讀教學活動設計

（一）故事內容

本活動設計以賴馬（2004）的《十二生肖的故事》為教學內容，以下為故事內容：

> 很久很久以前，人們總是忘記自己出生在哪一年，也算不清自己究竟幾歲。玉皇大帝想了一個辦法：記年份太難，記動物的名字就簡單多了。找出十二種動物來代表年份，不就行了嗎。

> 玉皇大帝通知土地公，叫他去發佈選拔十二生肖的消息。

> 歡迎動物們來參加渡河比賽，前十二名到達終點的動物，可以成為十二生肖。消息公佈以後，所有的動物都很興奮，大家鬧哄哄的討論渡河比賽的事。

> 當時，老鼠和貓是很好的朋友，他們聚在一起討論。老鼠說：「我們不會游泳，要怎麼渡河呢？」貓說：「可以跟牛合作，我們幫他指路，他載我們渡河。」

> 貓和老鼠去找牛，牛立刻答應了。

> 到了比賽當天。一大清早，公雞都還沒睡醒，牛、貓和老鼠已經來到河邊。牛蹲下來，讓貓和老鼠爬上他的背，然後開始渡河。貓平常就愛打瞌睡，今天又太早起來，很快就趴在牛背上睡著了。

老鼠很想得第一名，就在牛快要抵達河岸的時候，他突然把貓推下水，然後鑽進牛耳朵裡。牛並不知道發生了什麼事。只聽到老鼠在他耳朵裡喊著：「牛大哥，加油！我們快到了。」

牛爬上對岸，高興的衝向終點。老鼠突然從牛的耳朵裡跳出來，搶先抵達終點，得到第一名。牛辛苦了半天，只得到第二名，非常生氣，從此就一直瞪著大眼睛。過了一會兒，全身濕淋淋的老虎來了，他很有自信的吼著：「我第一名吧！」玉皇大帝說：「不！你得第三名。」

突然間，天空捲起一陣狂風，龍從天而降，眼看就要抵達終點，兔子衝過來，搶先得到第四名。兔子不會游泳，一路跳呀跳，踩著別人的背渡河。

玉皇大帝問龍：「你用飛的，怎麼這麼晚才到呢？」。原來，龍去遙遠的南海主持下雨典禮，趕回來，已經來不及了。

馬蹄聲傳來，塵土飛滿天。馬跑在最前面，正要衝向終點，蛇突然從草叢裡鑽出來，搶先得第六名。蛇本來有腳，這次跑得太賣力把腳都跑斷了。馬本來很勇敢，這次被蛇嚇到，從此變得很膽小。

羊、猴和雞在河邊撿到一根木頭，大家通力合作，得到八、九、十名。羊坐在前面指路，因為看得太用力，變成一個大近視。猴子在木頭上做太久，屁股又紅又腫。雞本來有四隻腳，上岸的時候給壓斷了兩隻，所以現在只剩兩隻。狗來了。他很貪玩，渡河的時候，居然泡在河裡玩水，耽誤了時間。

十二生肖只剩下一個名額，大家伸長脖子望著前方。豬來了，他滿頭大汗，喘著氣說：「餓死我了，這裡有沒有好吃的東西。」比賽結束，玉皇大帝宣佈十二生肖的名次。

這時，濕淋淋的貓來了，他問：「我第幾名？」玉皇大帝說：「第十三名。」貓非常生氣，每根鬍鬚都翹起來，他說：「可惡的老鼠！我絕不饒你！」說完，揮爪像老鼠撲過去。老鼠嚇得吱吱叫，往玉皇大帝的椅子下鑽，還是被貓打了一巴掌，牙齒都被打掉了。

老鼠雖然得到第一名，從此每天都提心吊膽，怕貓找他報仇；直到今天，老鼠看到貓影子，就沒命的跑，連大白天都躲在洞裡不敢出來。

（賴馬，2004）

（二）教材分析

1.語文經驗

此篇故事屬於知識經驗範疇的作品。十二生肖是小朋友從小就會接觸的知識，從小就會被灌輸自己是屬於那個生肖，且十二生肖的順序都能琅琅上口。因此，故事所講述的事是屬於知識經驗範疇的語文經驗。但是倘若從故事內容個別動物的表現，尤其是老鼠和貓的互動，則是屬於規範經驗範疇的語文經驗：老鼠為了得第一名而狠心把貓推落水，最後得到貓的報復，世世代代都得怕貓的報復，連白天都要躲在洞裡面；而龍去主持下雨典禮的事，更能凸顯龍的責任感，即使是一個很重要的比賽，也不能放下自己的重責大任；狗因為貪玩而耽誤時間。在審美經驗範疇裡，因為是採用圖畫書，所以整本書裡的插圖有諧和美，作者讓動物們的形象

還有互動有如人類一樣，有房子住、會一起討論比賽的事等等；此外動物們誇張的表情還有描繪的時空，都讓讀者有無限想像的空間。

從文化觀點來看《十二生肖的故事》，氣化觀型文化的人崇尚自然。因此，以動物作為自己另一種身分的代表，在創造觀型文化以及緣起觀型文化裡，並沒有生肖的概念。雖然創造觀型文化裡有星座的概念，但是在意義上謹代表自己是屬於哪一個星座，以顯現自己的獨特性，不如生肖的意義來得重大。在臺灣一些傳統習俗裡，如婚喪喜慶，都有一些不成文的規定，像是屬虎的人不宜探訪新娘房；而在喪禮的祭典上也常會被告知，那個生肖的人不可以觀禮，否則會相沖。這些種種的禮俗，其實是在反映氣化觀型文化有著不違背大自然道理的表現。

2.創意表現

此篇作品的創意表現是屬於製造差異。因為本篇故事是賴馬改編中國民間故事，雖然十二生肖的故事已流傳久遠，所有改編後的故事內容都大同小異，但賴馬卻巧妙的用圖畫來呈現故事內容，讓整個故事又更加有趣且生動。

表 6-4-1　教養院場域創意閱讀教學布偶劇活動設計

單元名稱	誰是第一名	教學對象	三～十二歲（配合教養院院童年齡）
設計者	黃紹恩	學生人數	20 人（分四組）
時間	120 分鐘	場地	教養院
教材來源	主教材：賴馬（2004）《十二生肖的故事》		
教學資源	手套偶、劇本、志工四～六人。		
教學目標	藉由布偶劇的演出了解民間故事十二生肖的來源。 能創作不同風貌的十二生肖的布偶劇。 能藉布偶劇的演出增加對表達自我的意願。 能對本國傳統文化有所了解。		

教學活動名稱	教學活動內容	時間	教學具體目標	教學評量
	準備活動 (一) 教師先將《十二生肖的故事》的內容作劇本的呈現。如表 6-4-2《十二生肖的故事》布偶劇本。教師可自行製作或購買各角色的手套偶。 (二) 志工準備演出十二生肖的布偶劇。 發展活動 (一) 引起動機			
好玩的布偶劇場欣賞	1.活動一 (1) 欣賞布偶劇 由志工們將《十二生肖》的故事作布偶劇的呈現。	30	能欣賞布偶劇的演出。	能仔細觀察及欣賞志工所演出的布偶劇。
討論	2.活動二 教師提問： (1) 你能說出十二個生肖嗎？為什麼老鼠可以得第一名？你們這組有幾個生肖？ ※鼠、牛、虎、兔、龍、蛇、馬、羊、猴、雞、狗、豬。老鼠投機取巧把貓推到水裡，自己躲到牛的耳朵裡，趁牛不注意的時候搶先得第一名。我們這組有二個屬猴、一個屬雞跟二個屬豬。 ※我們跟上組一樣，十二生肖有鼠、牛、虎、兔、龍、蛇、馬、羊、猴、雞、狗、豬。老鼠耍奸詐才得到第一名的。我們這組有一隻馬、二隻猴、一隻雞跟一條狗。 ※我們也可以數得出來十二生肖是鼠、牛、虎、兔、龍、蛇、馬、羊、猴、雞、狗、豬。老鼠騙了貓跟牛，獨自一個人的第一名。我們的生肖有一隻兔、一隻馬跟三條狗。 ※鼠、牛、虎、兔、龍、蛇、馬、羊、猴、	20	藉由教師提問可以更了解故事內容。	能清楚表達。

	雞、狗、豬。是貓跟牛太笨相信老鼠的話，才會被老鼠得第一名。我們這組有一隻兔子、三隻猴、一隻雞跟一條狗。 (2) 可以回憶每隻動物是怎麼過河的？又是怎麼跑回終點？全組都必須上臺，可以分配誰要講哪隻動物是用哪種過河方式。 ※老虎、狗、馬和豬是游泳、兔子用跳的、龍是用飛的、蛇是用爬的、羊、猴和雞是用划船的。 ※老虎、狗、馬和豬是游泳過河，他們都是用跑的跑到終點、兔子是一路上跳到別人的背上到終點、龍是用飛的、蛇是用爬的回終點、羊、猴和雞是利用木頭變成船划到岸邊，然後跑到終點的。 ※老虎和狗是游泳過河的、兔子踩別人的背過河、龍是用飛的、蛇從草叢鑽出來、羊、猴和雞很辛苦的划船到終點、馬是用跑的，豬應該也是吧！ ※老虎和狗是游泳的、兔子利用牠的彈簧腿一路跳到終點、龍是用飛的、蛇是用爬行的、羊、猴和雞一起划船到終點。			
小小創作家	3.活動三 (1) 創作布偶劇：老師將十二生肖的布偶、皇帝布偶、土地公布偶、裁判布偶跟貓的布偶，平均分配給每一組，每一組會得四隻布偶，再請志工協助各組創作十二生肖不一樣的渡河方式，還有得到名次的原因。 ※老鼠和貓是好朋友，他們想到一起作滑翔翼要一起渡河，可是在飛行的途中，因為貓的體重太重，眼見就快要落水的時候，老鼠故事把貓推下滑翔翼，結果貓就跌到水裡，而老鼠也因為重心不穩，也要墜落，還好掉到正在游泳要到終點的牛身上，機靈的老鼠看到終點，	30	藉由志工的帶領，可創以作布偶劇。	能創作出不一樣的十二生肖的故事。

	馬上從牛的身上跳出來,就變成了第一名,而辛苦的牛就變成第二名。		
	※老虎本來自己就有快艇,可是因為他前一天和老虎小姐約會,開了快艇到處去玩,結果忘記要加油,眼見快要追上牛的時候,快艇居然熄火了,雖然他也很快,可就是差了一截,得了第三名。兔子找了烏龜一起渡河,他站在烏龜的背上,一開始還很順利,烏龜游得很快,沒想到一上岸的時候,烏龜就慢慢爬,兔子也不顧烏龜的慢動作,就一溜煙的跑到終點。龍本來可以很悠哉的得到第一名,可是前一天工作的太累睡過頭,只好坐著雲要渡河,雲有時後飄得很快,有時後又飄得很慢,於是就落後在兔子後面,得到了第五名。		
	※蛇本來有四隻腳,牠也很努力沿著河岸在跑步,可是因為牠的身體不大也跑不快,跑到終點時,牠的腳也都斷光了。馬本來就跑得很快,可是牠想要在快一點,於是牠就買了一雙直排輪,牠想這樣溜到終點,既不用費太多力氣,應該也能很快到終點,一開始牠也溜得很順,直到因為路上的小坑洞而跌倒,最後狼狽的跑到終點。羊聽說馬要溜直排輪,於是牠就想用滑板車,牠一路沿著河岸滑呀滑,就這樣滑到終點,可惜還是比馬慢了一點。		
	※猴子就沿著河邊的樹枝一路盪到終點,雞找了一個大臉盆,把臉盆當船在划,一路划到終點,而狗和豬約好要一起渡河,牠們想到用游泳的方式就好了,可是狗在岸邊等豬等了很久,都不見牠的蹤影,牠只好自己游,沒想到遇到和岸邊有好玩的東西,就這麼一玩忘記自己還在比賽,牠就邊玩邊遊到終點。最後豬到了,原來牠的早餐太豐富,一時吃		

	到忘記時間，等到牠想到要比賽時，他才想到要比賽，於是騎著摩托車到終點，可惜他還是得到了第十二名。 (2) 教師總結：老師看到小朋友和志工媽媽們都討論得很熱烈，你們所討論的劇情也都很有創意，現在要請你們各組上臺演出布偶劇，只要演出你們所討論的劇情就好了。			
我的布偶劇	4.活動四 上臺演出：演出各組所創作的故事內容。	30	能演出所創作的布偶劇。	能模仿志工運用布偶演出自己所創作的布偶劇。
回饋	(三) 綜合活動 1.活動一 心得分享：教師邀請各組院童討論最喜歡哪種動物的渡河方式以及還有其他渡河的方式可以提供給大家。 ※我們喜歡豬的渡河方式，因為騎摩托車很快很炫，很可惜牠太愛吃了。 ※我們喜歡龍的渡河方式，坐在雲上感覺很棒！說不定哪天牠可以搭直昇機。 ※我們喜歡馬溜直排輪，因為我們也很想要溜直排輪，希望碼下次可以穿一些裝備，這樣應該不會受傷。 ※我們喜歡老虎的渡河方式，牠有一艘快艇感覺很棒，說不地牠下次可以買油輪，大家就可以一起搭船了。 教師總結：小朋友今天老師看到你們用布偶劇排演了很有趣的十二生肖故事，內容都很有趣。老師從這邊也知道你們認識了不少的交通工具，這個聯想很好。我們的交通工具有很多，希望你們一邊在讀十二生肖的故事，除了認識十二生肖外，也可以從生活中多觀察及認識其他好玩的事物。	10	能夠表達內心感受。 主動學習改編故事並嘗試創作劇本。	能夠清楚表達。

表 6-4-2　《十二生肖的故事》布偶劇本

角色：旁白、玉皇大帝、土地公、貓、老鼠、牛、虎、兔、龍、蛇、馬、羊、猴、雞、狗、豬。

演出時間：30 分鐘。

演出形式：以手套偶呈現，有些角色可以請較大有意願的院童一起參與演出。

場景一			
角色	對話	動作	備註
旁白	很久很久以前，人們總是忘記自己出生在哪一年，也算不清自己究竟幾歲。因此，玉皇大帝想出了一個辦法。	無。	
玉皇大帝	每次都要記這麼難的出生年份，什麼民國一百年，又是西元 2011 年，又是辛亥年…… 我自己都快要搞不清楚了啦！ 如果可以用動物的名字記年份，那就太簡單啦！ 我得趕快把這點子告訴土地公！		
土地公	玉皇大帝，這麼晚還來找我，有什麼急事嗎？	出場。	
玉皇大帝	我剛剛在寫作業的時候，突然想到，如果我們用動物的名字記年份，不就變得簡單了嗎？不然我每次都搞錯。		
土地公	這麼多動物，要用哪些動物的名字呀？		
玉皇大帝	簡單呀！我們城外不是有一條又大又寬的大河，我們來辦一個渡河比賽，看哪幾隻動物最快渡河，就用他們的名字！		
土地公	好主意！我得趕快去貼告示了！	土地公和玉皇大帝退場。	
場景二			
雞	你聽說了嗎？		
兔	你是說城裡那張告示嗎？		
雞	對呀！你要不要去參加？		
兔	當然要呀！靠我這雙彈簧腿，一定可以得第一名的！	講完到旁邊繼續小聲談論。	
猴	我的身手矯健一定可以得第一！		
豬	可是……要渡河耶！你會游泳嗎？		

羊	怎麼辦！我也不會游泳！		
猴	到時候再說，說不定我們會找到辦法的！	講完到旁邊繼續小聲談論。	
虎	這次第一名非我莫屬啦！		
狗	要渡河！真是太好了！我最喜歡玩水了！老虎兄，你又不喜歡玩水，怎麼可以得第一名？		
虎	我可是全程裡最會游泳的哩！所以我一定會得第一名的啦！	講完到旁邊繼續小聲談論。	
旁白	這就樣，所有的動物一看到土地公的告示，都非常興奮的談論明天該如何比賽。 還有兩位好朋友老鼠和貓也決定要積極一點思考要如何贏得比賽。		
場景三			
老鼠	貓大哥，我們都不會游泳，要怎麼渡過那條大河？聽說那條大河又大，水又很急，我看我們一下去，一定就馬上被沖走了！該怎麼辦？		
貓	我想想喔……有了！我家隔壁住了一隻大黃牛，可是他很沒方向感，我看我們就找他背我們，我們在幫他指路，不就得了嗎！		
老鼠	好主意，站在他背上一定可以把路看得很清楚。我們趕快去找他吧！	說完，所有動物退場。	
旁白	就這樣，貓和老鼠就去找牛幫忙，牛立刻就答應了！		
場景四			
旁白	到了比賽當天，一大清早，公雞都還沒睡醒，老鼠、貓和牛就來到河邊。		
牛	來吧！趕快爬上我的背，準備渡河囉！	貓、老鼠爬到牛背上。	
貓	（打哈欠）好累喔！平常都沒那麼早起床，老鼠弟弟你先幫忙指路，我先睡一下喔！		
老鼠	（低語）厚！每天都在打瞌睡，現在是什麼時候了，還在睡。我指路指得這麼辛苦，我一定要得第一名！ 看我的厲害！把你推下去，我要躲到牛大哥的耳	說完便把貓推下牛的背，然後退到牛的後面	

	朵,免得我自己也掉下去。	出聲。	
老鼠	牛大哥,加油!我們就快到了!		
牛	呼!呼!呼!我好像看到終點了耶!	此時老鼠突然衝出來,衝向終點!	
玉皇大帝	老鼠第一名。		
牛	什麼?我游這麼辛苦,居然只得第二名!氣死我了!		
旁白	因為老鼠的投機取巧,讓牛非常生氣,從此就一直瞪著大眼睛。	説完在旁邊等待。。	
虎	呼!呼!呼!我應該是第一名吧!		
玉皇大帝	不!不!不!老虎,你是第三名。	接著兔、龍先後進場。	
玉皇大帝	兔子第四名、龍第五名。龍,你不是用飛的嗎?怎麼會這麼慢呀?		
龍	因為南方需要雨水,我先主持下雨典禮,所以趕不及呀!	講完兔、龍説完在旁邊等待。接著馬進場,蛇衝出來。	
馬	哀呦喂呀!好可怕的蛇!害我差一點跌倒!		
蛇	我的腳好痛喔～好像都斷了……		
旁白	雖然蛇得了第六名,可是因為他跑得太用力了,連腳都跑斷了,從此蛇再也沒有腳,而馬?因為被突然衝出的蛇嚇了一大跳,從此變得緊張兮兮的,變成了膽小鬼。	説完,羊、猴、雞乘著一塊大木頭進場。	
猴	你們看吧!不會游泳也沒關係,有一塊木頭就夠了!		
羊	我看到終點了!加油!		
雞	還是用力划吧!		
玉皇大帝	羊第八名!猴第九名!雞第十名!		
羊	怎麼到了終點眼睛都模模糊糊的呀!該不會是我看得太認真近視了吧?	説完在旁邊等待。	
猴	唉呀!我的屁股好痛喔!怎麼變得紅紅的呀!	説完在旁邊等待。	
雞	我腿被壓斷了啦!我只剩兩隻腳了!真是倒	説完在旁邊	

	楣……	等待，狗進場。	
狗	好久沒洗澡，趁機洗了澡，玉皇大帝我第幾名？		
玉皇大帝	你第十一名！第十二名到底是誰？	接著豬進場。	
豬	餓死我了！這裡有沒有東西吃？		
玉皇大帝	比賽結束！十二生肖出爐了！ 第一名是…… 第二名是…… 第三名是…… 第四名是…… 第五名是…… 第六名是…… 第七名是…… 第八名是…… 第九名是…… 第十名是…… 第十一名是…… 第十二名是……	各動物在被叫到的時候，表演者要舉起那隻動物手偶。說完，貓進場。	……意味可請觀眾（院童）一起回答。
貓	我第幾名呀？		
玉皇大帝	第十三名。		
貓	什麼！我沒有進十二生肖裡！可惡的老鼠！把我推下河！我絕對不饒你！	說完撲向老鼠。	
老鼠	救命呀！我只想得第一名呀！	逃跑樣。	
旁白	老鼠雖然得了第一名，可是從此每天都提心吊膽，怕貓找他報仇。直到今天，老鼠看到貓影子，就沒命的跑，連大白天都躲在洞裡不敢出來。		
布偶劇場結束			

二、以廣播劇為輔助的創意閱讀教學活動設計

表 6-4-3　教養院場域創意閱讀教學廣播劇活動設計

單元名稱	聲音好好玩	教學對象	三～十二歲（配合教養院院童年齡）
設計者	黃紹恩	學生人數	20 人（分四組）
時間	120 分鐘	場地	教養院
教材來源	主教材：賴馬（2004）《十二生肖的故事》 副教材：警察廣播電臺、流行音樂電臺		
教學資源	劇本、CD、CD 音響、麥克風、志工四位。		
教學目標	認識廣播及廣播劇。 演出《十二生肖的故事》廣播劇。 藉由廣播劇的演出學習聲音的表演藝術。		

教學活動名稱	教學活動內容	時間	教學具體目標	教學評量
個別提問	一、準備活動 教師：先將《十二生肖的故事》的內容作廣播劇本的呈現。如表 6-4-5《十二生肖的故事》廣播劇本。 二、發展活動 (一) 引起動機 1.活動一 教師提問： (1) 小朋友有沒有聽過廣播？聽過什麼廣播？ ※有，我聽過警察廣播電臺。 ※從來沒聽過廣播。 ※有，好像吃飯時間老師會放廣播，但是我不知道是什麼電臺。	10	能夠引起院童學習的興趣。	能清楚回答教師的提問。
認識廣播及廣播劇	2.活動二 聽廣播：教師拿出 CD 音響，播放廣播。（播放兩種電臺：一是警察廣播電臺；一是流行音樂臺）並請院童仔細聆聽，並要	30	能夠安靜聆聽廣播及廣播劇。	能分享廣播與廣播劇的不同。

	分享聽到什麼？			
	討論分享：			
	※我們聽到好聽的音樂，還有人在介紹音樂。還有在講那邊有車禍。			
	※我們聽到路況還有一些音樂。			
	廣播劇欣賞：播放自己所錄製的十二生肖的故事的廣播劇。並請院童就廣播和廣播劇作比較。			
	※這個廣播劇好像在廣播好像是每天都有不一樣的節目，會隨時間的不同有不同的改變。我們看到老師拿廣播劇的 CD 放給我們聽，這個廣播劇可以帶著走，像是可以帶著走的故事書。			
	※廣播節目好像是電視新聞一樣，只有一個人在報路況跟在介紹音樂，可是廣播劇可以聽到不一樣的聲音在講一個故事。			
	教師總結：你們說得都對，廣播和廣播劇最大的不同就是，廣播是有時間性的，也就是錯過這一段主持人的話，下一段就聽不到，可是廣播劇錄成 CD 後，就可以把故事帶著走，比較不受時間的限制。雖然今天是用錄製廣播劇的 CD 給你們聽，但是廣播劇也是可以現場演出的，這兩個媒體最大相同點就是利用聲音來作表演。			
我會讀劇本	(二) 廣播劇演出 1.活動一 廣播劇本研讀：教師將院童分組，每組院童年齡要差不多，一組至少要五～六人，然後請志工及教養院老師一起下去帶讀劇本。導讀方式，可分配角色給各組組員，輪流把劇本讀完，導讀者可提示要模擬剛剛的廣播劇裡角色的語氣，可反覆練習。(教師準備劇本表 6-4-4、麥克風等設備)	20	能夠了解廣播劇劇本的內容。	能夠研讀劇本並做練習。

小小廣播員	2.活動二 (1) 我是小小廣播員：請各組院童能夠根據表 6-4-4《十二生肖的故事》廣播劇本上臺表演廣播劇。	40	能夠上臺演出廣播劇。	演出十二生肖的故事的廣播劇。
說說看我的分享	(三) 綜合活動 1.活動一 心得分享：讓院童説説看演出廣播劇的感覺及感想，還有什麼故事是院童也想要作廣播劇的演出。 ※我覺得很好玩，原來聲音也有表情，也有生氣和開心的樣子。下次我想要廣播小紅帽的故事。 ※我也想要當廣播員，這樣這可以講故事給大家聽，我想要講三隻小豬的故事大家聽。 ※聽廣播劇很好玩，但是要很仔細聽，如果説話的人講話不清楚，我們就聽不到故事了。 教師總結：感謝小朋友的分享，剛才有小朋友説的沒錯，好的廣播劇，就是要能聽得清楚的故事內容，而且你可以從聲音當中聽得到劇情的發展還有主角的情緒。這也跟讓我們學習如何用語氣來表達情緒，這裡也希望小朋友可以多練習如何用聲音表達自己的情緒。	20	分享及表達對演出廣播劇後的感想。	能清楚表達對廣播劇的認識。

表 6-4-4　《十二生肖的故事》廣播劇本

劇中角色：旁白、玉皇大帝、土地公、貓、老鼠、牛、虎、兔、龍、蛇、馬、羊、猴、雞、狗、豬。		
時間：30 分鐘。		
場景一		
角色	**對話**	
旁白	很久很久以前，人們總是忘記自己出生在哪一年，也算不清自己究竟幾歲。因此，玉皇大帝想出了一個辦法。	

玉皇大帝	每次都要記這麼難的出生年份，什麼民國一百年，又是西元 2011 年，又是辛亥年…… 我自己都快要搞不清楚了啦！ 如果可以用動物的名字記年份，那就太簡單啦！ 我得趕快把這點子告訴土地公！
音效：敲門聲	
土地公	是誰呀？這麼晚還來找我。
玉皇大帝	是我，我是玉皇大帝。
土地公	是玉皇大帝呀！不好意思，這麼晚了！找我有什麼急事？
玉皇大帝	是這樣子的！我剛剛在寫作業的時候，突然想到，如果我們用動物的名字記年份，不就變得簡單了嗎？不然我每次都搞錯。
土地公	這麼多動物，要用哪些動物的名字呀？
玉皇大帝	簡單呀！我們城外不是有一條又大又寬的大河，我們來辦一個渡河比賽，看哪幾隻動物最快渡河，就用他們的名字！
土地公	好主意！我得趕快去貼告示了！
音效：餐廳的談話聲、音樂聲等。	
雞	兔子！兔子！你聽說了嗎？
兔	你是說城裡那張告示嗎？公雞先生。
雞	對呀！你要不要去參加？
兔	當然要呀！靠我這雙彈簧腿，一定可以得第一名的！
猴	說到我美猴王，什麼沒有！就是我的身手最矯健，我一定可以得第一！
豬	（豬叫聲）可是……要渡河耶！你會游泳嗎？
羊	怎麼辦！我也不會游泳！咩～（羊叫聲）
猴	到時候再說，說不定我們會找到辦法的！
虎	這次第一名非我莫屬啦！
狗	要渡河！真是太好了！我最喜歡玩水了！老虎兄，你又不喜歡玩水，怎麼可以得第一名？
虎	我可是全程裡最會游泳的哩！所以我一定會得第一名的啦！你這貪玩狗，還是去玩水就好了！
旁白	這就樣，所有的動物一看到土地公的告示，都非常興奮的談論明天該如何比賽。 還有兩位好朋友老鼠和貓也決定要積極一點思考要如何贏得比賽。
音效：笛子聲)演奏	
老鼠	貓大哥，我們都不會游泳，要怎麼渡過那條大河？聽說那條大河又大，水又很急，我看我們一下去，一定就馬上被沖走了！該怎麼辦？

貓	我想想喔……有了！我家隔壁住了一隻大黃牛，可是他很沒方向感，我看我們就找他背我們，我們再幫他指路，不就得了嗎！
老鼠	好主意，站在他背上一定可以把路看得很清楚。我們趕快去找他吧！
旁白	就這樣，貓和老鼠就去找牛幫忙，牛立刻就答應了！
音效：水流聲	
旁白	到了比賽當天，一大清早，公雞都還沒睡醒，老鼠、貓和牛就來到河邊。
牛	來吧！趕快爬上我的背，準備渡河囉！
貓	（打哈欠）好累喔！平常都沒那麼早起床，老鼠弟弟你先幫忙指路，我先睡一下喔！
老鼠	（低語）厚！每天都在打瞌睡，現在是什麼時候了，還在睡。我指路指得這麼辛苦，我一定要得第一名！ 看我的厲害！把你推下去。（音效：落水聲、貓的慘叫聲） 我要躲到牛大哥的耳朵，免得我自己也掉下去。
老鼠	牛大哥，加油！我們就快到了！
牛	呼！呼！呼！我好像看到終點了耶！
玉皇大帝	老鼠第一名。（音效：銅鑼聲） 牛第二名。
牛	什麼！我游這麼辛苦，居然只得第二名！氣死我了！
旁白	因為老鼠的投機取巧，讓牛非常生氣，從此就一直瞪著大眼睛。
虎	呼！呼！呼！我應該是第一名吧！
玉皇大帝	不！不！不！老虎，你是第三名。
玉皇大帝	兔子第四名、龍第五名。龍，你不是用飛的嗎？怎麼會這麼慢呀？
龍	因為南方需要雨水，我先主持下雨典禮，所以趕不及呀！
馬	（馬叫聲）哀呦喂呀！好可怕的蛇！害我差一點跌倒！
蛇	嘶～（蛇吐信的聲音）我的腳好痛喔～好像都斷了……
旁白	雖然蛇得了第六名，可是因為他跑得太用力了，連腳都跑斷了，從此蛇再也沒有腳，而馬？因為被突然衝出的蛇嚇了一大跳，從此變得緊張兮兮的，變成了膽小鬼。
猴	看我美猴王的厲害！誰說一定要會游泳，有一塊木頭就夠了！羊咩咩，老公雞，我們再用力划吧！
羊	（羊叫聲）我看到終點了！加油！
雞	嘿咻！嘿咻！嘿咻！
羊	我們到終點啦！

玉皇大帝	羊第八名！（音效：銅鑼聲） 猴第九名！（音效：銅鑼聲） 雞第十名！（音效：銅鑼聲）
羊	咦？怎麼到了終點眼睛都模模糊糊的呀！該不會是我看得太認真近視了吧？
猴	唉呀！我的屁股好痛喔！怎麼變得紅紅的呀！
雞	我腿被壓斷了啦！我只剩兩隻腳了！真是倒楣……
狗	好久沒洗澡，趁機洗了澡，玉皇大帝我第幾名？
玉皇大帝	你第十一名！（音效：銅鑼聲） 第十二名到底是誰？
音效：緊張刺激的懸疑聲。	
豬	（豬叫聲）餓死我了！這裡有沒有東西吃？
玉皇大帝	比賽結束！十二生肖出爐了！ 第一名是……鼠 第二名是……牛 第三名是……虎 第四名是……兔 第五名是……龍 第六名是……蛇 第七名是……馬 第八名是……羊 第九名是……猴 第十名是……雞 第十一名是……狗 第十二名是……豬
貓	呼！呼！呼！喵～我第幾名呀？
玉皇大帝	第十三名。
貓	什麼！我沒有進十二生肖裡！可惡的老鼠！把我推下河！我絕對不饒你！
老鼠	救命呀！我只想得第一名呀！
音效：追跑的聲音。	
旁白	十二生肖的故事講完囉！老鼠雖然得了第一名，可是從此每天都提心吊膽，怕貓找他報仇。直到今天，老鼠看到貓影子，就沒命的跑，連大白天都躲在洞裡不敢出來。
廣播劇場結束	

　　本章節的教學活動設計是以布偶劇和廣播劇為輔助的創意閱讀教學，在教養院場域裡，布偶劇可以激發兒童的好奇心，因此在布偶劇的活動設計裡，特別將動物要過河的橋斷獨立出來讓院童自行創作不同的過河方式，在此跟原本的故事有了製造差異的創意呈現；廣播劇可以訓練孩子聆聽和說話的能力，很適合教養院場域的院童的學習，在此設計裡，特別加入日常生活中廣播的聆聽，同時聆聽欣賞《十二生肖的故事》的廣播劇，從中讓院童了解廣播與廣播劇不同，之後讓院童練習廣播劇的演出。然而，這兩種活動設計裡，我特地選用同一本繪本，分別設計以布偶劇和廣播劇為輔助的創意閱讀教學，目的在於希望院童可以藉由不同方式去深入了解一本書。因此，在這也提供教學者同一教材如何製造差異設計出不同的教學活動。

第七章　志工培訓場域創意閱讀教學

第一節　志工培訓場域的特徵

　　政府力量有限，民間資源無窮。此乃意謂著政府任何一項公共事務的推動，如果沒有民間力量的協助支持，絕對不可能克竟事功；而民間資源的匯集唯賴志願服務的有效推廣。近年來，由於社會結構急遽轉型，民眾需求日益殷切；諸如幼兒托育、少年輔導、婦幼安全、老人照顧、障礙關懷、衛生保健、環境保護、生態保育、緊急救護、消防救難、交通安全、社會治安等議題均引起社會大眾高度重視與關心。面對這些與民眾生活息息相關的問題與衝擊，固有賴政府公權力的有效伸張，但倘若單憑政府的力量推動，沒有民間資源的密切配合，相信必將事倍功半，績效難顯。於是我們除了要有專職人員的全力以赴外，更要有熱心公益的志工朋友致力各種溫馨服務的提供，以人為的力量來扭轉社會變遷中的不幸，讓我們的生活環境在政府與民間的共同努力下，展現「時時有愛、處處溫情」的快樂人間。

　　「古早善人造橋鋪路、摩登好人志願服務」，這句話是中華民國志願服務協會於 1998 年舉辦「志願服務嘉句」徵句比賽，榮獲社會組第一名的一位社會青年所給的詮釋。（陳武雄，2004：1）這句話讓身在非營利組織工作的我特別有感觸，因為基金會所推展的業務有多半都是靠志工們熱忱的服務，才能讓業務順利推展，尤其是基金會的閱讀推廣活動。志願服務是民眾基於自由意志，秉持「甘願做、歡喜受」的理念，「以己之有餘、助人之不足」的一種崇高志業。也就是志願服務的重要使命，是要把愛送給需要愛的人，將

關懷送給需要關懷的同胞。2001 年為「國際志工年」，我國恭逢其盛公布施行「志願服務法」，這個法案不但明白褐示志工的權利義務，尤其更明文規定政府機關及運用單位應有的職責。

在國內志願服務的種類很多，有社區志工、環保志工、學校志工、醫院志工、故事志工……等等，但從 2001 年的志願服務法制訂後，明白規定從事志願服務的民眾，必先接受志工的基礎訓練和特殊訓練共 24 小時。因為這兩種訓練的教學內容為制式化教材，本章節以概述方式讓教學者明白，爾後將重點將放在志工的專業培訓上。在志工專業的培訓上，由於本研究所探討的是閱讀教學，所以會把培訓的重點放在如何培訓專業且有創意的故事志工上；其他領域的志工因不在本研究的範圍內，所以就暫且不談。但因為許多人對於志工的概念還不是很清楚，以致在此先從志願服務法著手，提出志工的概念，讓在志工培訓場域的教學者能夠更有效的掌握學生的特質。

一、志願服務法規

2001 年為「國際志工年」，我國於 2001 年 1 月 4 日經立法院三讀通過「志願服務法」，並於同年 1 月 20 日奉總統令公布；這個重要法案的制定，可以說是政府在「國際志工年」送給全體志工最佳、且最珍貴的禮物。（陳武雄，2004：2）以下為法案的內涵：

（一）總則

1.制定目的

志願服務法的制定是為整合社會人力資源，使願意投入志願服務工作的國民力量作最有效的運用，以發揚志願服務美德，促進社會各項建設及提升國民生活素質（第1條第 1 項）。

志願服務，依該法的規定。但其他法律另有規定者，從其規定（第1條第2項）。

2.適用範圍

志願服務法的適用範圍，以經主管機關或目的事業主管機關主辦或經其備查符合公眾利益的服務計畫為主（第2條第1項）。

前項所指的服務計畫不包括單純、偶發，基於家庭或友誼原因而執行的志願服務計畫。（第2條第2項）

3.名詞定義

志願服務法的名詞定義如下（第3條）：

(1)　志願服務：民眾出於自由意志，非基於個人義務或法律責任，秉誠心以知識、體能、勞力、經驗、技術、時間等貢獻社會，不以獲取報酬為目的，以提高公共事務效能及增進社會公益所為的各項輔助性服務。

(2)　志願服務者（以下簡稱志工）：對社會提出志願服務者。

(3)　志願服務運用單位：運用志工的機關、機構、學校、法人或經政府立案的團體。

（二）主管機關

1.主管機關及目的事業主管機關

(1)　志願服務法所稱主管機關，在中央為內政部，在直轄市為直轄市政府，在縣（市）為縣（市）政府（第4條第1項）。

(2)　志願服務法所定事項，涉及各目的事業主管機關職掌者，由各目的事業主管機關辦理（第4條第2項）。

2.各主管機關及各目的事業主管機關的權責

(1)　主管志工的權利、義務、召募、教育訓練、獎勵表揚、福利、保障宣導與申訴的規畫及辦理，其權責劃分如下（第 4 條第 3 項）：

　① 主管機關：主管從事社會福利服務、涉及兩個以上目的事業主管機關的服務工作協調及其綜合規畫事項。

　② 目的事業主管機關，凡主管相關社會服務、教育、輔導文化、科學、體育、消防救難、交通安全、環境保護、衛生保健、合作發展、經濟、研究、志工人力的開發、聯合活動的發展及志願服務的提升等公眾利益的機關。

(2)　應置專業人員：主管機關及目的事業主管機關應置專責人員辦理志願服務相關事宜，其人數得由各級政府及目的事業主管機關視其實際業務需要而訂定（第 5 條第 1 項前段）。

(3)　召開志願服務會報：為整合、規畫、研究、協調及開拓社會資源、創新社會服務項目相關事宜，得召開志願服務會報（第 5 條第 1 項後段）。

(4)　加強聯繫輔導及協助：對志願服務運用單位，應加強聯繫輔導，彼給予必要的協助（第 5 條第 2 項）。

（三）志願服務運用單位的職責

1.志工召募——志願服務計畫的公告

(1)　志願服務運用單位得自行或採聯合方式召募志工，召募時應將志願服務計畫公告（第 6 條第 1 項）。

(2)　集體從事志願服務的公、民營事業團體應與志願服務運用童價簽訂服務協議（第 6 條第 2 項）。

2. 志願服務計畫的辦理

(1)　志願服務運用者應依志願服務計畫運用志願服務人員（第 7 條第 1 項）。

(2)　前項志願服務計畫應包括志願服務人員的召募、訓練、管理、運用、輔導、考核及其服務項目（第 7 條第 2 項）。

(3)　志願服務運用者，應於運用前檢具志願服務計畫及立案登記證書影本送主管機關及該志願服務計畫目的事業主管機關備案；並應於運用結束後二個月內將志願服務計畫辦理情形函報主管機關及該志願服務計畫目的事業主管機關備查。其運用期間在二年以上者，應於年度結束後二個月內，將辦理情形函報主管機關及志願服務計畫目的事業主管機關備查（第 7 條第 3 項）。

(4)　志願服務運用者為各級政府機關、機構、公立學校或志願服務運用者的章程所載存立目的與志願服務相符者免於運用前申請備案。但應於年度結束後二個月內，將辦理情形函報主管機關及該志願服務計畫目的事業主管機關備查（第 7 條第 4 項）。

(5)　志願服務運用者未依上述(3)、(4)兩項規定辦理備案或備查時，志願服務計畫目的事業主管機關應不予經費補助，並作為志願服務績效考核的參據（第 7 條第 5 項）。

3. 志願服務計畫的核備

　　主管機關及志願服務計畫目的事業主管機關受理志願服務計畫備案時，其志願服務計畫與志願服務法或其他法令規定不符者，應即通知志願服務運用單位補正後，再行備案（第 8 條）。

4. 教育訓練的辦理

(1) 為提升志願服務工作品質，保障受服務者的權益，志願服務運用單位應對志工辦理下列訓練：①基礎訓練；②特殊訓練（第 9 條第 1 項）。

(2) 上項的基礎訓練課程由中央主管機關訂定。特殊訓練課程由各目的事業主管機關或各志願服務運用單位依其個別需求自行訂定（第 9 條第 2 項）。有關基礎訓練課程包括：①志願服務的內涵二小時；②志願服務倫理二小時；③自我了解及自我肯定、快樂志工就是我（二選一）二小時；④志願服務經驗分享二小時；⑤志願服務法規的認識二小時；⑥志願服務發展趨勢二小時。

5. 服務安全及衛生的確保

志願服務運用單位應依照志工的工作內容與特點，確保志工在符合安全及衛生的適當環境下進行服務（第 10 條）。

6. 服務資訊的提供及專責督導的指定

志願服務運用單位應提供志工必要的資訊，並指定專人負責志願服務的督導（第 11 條）。

7. 志願服務證及服務紀錄冊的發給

志願服務運用單位對其志工應發給志願服務證及服務紀錄冊。有關志願服務證及服務紀錄冊的管理辦法，由中央主管機關訂定（第 12 條）。有關「志願服務證及服務紀錄冊管理辦法」，內政部已於 2001 年 4 月 20 日，以內政部臺（2001）內中社字第 9074777 號函頒布實施。該管理辦法的重要規定為：

(1)　志工完成教育訓練者，志願服務運用單位應發給志願服務證及服務紀錄冊（管理辦法第 2 條）。

(2)　志願服務證及服務紀錄冊由志工使用及保管，不得轉借、冒用或不當使用有轉借、冒用或不當使用情事者，志願服務運用單位應予糾正並註記，其服務紀錄不予採計（管理辦法第 6 條）。

(3)　志願服務運用單位對不適任的志工，得收回服務證，並註銷證號（管理辦法第 10 條）。

(4)　目的事業主管機關得隨時抽檢志願服務證及服務紀錄冊的使用晴形。（管理辦法第 12 條）。

8. 服務限制

必須具專門執業證照的工作，應由具證照的志工擔任（第 13 條）。

（四）志工的權利及義務

1. 志工的權利

志工應有以下的權利（第 14 條）：

(1)　接受足以擔任所從事工作的教育訓練。

(2)　一視同仁，尊重其自由、尊嚴、隱私及信仰。

(3)　依據工作的性質與特點，確保在適當的安全與衛生條件下從事工作。

(4)　獲得從事服務的完整資訊。

(5)　參與所從事的志願服務計畫的擬訂、設計、執行及評估。

2. 志工的義務

志工應有以下的義務（第 15 條第 1 項）：

(1)　遵守倫理守則的規定。

(2) 遵守志願服務運用單位訂定的規章。

(3) 參與志願服務運用單位所提供的教育訓練。

(4) 妥善使用志工服務證。

(5) 服務時，應尊重受服務者的權利。

(6) 對因服務而取得或獲知的訊息，保守秘密。

(7) 拒絕向受服務者收取報酬。

(8) 妥善保管志願服務運用單位所提供的可利用資源。

　　前述所規定的倫理守則，由中央主管機關會商有關機關訂定（第 15 條第 2 項）。「志工倫理守則」內政部已於 2001 年 4 月 24 日，以內政部臺（2001）內中社字第 9074750 號函頒布實施。

（五）促進志願服務的措施

1. 志工的保險

　　志願服務運用單位應為志工辦理意外事故保險，必要時並得補助交通、誤餐及特殊保險等經費（第 16 條）。

2. 志願服務績效證明書的發給

(1) 志願服務運用單位對於參與服務成績優良的志工，因升學、進修、就業或其他原因需志願服務績效證明者，得發給服務績效證明書（第 17 條第 1 項）。

(2) 上項服務績效的認證及證明書格式，由中央主管機關召集各目的事業主管機關及直轄市、縣（市）政府會商處理（第 17 條第 2 項）。關於此項，內政部已於 2001 年 4 月 24 四日，以內政部臺（2001）內中社字第 9074750 號函頒布實施「志工服務績效認證及志願服務績效證明書發給作業規定」。依該規定第三點，志工服務年資滿 1 年，服務時數達 150 小時以上者，始得向志願服務運用單位申請認證服務績效及發給志願服務績效證明書。

(3)　另該規定第六點，志工持志願服務績效證明書申請升學、就業、服相關兵役替代役或其他目的者，應依相關目的事業主管機關法令規定辦理。

3.資源的使用

各目的事業中管機關得視業務需要，將汰舊的車輛、器材及設備無償撥交相關志願服務運用單位使用；車輛得供有關志願服務運用單位供公共安全及公共衛生使用（第 18 條）。

4.績效評鑑與獎勵

(1)　志願服務運用單位應定期考核志願服務者個人及團隊的服務績效（第 19 條第 1 項）。

(2)　主管機關及目的事業主管機關得就前項服務績效特優者選拔楷模給予獎勵（第 19 條第 2 項）。

(3)　主管機關及目的事業主管機關應對推展志願服務的機關及志願服務運用單位定期辦理志願服務評鑑（第 19 條第 3 項）。

(4)　主管機關及目的事業主管機關得對上項評鑑成績優良者予以獎勵（第 19 條第 4 項）。

(5)　志願服務表現優良者，應給予獎勵，並得列入升學、就業的部分成績（第 19 條第 5 項）。惟申請列入升學、就業的部分成績，應依相關目的事業主管機關規定辦理（獎勵辦法第 7 條）。

(6)　上項獎勵辦法由各級主管機關及各目的事業主管機關分別訂定（第 19 條第 6 項）。內政部已於 2001 年 6 月 21 日函頒實施「志願服務獎勵辦法」。志工從事志願服務工作，服務時數三千小時以上，持有志願服務績效證明書者，始可申請獎勵（獎勵辦法第 2 條）；其獎勵的等次如下〈獎勵辦法第 5 條〉：
①　服務時數三千小時以上，頒授志願服務績優銅牌獎及得獎證書。

② 服務時數五千小時以上，頒授志願服務績優銀牌獎及得獎證書。

③ 服務時數八千小時以上，頒授志願服務績優金牌獎及得獎證書。

5.志願服務榮譽卡的核發

(1) 志工的服務年資滿三年，服務時數達三百小時以上者，得檢具證明文件向地方主管機關申請核發志願服務榮譽卡（第20條第1項）。關於此項。內政部已於 2001 年 4 月 24 四日，以內政部臺（2001）內中社字第 9074750 號函頒實施「志工申請志願服務榮譽卡作業規定」。依該規定第三點，志願服務榮譽卡使用期限為三年，期限屆滿後，志工得檢具相關文件重新申請，惟重新申請時，其服務年資及服務時數不得重複計算（作業規定第 3 點）。又申請志願服務榮譽卡應檢具：①一吋半身照片二張；②服務紀錄冊影本；③相關證明文件（作業規定第 2 點）。

(2) 志工進入收費的公立風景區、未編定座次的康樂場所及文教設施，憑志願服務榮譽卡得以免費（第 20 條第 2 項）。

6.優先服兵役替代役

從事志願服務工作績效優良並經認證的志工，得優先服相關兵役替代役，其辦法由中央主管機關訂定（第 21 條）。

（六）志願服務的法律責任——過失行為的處理

(1) 志工依志願服務運用單位的指示進行志願服務時，因故意或過失不法侵害他人權利者，由志願服務運用單位負損害賠償責任（第 22 條第 1 項）。

(2)　上項情形，志工有故意或重大過失時，賠償的志願服務運用單位對他們有求償權（第 22 條第 2 項）。

（七）經費──經費編列與運用

主管機關、志願服務計畫目的事業主管機關及志願服務運用單位應編列預算或結合社會資源，辦理推動志願服務（第 23 條）。

（八）附則

1.派遣前往國外服務的志工適用本法的規定

志願服務運用單位派遣志工前往國外從事志願工作，其志願服務計畫經主管機關及目的事業主管機關備查者，適用志願服務法的規定（第 24 條）。

2.施行日期

志願服務法自公布日施行（第 25 條）。

回顧過去，志願服務在我國雖然自古已有，但真正由政府著手介入，主導規畫，應源自臺灣省政府社會處於 1982 年先後訂定「臺灣省推行志願服務實施原則」及「臺灣省加強推行志願服務實施方案」；接著臺北市政府社會局也於 1984 年訂定「臺北市政府社會局推展志願服務實施原則」，後於 1993 年修正訂頒「臺北市政府推展志願服務實施要點」；而高雄市政府社會局在 1984 年也陸續訂定「高雄市政府社會局志願服務人員管理要點」及「高雄市政府社會局志願服務團組織要點」。另內政部社會司為鼓勵志工持續參與志願服務工作，又在 1989 年訂定「志願服務記錄證登錄暨使用要點」，使每位志工參與服務的時數得以確實逐一登錄，以供獎勵表揚的參據。且為使志願服務能在有步驟、有方法、有目標、有效益的完善制度下逐步擴大推展，更於 1995 年頒布實施「祥和計畫」，

從此志願服務乃日漸蓬勃發展，發揚深耕。至於民間開始有組織、有計畫地配合政府推展志願服務，開啟非政府組織積極投入志願服務工作的善良風尚，則應歸功於 1982 年 8 月「臺北市志願服務協會」成立後。（陳武雄，2004：2～20）

　　志願服務法第 4 條特別規定，政府機關應主管志工教育訓練的規畫及辦理；第 9 條更規定，志願服務運用單位應對志工辦理教育訓練；且第 14 條也規定，志工應有接受足以擔任所從事工作的教育訓練的權利；另第 15 條又規定，參與志願服務運用單位所提供的教育訓練也是志工的義務。由此足以看出，教育訓練對志工參與志願服務的重要性及必要性，因為教育訓練是溝通觀念、分享經驗、激發問題、修正態度、發展技巧及導引服務方向、提升服務品質的最佳途徑。（陳武雄，2004：3）在我所服務的領域裡，更需要有專業能力的志工。然而，有很多志工因為所受的訓練不夠多或是其他因素，導致志工們在服務的場域內受挫而感到灰心，因此放棄了志願服務。推廣閱讀活動是一件美好的事，而不只在我所服務的領域內見到類似的狀況，更在其他相關的場域如學校場域、故事屋場域等，看到志工媽媽因為經驗不足、還未接受過訓練就上場，而讓受服務者感到不適。因此，運用志工的單位對於志工的教育訓練必須是要以嚴肅的心情去看待。還有一個例子是在學校場域中會常常發生的事件：家長基於對子女的關心，會常常到班上關心孩子，因此，班級老師也順理成章邀請家長到班上當志工，但是因為老師跟家長根本就不明白志願服務的意涵，常常在老師及家長之間造成誤會。而讓我覺得更奇特的例子是，有些志工還未經過訓練就貿然當起閱讀課的老師，造成教學上的混淆。這其實是運用單位（也就是學校）的責任。也因此，我才會花很多篇幅來闡述志願服務法的內涵，實則是因為我看到很多學校有濫用志工的情況。

二、在閱讀領域的志工

（一）故事志工的定義

　　從 2001 年 1 月 20 日華總一義字第 9000011840 號令公布的志工服務法第三條對於志工的定義：民眾出於自由意志，非基於個人義務或法律責任，秉誠心以知識、體能、勞力、經驗、技術、時間等貢獻社會，不以獲取報酬為目的，以提高公共事務效能及增進社會公益所為的各項輔助性服務為志願服務。而對社會提出志願服務的個人稱為志願服務者，並簡稱為志工。其志願服務運用單位包含運用志工的機關、機構、學校、法人或經政府立案團體志願工作者，簡稱志工；或稱義務工作人員，簡稱義工，二者都由英文 volunteer 翻譯而來。volunteer 原意是不付薪（without being paid）提供特別任務或工作者是未被強迫的。（黃翠蓮，1999）而在陳珮甄（2004）研究指出義工團體的定義為「一群依其自由意願與興趣，有熱忱願付出、不求私人財利回報，以具體的行動參與、投入社會服務活動，所作所為都配合社會需要的人所組成的團體」。陳佩甄（2004）更指出 2000 年的全國兒童閱讀年將「故事媽媽」、「說故事義工」的培訓風潮帶向高峰。「故事義工」與「故事志工」，二者指的都是參與、推廣「說故事」活動的民眾。近年來隨著社會進步，志願服務的發展已成趨勢，因此參與故事媽媽誰動的臺東故事協會的總幹事盧彥芬及毛毛蟲基金會的張憲仁也表示未來將使用「故事志工」取代「故事媽媽」。（許霞君，2009：7～9）在本研究中的志工培訓場域裡的志工，就以「故事志工」為名。

　　根據臺中市故事協會所稱（臺中市故事協會，2007），故事志工是一群關心孩子的大人們，一起為孩子說故事，讓孩子主動在故事中探索，開發並學習合作忍考，也讓大人學習以開放的態度，傾

聽孩子的心聲，引領樂趣無窮的思考與討論的人群。賴添發（2003）
則對故事志工定義為：由一群樂於從事說故事服務，有意推廣說故
事活動，不領酬勞，依其自由意願加入，利用空閒時間或配合團內
活動，到學校、社區說故事給學生聽的家長或社區人士組成的團
體。綜合上述看法，故事志工團體係指一群關心孩子的志願服務
者，一起為孩子說故事，傾聽孩子的心聲，讓孩子主動在故事中探
索，開發並學習合作思考，也讓自己學習以開放的態度，引領樂趣
無窮的思考與討論的團體。（許霞君，2009：7～9）在我所服務的
基金會內的志工們所從事的服務主要為：為孩童說故事、故事延伸
活動帶領以及說演故事活動。說故事是閱讀教學其中一個類型，也
是最好入門的一個教學技巧。因此，為充實故事志工的專業知識，
民間有許多團體也分辦起說故事培訓，而我所服務的基金會也辦理
故事志工的培訓事宜。

（二）故事志工參與服務的主要動機

　　動機是引起並維持個體從事某一活動的內在原因，它會因個人
的需求或驅力的不同而改變。而影響行為動機的因素，包括個人的
人格特質（如對學業、運動或社會活動有興趣者，其喜歡閱讀、運
動與社會活動的行為動機較強）、活動本身的內在特質（如活動本
身具有的知性、感性、趣味性較能激發個體學習的動機）與其他（如
他人的鼓舞）等。因此，個人追求自我成長的內在人格特質、故事
志工工作的活動本身的意義性與其他足以鼓舞其參與活動的外在
因素，都可能是引發故事志工參與服務的動機。（許霞君，2009：
11）許霞君（2009）指出故事志工參與的動機包括：家庭與子女、
自我實現、逃避或刺激、求知興趣、職業進展、社會服務、外界期
望、社交關係。在故事志工參與服務的心境是自主、自助、自願的，
其角色是很自由的。其心路歷程可分為三個部分，包括「旁觀期」、
「成長期」及「蛻變期」。其參與服務的滿意情形，端看是否獲得

自我成長、課程活動是否符合她的預期、家人對其從事故事義工服務是否給予支持、團體凝聚力的強弱、團員間是否有濃厚的情誼，及是否認同說故事的理念及故事團的目標。另外推動志工制度，除應包含招募、培訓、督導、獎勵四大行動方案，故事志工組長的選擇和學校行政的配合也是應涵括的要素。故事志工團體的運作，除須了解故事志工參與服務的歷程外，良好的故事志工團體在其發展歷程中，應透過組織制度化，並結合各項人力、物力、社會資源與參與者個體的需求，有計畫地進行活動，始能發揮該組織的功效。因此，熱誠的承辦人、周詳的工作計畫、參與者的培訓、良好的課程設計等等，均是故事志工團體運作的重要指標。（許霞君，2009：32）以我對所服務的基金會內的志工觀察來說，剛開始故事志工是抱著和孩子一起學習的心態來接觸說故事活動，到真正從事說故事服務的時候，已漸漸感受到服務後帶來的成就感；而在基金會的培訓下，更能勇敢踏出家庭外，一起跟基金會到偏遠地區的小學作說故事的服務。而跟故事志工們的聊天中，也可得知能服務弱勢為社會貢獻力量，也是她們所期望樂見的美事。因此，在志工培訓場域內，特別也要考慮到故事志工的動機需求及心境上的轉變，才能做好專業的培訓事宜。

三、志工培訓的內容

近年來，全臺各地有許多故事協會、故事團體相繼成立，在地方上為推廣說故事活動、兒童閱讀而努力。而民間各基金會、兒童劇團也都辦理相當多深耕活動，如信誼基金會的小袋鼠說故事劇團，也有舉辦說故事的相關活動（這在第五章第一節內已提及，在此不再詳述）。此外，各縣市的圖書館、文化局、家庭教育中心等單位，也應各自的需求，設計相關的故事志工培訓課程與舉辦各式各樣的活動。（許霞君，2009：12）然而，先前曾提及，志工培訓

應從基本開始做起，也就是身為一位志工該有的訓練會是哪些。我想這裡就先介紹志工祥和計畫的教育訓練，後再介紹相關的故事志工培訓課程的內容。

（一）志工祥和計畫的教育訓練

訓練是一個持續不斷的傳意過程，藉此過程能夠提供可資接受的意念和發展技巧的機會，這些意念和機會是由一個人（傳授者）和其他人（參訓者）共同分享，有時候老師也可從學員中學習。也就是說，辦理志工訓練可了解志工的動機、觀念、態度、抱負、技巧和潛能；志工訓練最重要的任務，就是希望經由訓練激發問題，進而帶領志工汲取經驗和告訴志工如何去做。（陳武雄，2004：74）志工訓練的重要目標，就是要讓志工深切體會他們所學的課程內容和他們所要做的服務工作息息相關。陳武雄（2004）指出志工訓練應該要達到下列的重要目標：

1.增強認知

辦理志工訓練，在認知階段首先應讓志工體認：志願服務的意義與價值、參與志願服務應抱持的觀念與態度、志願服務的精神、志願服務的工作內容為何，進而激發志工抒展志願服務的抱負，實踐志願服務的理想，誠心誠意、有守有為，矢志為志願服務奉獻心力。

2.傳授知識

知識乃真實的訊息。志工參與服務工作雖然熱心有餘，但所需具備的相關理念與資訊大都相當缺乏。如無透過有效的訓練，傳授必要的知識，則志工的參與必僅限於聊具形式；非但對於機構業務的推展於事無補，同時也必促使志工參與的興趣遞減而提早掛冠求去。

3.引導方法

助人講方法，服務要技巧。為使志願服務工作日益成長茁壯，蓬勃發展，如何應用教育訓練，培養及引導志工的助人方法與服務技巧，乃是弘揚志願服務功能不可或缺的要素。至於教育訓練除了理念認知的課程內容外，透過經驗分享、績效觀摩或書刊選讀讓志工效仿、學習，也是可行的良好途徑。

4.協助選擇

參與志願服務不能僅是一窩蜂式或隨喜式的勉強應付，也非單靠具有利他、慈善的意念與愛心；最重要的是參與者要能真正體認志願服務的價值所在，而作明智的抉擇。經由教育訓練的啟發，應可協助志工審慎選擇是否真心參與志願服務。

5.賦予任務

如果志工經過一連串的訓練課程後，才發現無事可做，應是推展志願服務最為失敗的事情。根據一般經驗，志工雖然誠心參與，但如無事可做，或無適性的工作可做，甚至不知道該做些什麼，這是導致志工高流動率或高流失率的主因。志工訓練的重要目標之一，就是應該經由訓練課程，明確告知志工應有的角色及任務，進而要求志工務須克盡職責，圓滿完成機構賦予的任務。

6.修正態度

態度是個人透過生活經驗，對一事物的理性認知、好惡情感及行動傾向。在機構中，志工的態度會影響志工的工作行為，而這個工作行為應包括志工的機構認同、工作投入與工作滿足。志工原本投入志願服務行列完全僅憑一顆赤誠的心，但參與後態度的轉變為何，則有賴教育訓練加以注意及修正，以期所有的志工均能秉持誠懇的態度，持續參與，誠心奉獻。

7.增添自信

志願服務固然要以愛心為起點，但更重要的是應以信心達致效果。志願服務是一種助人利他的工作，面對大部分均是急難待助或徬徨苦悶的人，他們急切需要的乃是生命的活力；在此情況下，志工務須充滿信心，義無反顧地發揮一己力量，並結合社會資源全力協助。因此，志工訓練的目標，務須關注到如何藉由各種知識的傳授及方法的增強，增添志工自信，使其勇於面對問題，克服困難。

8.加強溝通

溝通是人與人間意見交換、訊息傳達的過程，透過溝通可能達到每個人均有共同認知、欲望與態度。「溝通是組織的生命」，辦理志工訓練務須激發志工建立這個共同體認，俾使志工參與服務工作後，能與機構的專職人員加強溝通，精進工作協調，共同朝向機構的目標，和衷共濟，致力服務，進而開拓服務範疇，提升工作績效。

了解志工教育訓練的目標後，對於志工教育訓練的內容，在1995.6.28 臺（1995）內社字第 8477421 號函頒布的〈廣結志工拓展社會福利工作──祥和計畫〉中有明確指示：

1. 基礎訓練：以結合志工新秀、灌輸志願服務理念為主；由志願服務運用單位安排所屬新進志工參加；訓練期滿，發給結業證明書。課程內容包括：
   (1) 志願服務的內涵二小時。
   (2) 志願服務倫理二小時。
   (3) ①自我了解及自我肯定。
       ②快樂志工就是我。
          以上二種課程二選一，共二小時。
   (4) 志願服務經驗分享二小時。
   (5) 志願服務法規的認識二小時。

(6) 志願服務發展趨勢二小時。

以上共計十二小時。

2. 特殊訓練：以強化志工專業知能，熟悉工作環境為主。由志
　　願服務運用單位安排曾經接受基礎訓練的志工參加；訓練期
　　滿後，發給結業證明書。課程內容包括：

(1) 社會福利概述二小時。

(2) 社會資源及志願服務二小時。

(3) ①人際關係。
　　②說話藝術。
　　③團康活動。
　　　　以上課程三選一，共二小時。

(4) 志願服務運用單位業務簡介二小時。

(5) 志願服務工作內容說明及實習二小時。

(6) 綜合討論——集思廣益論方法二小時。

以上共計十二小時。志願服務工作內容說明及實習時數，得由
志願服務運用單位依實際需要予以延長。成績優良者，發給結業證
明書。

3. 成長訓練：以結合資深志工，精進志工知能為主。參與志願
　　服務一年以上，且曾參加基礎訓練、特殊訓練，並持有結業
　　證明書者，由志願服務運用單位推薦參加；訓練期滿後，經
　　考評及格，發給結業證明書。課程內容包括：

(1) 志願服務的方法及技巧二小時。

(2) 社會資源的結合及運用二小時。

(3) 志工團隊的統合及協調二小時。

(4) 志工團體的運作及成長二小時。

(5) 雙向溝通二小時。

(6) 活動及方案設計二小時。

(7) 團康技巧二小時。

(8) 溝通技巧二小時。

(9) 綜合討論——縝密思考研方案二小時。

以上共計十八小時。

4. 領導訓練：以培訓志工幹部為主；參與志願服務三年以上，
   且曾參加成長訓練，並持有結業證明書者，由志願服務運用
   單位推薦參加；訓練期滿後，經考評及格，發給結業證明
   書。課程內容包括：

(1) 領導志工的原則及技巧二小時。

(2) 志工及志工督導之心理調適二小時。

(3) 非營利組織概述二小時。

(4) 志願服務及社會需求二小時。

(5) 民主素養及志工團體二小時。

(6) 如何塑造志願服務文化二小時。

(7) 領導藝術二小時。

(8) 即席演講二小時。

(9) 綜合討論——精益求精創新猷二小時。

以上共計十八小時。

　　祥和計畫中的志工教育訓練所規定的內容雖然在理論上對志
願服務工作應該有所幫助。以我為例，已經受過以上所有的志工教
育訓練，但是我上完課的感受是舉辦單位流於形式。雖然上課內容
為制式化課程，但是往往由於講師的授課態度、方法技巧等，造成
受訓的志工感覺到課程的無趣。在我所上課的情境中，就看到有許
多學員在做自己的事或是打瞌睡，這很難想像要如何達成志工訓練
的目標。由於本章節是在研究志工培訓場域的創意閱讀教學，也就
是要探討如何培訓故事志工，因此有關志願服務法規中的志工教育
訓練後的成效就不另外敘述。

（二）相關的故事志工培訓

　　教育部為提倡兒童閱讀運動，訂定「全國兒童閱讀運動實施計畫」，自 2001 年度至 2003 年度，推動為期 3 年的「全國兒童閱讀計畫」。該計畫主要的工作目的，包括充實學校圖書資源、營造良好的閱讀環境、培訓師資、補助民間公益團體及地方政府辦理相關活動等。（教育部，2008）因此，在此期間，民間基金會、各說故事協會及故事團體都紛紛為故事志工辦理故事培訓。以下就以最早辦理故事培訓的毛毛蟲兒童哲學基金會為例。

　　盧彥芬在 2004 年〈故事媽媽照鏡子〉中指出，1997 年到 2001年故事媽媽培訓課程，在文建會經費補助之下，由毛毛蟲承辦的「書香滿寶島──故事媽媽培訓」。1997 年到 1999 年在板橋、三重及中和三地，各培訓 40 位故事媽媽。新竹、泰山，各培訓 60 位故事媽媽，培訓課程九個月，總時數約 62 小時。1999 年到 2001 年在臺南、花蓮、臺中、高雄也各培訓 60 位故事媽媽，但因經費減縮，課程稍做調整成 37 堂課（基礎課程 21 堂、實習課程 10 次、探索團體演練 6 次），但其主架構並不變。課程分為三個階段：

　　第一階段基礎課程：包括兒童文學、說故事、社區經營及自我定位（每週上課 2 次共 10 週）。針對學員心理及觀念的成長、社區意識等相關課程，並在說故事外增加故事周邊活動設計課程，培養學員創造及活動力。

　　第二階段實作與討論：深入故事內容討論並實作示範（每週上課 1 次共 6 週）。使每位學員有機會充分了解故事內涵，挑選故事再閱讀、欣賞及理解後，如何將它說出來，並和孩子一同討論。

　　第三階段試教與討論：學員分六組實習，每組每週實習 1～2次。由講師實際個別指導，試教期間每月團體座談一次（每週個別實習、每月團體上課）。讓學員在習得理論後，能在專業講師的指導下，修正自己的理念與實際操作之間的距離。

　　為期九個月的故事媽媽研習課程，設計得相當紮實，兼具理論與實務，讓學員能作長時間理念及實務上的養成。從認識兒童文學、故事與圖畫書的欣賞開始，進入說故事的技巧與故事多元的呈現；而更可貴的是對社區經營的分享與女性自我定位及成長。讓即將投入服務的故事媽媽重新定位自我的角色，及如何有效整合運用社區資源，協助故事媽媽經營社區。接著第二階段進入兒童哲學的合作思考，實際挑選故事及說故事，再就其故事帶領學員進行故事的分析與討論。緊接著第三階段說故事的實習，課程結束後學員開始到社區或學校說故事給孩子聽。毛毛蟲基金會再安排觀察員前往觀察並針對說故事情形與學員共同進行討論，讓學員學以致用。在運用的過程中，仍有人隨時陪伴提醒改進缺點，讓學習達到最大效能。最後是綜合座談，談談參與長期培訓的酸甜苦辣。這樣的研習課程是相當紮實的，也是考驗一個人的耐力與恆心最佳機會。八、九個月的培訓其實不算短，只有真正的引發興趣與被需要才能持久。（盧彥芬，2004：42～43）在 2002 年故事媽媽培訓課程內容加以修正，並另規畫有兒童讀書會帶領人培訓課程：

　　1.故事媽媽培訓課程

(1)　課程：12 堂，包括故事園經營、說故事技巧、故事的思考與討論、故事團的經營等。

(2)　說故事實習：3 堂。

　　2.兒童讀書會帶領人培訓課程

(1)　課程：11 堂，包括讀書會的目的、功能與形式、團體探索的建立與經營、海報法與討論、延伸活動設計、討論技巧、實務演練等。

(2)　帶領示範：4 堂。

其實在 2002 年的課程大幅改變，最主要的原因有兩點：第一，是因為文建會對故事媽媽培訓的專案補助經費已逐年減少，而做完高雄後也就停止補助了。接下來的幾乎都是各地的校園或文化機關辦理相關的培訓課程，而其經費通常較少，因此短期的培訓課程因應而生。第二，是因為課程長久以來的使用也需換換口味，但其主要的架構仍沒多大的改變。雖是如此，因時間短所學有限，許多課程也只能蜻蜓點水的帶過，甚感惋惜。不過，對於有心學習的婦女來說，激發其興趣了，自然會積極的再尋求學習的管道；師父領進門修行在個人，只是在於自己願不願意再學習罷了。（盧彥芬，2004：44～45）由此看來，經費對於故事志工的培訓佔有相當大的因素，財團法人黃烈火社會福利基金會從 2004 年也開始故事志工的培訓。由於基金會的經費來源比民間協會團體來得穩定，因此到 2011 年仍持續舉辦故事培訓：一年舉辦兩期基礎的說故事培訓，一期為 12 小時，以及每月辦理 2 小時的繪本讀書會（進階說故事培訓）。所邀請的講師大多是早期也有參與毛毛蟲兒童哲學基金會故事志工培訓的講師；另外也邀請出版兒童讀物的總編輯及以及兒童文學作家一起來談兒童讀物的賞析。總括來說，基金會所辦理的培訓班雖然時數較短，但是期望能以堅強的師資來為故事志工培訓注入新的活力。此外，也有不少的團體也搭著推廣閱讀的風潮，舉辦故事戲劇志工的培訓，如財團法人研華文教基金會所舉辦的多元活潑教學故事戲劇志工初階研習培訓課程及進階課程，各 30 小時的培訓課程。但所用的講師為研華基金會的戲劇志工講師，而費用採一半保證金、一半材料費來收費。雖然如此，去參加培訓的志工也為數不少。

故事志工要能活躍於說故事的場域中，必先接受許多的教育訓練，諸如志工的基礎訓練和特殊訓練以及說故事培訓等等。以我陪伴志工接受各種教育訓練的經驗來看，由於志工的基礎和特殊訓練是必備的訓練，而且課程內容多為制式化課程，所以講師的職責就

是要把沈悶的法規條例變得更平易近人。然而，在專業的培訓課程上，雖然每次的培訓是不同的志工，但仍會有志工會重複上這些培訓課程，因此在講師的課程上常常會應對新舊不一的學員，如何講得有新意，就全憑講師的創意。例如幾個幾乎和我一起在基金會服務的志工，他們大都參加過我所辦理的故事培訓，我很欣慰的是每次的培訓都可以帶給他們一些新意，及用不同類型的講師，但是講師們所講的內容其實都大同小異。這也是我所面臨的困擾，因為我期望每次的培訓課程都能真正開創志工們無限的創意在說故事上，這也促成了我將志工培訓場域列入場域創意閱讀教學中。

第二節　志工培訓場域半全面性的創意閱讀教學

在志工培訓場域中，由於志工培訓後就是要直接對孩童進行閱讀教學，因此專業的培訓課程是故事志工所需要的。然而，志工的教育訓練不只有志工法規上所規定的志工基礎訓練以及志工特殊訓練。當志工受完這些基本訓練後就會投入自己所希望從事服務的領域，其中在閱讀領域裡最常見的就是說故事志工，所以本研究所要研究的重點在說故事培訓這領域。依上節志工培訓場域的特徵來看，這類志工大多所服務的場域為學校場域以及故事屋場域；此外，在我所服務的黃烈火社會福利基金會裡，還有一項服務是到教養院場域說故事。由此可見，志工經過培訓後，也將是一位閱讀教學者。但是和學校教師不同的是，志工所要面對的場域比學校教師更多元，當然所接受的培訓也必須要能更靈活運用。但也因為在這場域的志工並非像學校場域中的孩童，能夠長期在固定的場合接受閱讀教學，因此半全面性的創意閱讀教學最適合志工培訓場域。又故事志工培訓後多以說故事為主，因此以說演故事為輔助作為創意閱讀教學，此將在下一節作詳述。

　　所謂半全面性的創意閱讀教學，目的在於培訓出能將創意閱讀教學靈活應用的故事志工。在第四章中已說明如何在學校場域全面性開展，其全面性的創意閱讀教學定義為包含「無中生有」的閱讀教學以及「製造差異」的閱讀教學，而其全面性也涵蓋教學法的創新、教學內容的創新以及教出有創意的學生（詳見第四章第二節）；而在此的半全面性也以創意為基礎，而志工培訓場域的創意閱讀教學與其他場域的相關圖如下：

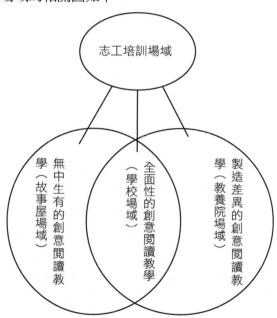

圖 7-2-1　半面性的創意閱讀教學相關圖

　　因為志工所服務的場域有別，因此在培訓相關志工時，必須施以半全面性的創意閱讀教學，也就是在教學過程中只強調無中生有的創意閱讀教學，或是只強調製造差異的創意閱讀教學，就可以培訓出故事屋場域以及教養院場域的志工。至於學校場域的志工方面，因學校場域以施予全面性的創意閱讀教學，志工在從事服務

時，可擇一創意和學校創意閱讀教學靈活使用。創意作品無限多，因此本章節不妨再多談一些創意作品以供教學者參考。由於知識性、規範性及審美性的定義已於第四章第二節中作了詳盡解釋，在此便略過不再重複，直接以例子來作說明。

一、知識性的無中生有與製造差異

在此以〈我想發明智能書包〉為例：

我始終有個理想：長大後當個發明家，製造各種東西。這個理想在我心裡埋藏了很久，無人知曉。

八年後，我成了個發明家，決定發明一樣東西。是超級機器人？不好！有人曾發明過。我苦思冥想……對！發明一隻智能書包。

說幹就幹！我專心致志地畫好了草圖，買了一支普通書包。萬事具備，接下來我就要開始製作智能書包了。首先，我打開工具箱，找到了「微型鬧鐘」。看了看草圖，把布書包背帶上的線拆了下來，將「微型鬧鐘」裝了進去。這樣只要把書包放在床頭，到了 6 點，鬧鐘就會準時響起來，有些愛睡懶覺的學生就可以準時起床。當然，如果孩子聽到響聲，還不起床，怎麼辦？我又在書包兩側裝上兩隻「小手」。對於屢次被叫仍不起床的孩子，「小手」會自動將孩子的被子掀掉。

我想：所謂「智能書包」，應該會自動整理書包。怎樣才能使書包具備這個功能？我碰到了難題。為此，我想方設法，設計了許多方案。最終我花了一天一夜，決定在書包背面貼一張課程表，課程表旁邊放一個「隱形理書包圖片」。這圖片是我製造的。只要將書包放在零亂的書堆旁邊，拍一下「小

手」,「小手」就會把書理入書包。書包做好了,為防止質量不過關,我又反覆試驗,確信書包質量合格。大功告成!我申請了專利。

（寫作天下編委會主編,2007：36～37）

　　此篇知識性的語文經驗在於:文中作者想發明智能書包,一般人對於書包的功能僅限於裝書以及所需要的文具,透過這篇文章可以改變我們對於書包的功能的觀念,原來書包可以當鬧鐘,還可以自動整理書。而文中的創意發想就在於作者無中生有的創意發明,書包與鬧鐘作結合;還有「小手」可以對付屢次賴床的小學生;更妙的是,輸入每日課表,「小手」會自動幫你整理書包,有了這種書包,包准上學沒煩惱。以下還有一篇知識性範疇的語文作品,其創意的發想是製造差異:

　　古時候有一戶人家,住在市鎮與市鎮之間的路上,以種菜維生,頗為肥料不足所苦。

　　有一天,主人靈機一動:「在這條路上,在來貿易的人很多。如果能在路邊蓋一個廁所,一方面給過路的人方便;另一方面也解決了肥料的問題。」

　　於是他用竹子與茅草蓋了一間廁所。果然來往的人無不稱好。種菜的肥料從此不缺,青菜蘿蔔都長得極為肥美。

　　路對面有一戶人家也以種菜維生。他看到了鄰里的收穫,非常羨慕,心想:「我也就該在路邊蓋個廁所。而且為了吸引更多人來,我要把廁所蓋得清潔、美觀、大方、豪華。」

　　於是他用上好的磚瓦搭蓋了一間廁所,內外都漆上石灰,比對面的廁所大了一倍。

完工之後，他覺得非常滿意。

然而，對面的廁所人來人往多，而自己蓋的廁所卻無人光顧。這戶人家感到非常奇怪，就問路過的人是怎麼回事。原來他蓋的廁所太美、太乾淨，一般人以為是神廟，內急的人當然是跑廁所，不會跑神廟了。

（何勝峰，2007：125～126）

本篇知識性的語文經驗為：對廁所的定義，廁所是應急用的，一般人對廁所的觀念也都是多少會帶有一些髒亂且不怎麼美觀，雖然後來那一戶人家蓋了美輪美奐的廁所想吸引路過的人，但就是太漂亮了，讓人誤以為是神廟，而沒進去光顧。文章製造差異的創意發想，在於第一戶人家和第二戶人家所蓋的廁所的差別。這個故事也提醒了閱讀者對於解決問題要用對方法，而不是單憑自己的想法而忽略一般人的經驗，也正有「殺雞焉用牛刀」的意思。

二、規範性的無中生有與製造差異

創意發想的作品很多，只是要發覺其中的創意就必須仰賴教學者銳利的敏察力。接下就探討規範性範疇的語文經驗的作品：

自從武松在景陽崗打死猛虎，成為打虎英雄後，他就常常去打虎，這一打就打到了 2005 年。這天，武松騎著摩托車來到野生動物園。武松大字不識一個，根本就不知道這是什麼地方。不過，他一看裡面有很多動物，還有一隻兇猛的東北虎，就不管三七二十一，往裡面走去。門口一個老人擋住他說：「對不起，先生！進園請買票。」武松拿出這幾年打虎積蓄下來的錢──一張銀行卡，說：「裡面有三百元，多的是小費。」說完，他雄赳赳、氣昂昂地走了進去。目標瞄準

了那隻東北虎後，拿起新買的獵槍，「碰」的一下，把東北虎打死了。

這槍聲引起周圍人們的注意。他們一看國家級保護級動物竟被人槍殺了，這還了得，於是他們拿出手機撥打 110 報警。不一會兒，警車呼嘯而來。員警們鐵著臉，拿出手銬銬住武松，說：「你好大的膽子，竟敢槍殺國家級保護動物！現在我們要逮捕你。」武松大聲喊道：「冤枉呀，員警先生！我是打虎英雄武松呀！你們不認識我了嗎？我這可是為民除害呀！」員警說：「你是武松也不行！現在這老虎是保護級動物，你打死了虎就要坐牢。何況現在假貨那麼多，誰知道你是不是真的武松？」員警們把武松押進警車，鳴響警報，呼嘯而去。

可憐的武松，他怎麼也想不明白，昔日打虎成英雄，今日打虎，怎麼成了囚犯啦？

（寫作天下編委會，2007：133～134）

本篇為規範性範疇的語文經驗，原因為：老虎是保護級動物，打死老虎就要坐牢。這也是一篇製造差異的創意發想作品，因為昔日的打虎成英雄，今日打虎就變成了囚犯。這個作品也可以說明人們對於法律規範的修改行為，法律是社會所必須遵從的規範，但是法律的修訂也應該越來越人性化。如果縮小範圍談家庭內家長對孩子所作的規範，這篇文章一定是充分反映孩子無奈的心聲：怎麼以前做這樣可以，現在又不行了。以下規範性範疇的語文經驗作品雖然短，但也同樣顯現其創意性：

在一個村莊裡，住著一位睿智的老人，村裡有什麼疑難問題都來向他請教。有一天聰明又調皮的孩子，想要故意為難那位老人。他捉了一隻小鳥，握在手掌中，跑去問老人：「老

> 爺爺，聽說您是最有智慧的人，不過我卻不相信。如果您能
> 猜出我手中的鳥是活還是死的，我就相信了。」老人注視著
> 小孩子狡點的眼睛，心中有數，如果他回答小鳥是活的，小
> 孩會暗中加勁把小鳥捏死；如果他回答是死的，小孩就會張
> 開雙手讓小鳥飛走。老人拍了拍小孩的肩膀笑著說：「這隻
> 小鳥的死活，全取決在你了！」
>
> （何勝峰，2007：38）

此篇的規範性語文經驗顯現於：那個聰明又調皮的小孩以一隻無辜
動物的生命來考驗老人的智慧，要考驗一個人的智慧有很多種，但
是要用到一個無辜動物的小生命，是有違背倫理道德的成分在。而
老人以睿智的想法猜到小孩狡點的心思，竟拍了拍小孩的肩膀笑著
說「這隻小鳥的死活，全取決在你了」。這是創意中無中生有的發
想，因為一般人應該會因為小孩的話而困擾不已，不知所措吧！

三、審美性的無中生有與製造差異

　　審美判斷不同於科學、實用判斷，常帶有對感性形象的感情色
彩，常受人審美的趣味、理想和心境等影響。（王世德主編，1987：
69）在這提出幾個幽默的小故事，來研究其審美性的語文經驗：

> 一個貴族想邀請一位著名的小提琴手到她家去演出，但她又
> 不想出錢，於是給這位小提琴手寫了一封邀請函：「親愛的
> 小提琴手，請明天中午 10 點鐘，一定要到我家來喝咖啡。注
> 意，請你千萬不要忘了帶上你那把心愛的小提琴。」小提琴
> 手看完邀請函後，立即回函說：「謝謝您的邀請，我一定去喝
> 咖啡，但是我的小提琴就不去了，因為它從來不喝咖啡。」
>
> （天舒、張濱，2007：164）

此篇文章的審美性語文經驗在於閱讀後讓人覺得好笑和有趣，貴族想邀請小提琴手到她家去演出，於是以「千萬不要忘了帶上你那心愛的小提琴」來暗示小提琴手，小提琴手當然看穿貴族的意思，將小提琴擬人化，回函說：「它從來不喝咖啡」，藉此漂亮的回絕了免費的演出。這個無中生有的創意構想，也讓我將這篇文章歸於審美經驗裡的滑稽美，引人發笑之間，同時也讓我學習一些講話藝術。以下還有一篇小故事，雖然也是簡短幾個對話，但卻是一篇饒富趣味又發人省思的文章：

> 德國十九世紀詩人海涅是個猶太人，常常遭到無理的攻擊。在一次晚會上，一個旅行家對他說：「我發現了一個島，這個島上居然沒有猶太人和驢子！」
>
> 海涅白了他一眼，不動聲色地說：「看來，只有你我一起去那個島，才會彌補這個缺陷。」
>
> （天舒、張濱，2007：167）

此篇的審美性語文經驗有諧擬的趣味，原本旅行家想藉此羞辱海涅是猶太人，猶太人和驢子應該是同類，也象徵不准猶太人存活在這世界上。然而，海涅只是不動聲色的說「看來，只有你我一起去那個島，才會彌補這個缺陷」，成功又漂亮的反擊那位旅行家，將旅行家比喻成那頭驢子。此種創意的對話是為製造差異，因為旅行家說島上沒有猶太人和驢子，於是身為猶太人的海涅說要帶著旅行家一起去那座島上，巧妙的瓦解了旅行家的豪語。為了再詳盡解釋審美性範疇的語文經驗，在此在提供一篇略長的文章以供教學者參考：

> 小魚問大魚：「媽媽！我的朋友告訴我，釣餌上的東西是最美的，可就是有點危險。怎樣才能得到這種美味而又能保證安全？」

「我的孩子！」大魚說：「這二者不可兼存。最安全的方法就是絕不吃它。」

「可他們說，那是最便宜的，因為它不需要付出任何代價。」小魚說。

「這可錯了！」大魚說：「最便宜，可能是最貴的，因為它需要別人付出的代價是整個生命。你知道嗎？它裡面藏著一隻魚鉤。」

小魚聽了媽媽的話，再也不敢去理會那暗藏殺機的美食了……

有一天，小魚餓極了，到處找不到食物。牠游呀，游呀，累得筋疲力盡，再也不想動了，躺在水裡，等待死亡的到來。突然，一個釣餌垂了下來。上面可是牠最愛吃的誘餌呀！牠興奮極了，正準備上去吃，可記起了媽媽說的話……牠睜著疲憊的眼睛，望著釣餌上的美食，不禁口水直流。牠想：「反正橫豎都是死，不如小心去吃一點吧！」想到這，牠再次努力爬起，向著美食游去……

由於是第一次，牠特別小心，咬一口，就快速後退。就這樣，小魚將釣餌上的美食吃到了嘴裡，飽餐了一頓，多快樂呀……

又過了幾天，小魚游了很長時間，也沒找到一點食物。牠焦急了，心想：「真是的，找了半天找不到。要是再有一點『美食』，那該多好呀！」

正想著，一個釣餌正垂下來。「哇！天助我也。太幸運了！」這次，牠有經驗了。和第一次一樣，也成功了……

過了一個多月，小魚已經長成了大魚，牠已經有了自己的孩子。

有一天，小魚問大魚：「媽媽，朋友告訴我，釣餌上的東西是最危險，可也是最美的。他們說得對嗎？」

「我的孩子！」大魚說：「他們錯了。小心一點就行了。媽媽我就吃過兩次。不會有事的。那是最便宜的，因為它不需要付出任何代價。」

「可他們說，最便宜，很可能是最貴的，因為它需要別人付出的代價是整個生命。它裡面藏著一隻魚鉤。」小魚對大魚說。

「這樣吧！親愛的孩子，媽媽給你去做一次示範，看看是你朋友說得對，還是媽媽說得對。」

就這樣，大魚帶著小魚來到當年自己吃「美食」的地方。果然，又有一個釣餌垂了下來。大魚為了在小魚面前更好地說明這沒有危險，居然不顧一切地撲上去……在咬下去的一瞬間，牠尖叫了一聲：「啊！」牠的嘴被魚鉤刺穿了。在這一剎那，牠後悔了，想到了媽媽在牠小時對牠說的話：「最便宜，很可能是最貴的，因為它需要別人付出的代價是整個生命。」牠又對孩子說：「寶貝，媽媽錯了，你千萬別學媽媽！」小魚哭了。大魚被人類毫不留情地拉上岸。從牠身上滑落一滴水，那是牠的最後一滴眼淚……

（寫作天下編委會，2007：161～163）

此篇文章審美性的語文經驗在於：最後一滴眼淚是用大魚的生命為代價換來的。文章敘述大魚從小時的經驗到長大後的經驗改變，對於魚鉤上的美食，雖然誘人但暗藏危險，因為經驗的改變讓大魚最後喪失生命，讀起來有悲壯美的感受。整篇的創意發想在於製造差異，也就是大魚對魚鉤上美食的經驗改變的差異。

好的創意作品需要教學者透過分析，才能析理出教材內容的可讀性在哪，如此一來也才能清楚明白在教學目標上能達到什麼效果。本研究至此已提供數篇創意的作品，然而還有很多創意作品是需要被解讀及理解，這也有賴教學者敏銳的觀察力及分析能力。在志工培訓場域中，由於教學者和受教者都是大人，人生經歷也都多於小朋友，因此在文章的分析或是課程的理解，應該能有更多的互動與學習；而教學者所要學習的就是要比被教者閱讀更多題材，放寬自己的眼界，才能在志工培訓場域交出漂亮的成績單。

第三節　說演故事的輔助創意閱讀教學

在志工培訓場域的創意閱讀教學部分可以說演故事作為輔助教學，本節就取說演故事相關的資料來探討，另外再加進我在基金會的經驗，以供教學者作參考。白碧華（2007）在《偶來說故事：多元、多樣、多層面的說故事方法》提到幾個說故事的技巧：

一、多元的說故事方法

（一）偶來說故事

偶的神奇處，就在於當我們把手和偶融洽的結合在一起時，原本毫無生氣的偶突然活了過來；它可以藉著你的口說話，也可以就著你的手走路，因為它有這種神奇的作用，所以用在說故事上便能吸引孩子的目光。（白碧華，2007：22）說故事本身對孩子已經是一件很吸引人的事，但如果每次都是千篇一律的說故事，孩子也會感覺膩。因此，倘若在志工培訓場域加入作手偶的課程，應該能夠為說故事本身加分。我在志工培訓場域的經驗是，不只孩子喜歡手偶，在課程內加入製作手偶的課程，來上課的志工也都非常喜歡，

而且隔天有說故事時間時就可以馬上派上用場。由此可見，以手偶
來說故事是能為說故事本身添加許多魅力。此外，有關以偶說故事
部分的理論，詳細可見本研究第六章。

（二）圖畫書的魔力

　　圖畫書豐富的圖像以及具有文學味的文字和有趣的故事，是推
動圖畫書成為說故事人喜歡運用它作為說故事工具的原因。用圖畫
書來說故事除了用看的和用念的以外，當然還有其他的方法可以加
以運用，以發揮圖畫書最大的吸引力和特色。（白碧華，2007：58）
以下有幾種利用圖畫書作為說故事的方法：

1.唸的方式

(1)　逐字逐句的方式：按照圖畫書中所寫的文字一字一句的唸出
　　來。也就是不添加自己任何的詮釋，只用自然的聲音，適當
　　的感情，把書中的故事傳遞出來，讓孩子自己去感受書中所
　　要傳達的意思，也讓孩子自己去尋找圖畫書中豐富的意涵、
　　隱藏的趣味。（白碧華，2007：58）此種方式又可稱美讀的
　　導讀模式，由導讀者選擇生動有趣的讀物，以有感情的聲音
　　唸給孩子或學生聽，而不主動提問或強迫孩子說讀後感，只
　　讓孩子陶醉在作品中。日本松居直提倡唸圖畫書給孩子聽、
　　美國吉姆・特力里恩致力宣揚為孩子朗讀，這兩位先生所提
　　供的就是美讀的導讀模式。（洪文瓊、洪文珍，1996）

(2)　加油添醋的方式：加上自己的想像，添加自己的詮釋，
　　把自己從書中所看到的，無論是文字或圖畫的部分，統
　　統加上自己的想法和看法，也就是用自己的語言、自己
　　的感情把故事說一遍。（白碧華，2007：59）這種說故事
　　的方式比較有親切感，而在基金會的故事志工也大多採
　　用這種模式說故事。

(3) 以故事為引子，探索思考的導讀模式：這個導讀模式是毛毛蟲兒童哲學基金會楊茂秀、趙鏡中等人提倡的導讀模式。這個模式由導讀者精采說故事或聽故事錄音帶，聽完故事小朋友自由發表感想或聯想，提出問題進行小組互動，導讀者偶而提問、澄清。這個導讀模式主要在營造氣氛，讓讀者去感受與思考，進一步探索讀者的思考。（洪文瓊、洪文珍，1996）這種說故事法也稱作互動式說故事，就是在說故事的過程中，允許孩子對於所聽到的故事如果有問題或有想法和看法，都可以在當下提出來和在場的所有人作討論。（白碧華，2007：120）此種說故事的方式在基金會的故事屋場域裡也經常使用，搭配加油添醋的方式，讓故事的內容更廣、更精采。

(4) 親子共讀：這種方式用於家庭內的閱讀，家長和孩子輪流將故事唸完。（白碧華，2007：60）

(5) 一起輪讀：拿著圖畫書，讓聽故事的人看封面，說說看猜猜看這本書是在說什麼樣的故事，有哪些角色。說故事的人稍微簡介一下故事內容，然後邀請大家一起來看看，一起來讀一讀這個故事是不是和大家猜測的很接近。這個方式適用於 2～3 人一起共讀，大家一起輪流唸故事，也可以一整排為一組一起唸同一頁。一起共讀讓孩子有機會聽到自己朗讀的聲音，也感受一下如果想要當說故事的人需要多大的音量、如何控制速度，才能讓聽故事的人接收到一個清晰的故事。（白碧華，2007：61）這個方式可以訓練兒童的朗讀技巧，同樣在志工培訓場域也可以此種方式訓練志工。

2.圖畫書加音效

有些圖畫書中會出現孩子熟悉的聲音，如：大自然的聲音，風聲、雨聲、打雷聲……等；還有動物聲，貓叫、狗叫、公雞叫……等；以及交通工具叭叭叭、轟隆轟隆等等的聲音。此時，可讓孩子

一起配合叫出這些聲音，也就是我們說故事他們當音效，讓故事充滿歡樂的叫聲。（白碧華，2007：62）

3.圖畫書加音樂

這種方式可以讓故事現場熱鬧滾滾，但如果想要孩子靜靜的聽故事又想要有配樂，就必須選擇不同的方式。而這可在為孩子唸故事時配上背景音樂，也就是說故事時只有你的聲音和音樂的聲音流瀉在故事現場。（白碧華，2007：68）這種說故事法，讓故事現場可以流露出溫馨的氣氛，也讓孩子可以在聽故事中沈浸於故事的氛圍裡，增加孩子對故事內容的感受。

4.把圖畫書放大

把圖畫書放大的方式有很多，如張大光的故事屋是把圖畫書的尺寸變大，做成大書；而在基金會的故事屋場域裡，故事志工會先把圖畫書掃描，再製作成故事簡報檔，最後利用電腦及投影設備放映在大螢幕上。說故事者倘若沒以上器材和設備，也可利用影印的方式，將圖畫書中某些部分放大後剪貼。將圖畫書放大的用意在於解決孩子對圖畫書中細節的好奇心，避免孩子因為坐太遠看不到圖畫書而產生的吵鬧。為因應資訊化的時代，在志工培訓場域我也常鼓勵志工可以多學習用故事簡報檔說故事，學習製作故事簡報及操作電腦。

5.群書說故事

每次說故事都是由說故事者事先選定故事去為孩子說，其實孩子有時也會想要擁有選擇故事的權利，而且對於他們自己所選擇的故事通常興趣會比較高，也比較願意投入較多的注意力在其中。所以有時不妨攜帶三、四本自己熟悉的圖畫書，把每一本都稍微的介紹一下，先引起孩子的好奇心，再投票選出孩子想要聽的故事。（白

碧華，2007：72）用群書說故事，不僅讓孩子擁有選擇的權利，也在選擇的過程中充滿趣味性，同時也讓孩子有機會認識更多的圖畫書。運用在志工培訓場域，講師所要準備的就是大量的圖畫書，讓志工可以藉此培訓認識更多的圖畫書，也可鼓勵志工多去書店或是圖書館看書，畢竟推閱讀的人總要自己也喜歡閱讀吧！

6.書群加延伸活動

所謂書群說故事，就是把同一類型的書擺放在一起，去說故事給孩子聽。而所謂同一類型，就是尋找書與書之間的連結點、彼此的關連性等。譬如：不同的書籍，但是作者相同；或是不同的書籍，主題相同；或是不同的書籍，不同的作者，但是角色相同等等。用書群說故事可以讓孩子在故事中作比較，訓練孩子的分類能力。（白碧華，2007：76～77）而延伸活動則是讓故事中的關鍵性事物透過實作的方式，讓孩子完成美勞成品。如基金會的故事屋場域就會在說故事時間後加入延伸活動，讓孩子可以聽完故事後 DIY 作一個故事主角，或是其他美勞成品，就像是把故事帶回家一樣。

（三）演給你看

用戲劇說故事，就是把故事用演的方式呈現出來。也就是說故事的人變成演戲的人，而且一出場就要讓觀眾從你的裝扮中一眼就知道你扮演的是什麼角色。（白碧華，2007：91）以下有幾種說演故事的方式：

1.說故事、演故事、玩故事

透過故事的情節、志工準備的戲服及道具，讓孩子參與故事中的事件，一起把故事在遊戲中完成。此類故事最好是有角色多、故事簡單、文字具有重複性等特徵為佳。（白碧華，2007：92～98）

此種說演故事法，可以讓孩子參與即興演出，增加故事的趣味性，也能讓孩子接觸戲劇表演。在志工培訓場域裡，講師也可以透過某些故事讓志工參與表演，增加志工對說演故事的興趣。

2.兩人搭檔說故事

選擇一個適合兩個人搭檔去說演的故事，然後依照故事情節將故事畫分為每幕都是由兩個人上場演出；接著將故事由敘述的方式改編成對話的方式，方便二人上臺一搭一唱。當然，說故事者也需要道具的裝扮。（白碧華，2007：102）在志工培訓的場域裡，講師可以安排兩人為一組一起上臺說演故事，除了考驗志工的即興表演能力外，也可藉此機會讓志工學習彼此的合作經驗。

（四）你說我聽──角色互換

在說故事前，徵求自願上臺者。讓自願上臺者自由發揮說笑話、說謎語給大家猜，可解此機會了解這陣子孩子們流行的話語或是遊戲是什麼，可以拉近和孩子們的距離。利用「循環式的故事」來說故事，說完一遍後，再換孩子來說故事。孩子可以自由想像故事中的情節，但是故事的開始和結尾是不可以變的，由此可以考驗孩子編故事的能力。所謂「循環式的故事」就是說不完的故事，故事裡的事件一件接著一件的發生，最後又會回到故事的原點又重新開始。（白碧華，2007：113～118）

（五）說故事玩遊戲

此說故事法與上述說故事、演故事、玩故事的方法略有不同處，為說故事玩遊戲當中的遊戲和故事情節比較沒相關。以下有幾個說故事玩游戲的方法，可讓教學者作比較：

1. 在故事中添加謎語、笑話、冷笑話、腦筋急轉彎：在說故事中，有時為了增加故事的長度；有時為了想讓故事更好玩，

會在故事主角需要求助，或需要通過某種考驗時，加入謎語、笑話、冷笑話、腦筋急轉彎等，讓孩子動動腦。（白碧華，2007：131）

2. 提高注意力的玩法：運用遊戲的方式來提高孩子的注意力，一邊聽故事；一邊隨時注意跟自己本身有關係的詞語，聽到以後要馬上做出動作，否則會有懲罰。（白碧華，2007：136）

3. 說完故事後的遊戲：說完故事後和孩子玩個小遊戲，可以加深孩子對故事的感覺，也在玩的過程中消化一下剛聽完的故事。所設計的遊戲必須和故事有相關。（白碧華，2007：147）

（六）袋中藏法寶

運用故事袋說故事，是讓孩子有類似抽獎的驚喜，當他將手深入袋中有某種期待，會有一種興奮的感覺。所謂故事袋是指一個袋子其上有束袋帶，一拉袋口便束緊。故事袋可以裝跟故事內容有相關的物品，或是將數個故事名稱放入袋內，讓孩子抽出要講的故事。（白碧華，2007：160）

（七）其他

有些說故事的方法因為比較特殊，用於一些特殊的場合，因此不能歸類到其他的說故事法。如白碧華（2007）在《偶來說故事：多元、多樣、多層面的說故事方法》中提到，2003 年 5 月因為 SARS 的關係，學校和社區的說故事活動都暫停，唯有「飛碟電臺」兩星期一次的說故事活動，不受 SARS 影響，因為只要一通電話就可讓聽眾接收到你的聲音。由於這個原因，這種拿著電話說故事的方式成為在非常時期內最佳的說故事方法。另外，還有配合節慶的說故事方法，也是因為特殊的節日而特別規畫不一樣的說演故事活動。（白碧華，2007：177～181）說演故事的方式有很多，有些說了很多年的故事志工都能發展屬於自己獨特的說故事方法。在志工培訓

場域，應該是儘量提供多元的說故事方法，讓志工可以從中選擇自己最適合的說演故事方式。

二、多樣的說故事方法

（一）多語言

　　故事既簡單又有趣，許多人把它運用在語言的學習上，希冀引起孩子對語言產生學習的興趣。所以許多書除了中文以外，還會附上英文的翻譯，剛好可以利用這個機會讓孩子欣賞不同語言的韻味及趣味性。除了中文、英文外，也可以用自己的母語說給孩子聽。（白碧華，2007：192）很多家長都很希望自己的小孩可以學習自己的母語，但是往往成效不彰；像是基金會的故事志工也希望自己的母語可以傳承給孩子，因此在說故事時也會刻意加上閩南語、客家語或是原住民語，讓孩子猜猜看那個詞是什麼意思，這同時也讓說故事增加了一些趣味性。

（二）多樣化

　　說故事不一定一次只能用單一的方法說故事，可以多種方法同時使用，讓不同的元素發生關連產生妙用。（白碧華，2007：199）因此，下列有幾項多樣化的說故事法：
1. 圖畫書加食物：欣賞圖畫書時，除了用視覺和聽覺外，有時可以將食物帶進說故事現場，以呼應故事中出現的食物。
2. 戲劇加跳舞加遊戲：用戲劇說故事時，我們希望跟臺下的孩子產生互動，所以在演出過程時可以穿插一段適合大人和小孩一起跳的舞蹈；遊戲的部分，也是安排在演出的過程裡。（白碧華，2007：200）

3. 說演故事加討論：整場故事有說故事部分，也有演出的部分。
譬如：先由一個人出場講故事，講到重要情節或我們預定有
人扮演的角色時，才加入戲劇表演的部分。設計的戲劇表演
部分演完後，演員自行離場，說故事的人又上場接續把情節
發展下去，如此交叉說演故事，直到把故事講完。最後加上
討論的部分，可問問孩子如果他們是作者會如何寫這故事的
結局，或是故事中的主角還可以怎麼做之類的問題。（白碧
華，2007：201～202）說故事的人要能帶動全場氣氛，盡情
表演，自己融入故事，也引導聽眾進入故事，如癡如醉，說
與聽的人都大呼過癮。導讀者必須是說故事的能手，同時也
要具備小組討論的技巧，懂得如何扮演小組長，帶領小組或
全班一起討論。（洪文瓊、洪文珍，1996）帶領討論的技巧也
是志工培訓場域的課程重點。在基金會的故事志工開始接觸
說故事後，就期盼可以和小朋友有多一點互動，也期望知道
小朋友聽故事的感想，這時帶領討論的技巧就會發揮其效用。

三、多層面的說故事方法

多層面說故事方法的意義在於不要讓自己對說故事產生太多
負面的情緒，反而要對它持續不斷的保持熱度，讓說故事的人不
會因為說了很長一段時間的故事有了褪色的問題，而是能對說故
事這件事充滿服務的熱忱。所以不要只是把說故事當成單純說故
事活動，而是要對它懷抱著正面的思考，去思索它的附加價值，想
想它多層次的面向和動力。（白碧華，2007：205）說故事說了好長
一段時間，有許多志工雖然已經掌握了許多說故事的技巧和方法，
但是總會有說累的時候，於是會開始對說故事這件事產生一些疑
慮。像是說故事的價值在哪裡？說故事對孩子的閱讀真的有幫助
嗎？說下去的目標又是在哪裡？這些疑慮我也曾在基金會的志工

身上聽到。因此，以下多層次的說故事，其目的在於鼓勵故事志工深體說故事的價值及意義，這也可以在志工培訓場域上作為培訓的開場白：

（一）故事是一座橋樑

故事是一座橋樑，一座通往閱讀的橋樑。我們希望說故事是一個引子，引領孩子進入閱讀的世界裡。（白碧華，2007：206）基金會帶領故事志工進入偏遠地區的小學說故事，曾發生一件讓志工們感動的事：由於偏遠地區小學的資源有限，因此學童也都不愛學校的圖書室，因為圖書室裡的圖書多半老舊。我們除了說演故事給學童聽以外，還帶了基金會內圖書室裡全新的圖畫書數十本，期望學童可以聽完故事後主動去翻閱。第一次去的時候，學童只有一兩位會待在教室看我們帶來的圖畫書；第二次去的時候則多了一些學童；不知道是第幾次的時候，幾乎有大半的學童都留下來閱讀圖畫書，接著就是學校的老師也陪著學童一起共讀圖畫書。這件事一直讓志工們很感動，他們一致認為他們說故事有了實質上的回饋，讓偏遠地區的孩子喜歡上閱讀。這是故事是一座通往閱讀的橋樑的最好印證。

（二）藉由故事反思我們和孩子的關係

藉由故事的討論，我們可以隱約的感覺出孩子和我們之間是不是有距離？他們在我們面前是不是暢所欲言？還是支支吾吾有所保留？用一顆敏銳的心和孩子交談，也藉此反思自己是不是夠開放，或者仍是以大人的權威在和孩子說話、討論，只是想藉由這種討論方式把自己的一些觀念強行灌輸給孩子，而不是用邀請、平等、願意傾聽的態度去面對他們。透過故事的幫忙，使得親子的關係可以更為和諧融洽；在故事的引導下，親子以更親密的氣氛去了解彼此，去說出隱藏在心中的小小秘密。（白碧華，2007：210）在志工培訓的場合裡，知道志工參與故事培訓的動機有大部分是為了

自己孩子的閱讀而來，藉此場合也可以讓志工了解說故事不僅了解聽故事的孩童的想法，更可以拉近自己和孩子的距離。

（三）說故事讓我們保有赤子之心

一直在為孩子說故事的人，看起來氣色好、精力佳，孩子把他們的童心徹徹底底的和說故事的人分享，也讓說故事的人可以再一次享受童年的樂趣。（白碧華，2007：212）我常邀請童書作家來基金會演講，每次都覺得他們越活越年輕。他們會跟我說，是因為在寫童書的關係；寫童書需要有同理心，要知道兒童的心理，所以心境上都保有赤子之心。如同和孩子說故事一樣，常常和孩子一起沈浸在故事裡，聽聽孩子們的童言童語以及他們所好奇的事物，也能引發自己的創意。

（四）說故事讓我們更懂得珍惜

志工說故事的初衷，也許只是單純從自己的孩子為出發點；但當體驗說故事後的魅力後，志工們會投入在不同的場域說故事。如同基金會的志工會到教養院場域及偏遠地區說故事。志工們到這些場域說故事，更能體會可以幫助弱勢孩子提升閱讀能力的成果，他們也更能珍惜每次去說故事的經驗。而弱勢孩子給志工們的回饋雖然不是實質上的禮物或其他東西，但他們真誠的笑容，還有每次期待志工們來說故事的神情，都讓志工們感動不已，也讓志工們體驗服務的真意，讓小愛變大愛。

（五）說故事讓自己成長

為了讓說故事可以更精采，志工們會一直投入說故事培訓的場域，讓自己學習更多的說故事技巧及方法。更可貴的是，有的志工因此改變了家庭氣氛。在基金會有一位志工的例子：還記得這位志工剛來基金會服務的時候，總是有一種讓人感覺沈悶的氣息，說話

時很冷淡，也比較少和其他志工互動，但是慢慢的她開始有了笑容。有一次她和我分享，她說她先生發現她不像以前那樣嘮嘮叨叨，總是把家裡的小事看得很嚴肅，從此家裡的氣氛變得很和諧，夫妻之間的溝通不再是只有吵架。她又分享原來當志工不是付出，而是收穫良多，讓她成長了不少。以上志工對我的分享，足足讓我高興很久，至今仍然忘不了當時她和我分享時的笑容。我想在志工培訓場域，所要做的不只是提升志工們說故事和推動閱讀的技巧和方法而已，同時對於志工自我價值的肯定更是要大為曉諭。

第四節　相關的教學活動設計

　　本節所要處理的是有關志工培訓場域的創意閱讀教學的相關教學活動設計。本研究以前述理論為基礎設計相關的閱讀教學活動，提供志工培訓場域的教學者可參考的一個創意且實用的教學活動設計範例。本節以非制式教材作為活動設計內容，但因為志工培訓場域是一個專為說故事志工而存在的場域，說故事志工也是推動閱讀教育的第一線人員，因此在課程設計的時間上應為 12 小時以上為佳。一套完整的志工培訓課程在前節的論述中已呈現，在此單就說演故事加討論法作為活動設計，以提升志工培訓場域的閱讀教學的創意性。本小節主要以繪本故事作為題材，進行說演故事為輔助的創意閱讀教學活動設計。

一、故事內容與教材分析

（一）故事內容

　　本活動設計以謝佩璇譯（2000）的《好大的風》為教學設計內容，以下為故事內容：

呼———呼———

風好大好大。

樹葉、樹枝、果子……都被吹得飛了起來。

鉛筆、剪刀、椅子……也都被吹得呼呼轉。

這兒原本是一個平靜的小城市，可是現在卻天天颳著大風，沒有人知道風是從哪裡來的？也不記得是從哪一天開始的？

狂風就像一匹匹脫韁的野馬飛奔而過，一點兒也沒有停下來的意思。

人們的生活也因此變得亂七八糟，身上的帽子、圍巾，一不小心就飛不見了；家具、車子、一不注意就吹走了，而小狗小貓也都得綁得緊緊的，免得一轉眼就失去了蹤影。而大家出門的時，都得在口袋裡放些石頭，以免擋不住狂風的侵襲，變成失蹤人口。

大風一天總要吹上好幾回。到現在，已經整整吹了七年七個月又七天的風。而那些不小心飛到天上的椅子、樹枝、車子、玩具、吉他還組成一個奇怪的暴風圈，繞著地球轉個不停。

不過，小孩們倒是和大風成了好朋友。他們在搖晃的樹叢中玩躲貓貓；或者在樹幹上繞繩索，等到風一吹，就拉著繩子飛起來。

就在這狂風不斷的小城裡，有一個名叫威利的小男孩。

他的爸媽非常愛他，非常擔心他會被風吹走了。於是特別為他建造了一座大花園。這座花園漂亮的不得了，那兒有可愛

的房子、色彩繽紛的花朵，青翠的樹木，樹上結的果子也香甜多汁，還有許多聲音美妙的鳥兒和美麗的蝴蝶，四周為起堅固的高牆，擋住一些大風。

他們讓威利住在花園裡，不准他踏出花園一步，請廚子為他烹調可口的食物、裁縫師為他縫製華麗的衣裳。還邀請了許多乖巧有禮貌的小朋友和他一起玩。

威利從來沒有走出過這座花園。剛開始，他很喜歡自己的生活，他可以和小朋友一起看螞蟻走路、尋找鳥蛋、爬到樹上摘果子……不過，慢慢的，每當他經過花園的高牆時，總忍不住想像牆外面到底是什麼樣子？

在風特別強的那天，威利決定玩一次大膽的遊戲。他在腰上繫上一根長繩，再把繩子的另一端綁在樹幹上。然後，等一陣大風吹來，他輕輕的跳起來，然後像大鳥一樣的飛上天空。

威利飛得好高、好遠，一直飛到那個奇怪的暴風圈上。

他跳上一張朝他飛來的沙發，隨著暴風圈繞著星球轉，哇！好多城市、動物、人群、山脈、河流和大海，威利睜大了眼睛，興奮的看每一樣新鮮的事物。

時間一分一秒的溜走，在天空中飛行的威利卻一點也不覺得厭倦。突然，他看到一個小小的院子，裡頭有一個小女孩，她專心而認真的玩耍著，完全沒注意到四周被風吹跑的大樹、房子和人群。

「她一定在玩很有趣的遊戲！」

威利忍不住好奇，決定去拜訪這個有趣的小女孩，於是便乘著風，跳下沙發去找她。

看到這位奇怪的訪客，小女孩一點也沒有驚訝的樣子。

「我們一起玩吧！」她甜甜的笑著。

原來小女孩正在編故事，她知道許多有趣的故事，而且也好會講故事。

她的聲音和語調有一種魔力，會讓人不知不覺的進入故事的奇境中──一會兒變成一條魚，在大海中自由自在的游泳，一會兒變成一個巨人，正揮舞著巨掌和巨龍搏鬥……

一整天的時間好像眨個眼就過去了。威利玩得很開心，根本忘記天就要黑了！

「我得回家了，下次再來找你玩！」他依依不捨的乘著風飛回家。

威利從來沒有這麼棒的經驗，小女孩和那些乖巧的玩伴們都不一樣，威利好喜歡和她在一起，有時聽她說故事，有時和她聊聊天。

他不敢把溜出花園的事告訴別人，只是趁大家不注意的時候，偷偷溜出去找小女孩。

「我們來寫我們的故事吧！」

不知道從什麼時候開始，小女孩常常邀請威利一起編故事，並把故事寫在記事本裡。而當他們一起讀這些故事時，奇妙的事情就會發生。故事中的世界便出現在他們面前，他們可以和故事中巫婆聊天，也可以和愛麗絲一起夢遊仙境。

現在，小女孩每天都期待威利到來。她喜歡仰頭看天空，等著和緩緩下降的威利揮手。

漸漸的，事情發生了一些變化。

好像那天，威利像平常一樣，想藉風力飛上天空時，首先是風速變慢了，害威利得多花好久的時間，才能到達小女孩的家。

接著，風越來越小，樹葉、橘子、小樹枝也不再狂野的滿天飛舞，威利越來越難乘著風去找小女孩。

終於有一天，風停了。沒有人知道為什麼，整件事情好像一個謎。

人們扔掉放在口袋中多年的石頭，歡欣慶祝終於回復了正常。

但威利卻非常悲傷，他再也不能乘著風，飛到小女孩的身邊，他突然發現前美麗的花園變得又小又醜，花朵好像失去了顏色，樹上的果子也變得又酸又苦，他再也不想待在花園裡。

一個悲傷的夜晚，威利望著窗外滿天星斗，想念遠方的小女孩。

忽然，他看見一隻蒼鷹飛來，優雅的降落在花園的牆上，嘴裡還啣著什麼東西。蒼鷹看到威利，立刻鬆了口，讓一張紙猶如秋天的落葉，飄到他的窗臺上。

那是一張從故事筆記本中撕下的紙。

「是她傳來的嗎？」

威利顫抖著攤平手中的紙，上面寫著巨人鼓勵男孩爬過高牆的故事。同時，他彷彿聽見小女孩的聲音在說：「讀我們的故事！讀我們的故事！」

威利不由自主的讀了起來：「從前從前，有個大巨人，他總是告訴寂寞的小男孩……」

突然間，故事的魔力奏效了。

巨人真的出現了，在他的鼓勵下，威利緊握拳頭，鼓起勇氣跨過高牆，而小女孩正在牆外，微笑的看著他。

威利既興奮又害怕，他叫著：「魔力消失時，我是不是又回到花園裡？」

小女孩溫柔的說：「別擔心，每當你念這個故事時，就可以來到我身邊。」威利快樂的笑了。

當威利和小女孩一起讀完故事，他發現自己又回到家中。但是他不再難過，因為他知道，只要讀那個故事，就能見到小女孩。但是，這樣還不夠，他想永遠都能和她一起玩耍。

於是威利把故事的秘密告訴花園裡所有的孩子，大家都很興奮，他們一起編故事，而且大聲念出來：「一千隻蒼鷹飛過來，把圍牆上的石頭叼走。」

蒼鷹真的出現了！

牠們飛過來，用嘴叼起一塊一塊的石頭丟到海裡。剛開始威利的爸媽、廚師、裁縫都非常驚恐，但是一時也想不出別的辦法。

一千隻蒼鷹來回的忙碌著，過了一會兒，花園四周的圍牆都消失了，他們可以看到遠方的青山、閃著陽光的湖水和城市的尖塔。

威利和孩子們一起大聲的歡呼：「這才是最美麗的花園。」

遠遠有一個小黑點跑過來，是小女孩！她邊跑邊叫：「你們好棒啊！」

從此以後，孩子們常常在一起編故事、講故事……

不過他們的故事可是比北風還狂野哦！

據說他們下次是要送一個小朋友上月球呢！

（謝佩璇譯，2000）

（二）教材分析

1.語文經驗

此篇故事屬於審美經驗範疇的作品。故事的文字敘述用語優美，整個故事讀起來非常的奇幻，故事內容同時具有崇高美和怪誕美：在崇高美的部分，是指這個故事的鋪陳形式龐大，從一個受強風侵襲的小城市到繞著整個星球，最後出現一千隻蒼鷹把花園裡的石頭叼到海裡，敘述一個小男孩想要更寬廣的世界的心路歷程；而怪誕美的部分，是指整個故事超乎現實，讓人讀起來彷彿置身在奇幻的夢境裡，歷經似真似假的旅程。這同時也是我最喜歡的一本繪本，因為故事裡的小男孩和小女孩會編故事，尤其是小女孩天真浪漫的性格，勇於鼓勵小男孩編故事，還講故事給小男孩聽。這場景不就像是閱讀推廣者一樣，一直努力在講故事、編故事給孩子。同時我們應該也不要忘記故事最後是，小男孩終於走出高牆，見識到這世界美麗；如同閱讀般，閱讀為自己的世界更寬廣。

從文化觀點來看《好大的風》，是為典型的創造觀型文化下的故事，故事描述小男孩乘著風穿梭時空，勇於打破現狀，走出父母為他建造的花園，顯現出創造觀型文化的人鼓勵打破既有的規範和禮俗，只為追求至高的真善美，以取悅上帝、回歸上帝的懷抱。同時故事也強調了小男孩和小女孩的特立獨行。故事結尾，他們還計畫要送小朋友上月球。

2.創意表現

此篇作品的創意表現是屬於無中生有。因為故事藉著好大的風來了一段奇妙的旅程，且文字敘述跳躍時空的限制。如小男孩乘著風去找小女孩；還有唸故事就可以使故事成真，都是現實生活中從未發生的事。因而我把它歸屬於無中生有的創意。

二、活動基本資料

表 7-4-1　志工培訓場域創意閱讀教學說演故事活動設計

單元名稱	說演故事達人	教學對象	一般民眾（想接觸說故事領域的成人）、故事志工
設計者	黃紹恩	人數	30 人（分五組）
時間	180 分鐘（中場休息 20 分鐘）	場地	志工培訓場域
教材來源	主教材：謝佩璇譯（2000）《好大的風》		
教學資源	劇本、故事簡報、故事內容、道具、A4 白紙、電腦、單槍投影機。		
教學目標	期望大眾能夠參與說故事志工的活動。 以現有故事志工帶領未進門的民眾一起享受說演故事的魅力，而後一起投入推廣閱讀活動。 能夠用上課教材運用在服務的場域。		

教學活動名稱	教學活動內容	時間	教學具體目標	教學評量
大家一起說故事	一、準備活動 講師先將《好大的風》的內容作劇本的呈現。如表 7-4-2《好大的風》劇本表。並準備所需要的道具。 二、發展活動 (一) 引起動機 1.活動一 故事大接龍：講師先將所參加的學員作分組，可分成五組，每組六人。並準備《好大的風》故事簡報檔、《好大的風》五本	30	能夠了解所要進行的教學內容。	能夠大聲朗讀故事。

	以及故事內容一人一份。以下為教學過程： 講師：說明遊戲規則：各位親愛的志工還有不是志工但卻很喜歡聽故事的大朋友們好，今天的說故事培訓內容，是要大家練習一些說演故事的技巧，我想先了解有哪些人是已經在當故事志工的。你們準備好了要和我一起玩遊戲了嗎？今天我們要先玩一個故事大接龍的遊戲。首先請你們以六個人為一組，我會給你們一組一本故事以及一人一份故事內容。接下來我們要一起來講這個《好大的風》的故事。(講師此時準備故事簡報檔及把繪本、故事內容發下去)每一組要輪流負責大聲朗讀一個跨頁的故事，先從第一組開始，看哪一組的聲音最甜美。 ※以組為單位輪流把《好大的風》朗讀完。 (二) 故事內容探究			
說一說你 了解多少	1.活動一 講師提問： (1)　請各組討論《好大的風》的故事主題，還可以用什麼方式來說這個故事。 ※我們覺得這個故事在講分享。小男孩原來在自己的花園裡過得很開心，可是因為他不知道外面的世界，透過小女孩的分享，他也懂得想分享，最後變得更快樂。除了剛剛這種用朗讀的方式以外，也可以把故事作成簡報，我們自己上臺說。 ※我們這組覺得這個故事是在講閱讀。因為小男孩每天都只知道玩，直到遇到小女孩在編故事、讀故事，才了解閱讀的樂趣，最後還很奇幻的把他家的圍牆給拆了。這個主題還蠻適合給孩子的，鼓勵孩子多閱讀，如果人手多一點，我想用演得應該也該也很不錯。	20	了解故事主題。	可以清楚表達各組所討論的內容。可了解一個故事主題可以很多元。

	※我們這組也是覺得是在講分享，世界因為人和人互相的分享而變得美好，小男孩分享花園給其他小孩，因此他快樂，小男孩也透過小女的故事分享，變得更懂得在分享更多事物給更多的孩子，因此故事結局變得更美好。這個故事很有趣，我們想除了用說的以外，還可以把孩子拉進來一起演戲。 ※我們覺得這個故事是在講一個小男孩的心靈成長。因為小男孩從小生長在富裕的家庭，根本不知道外面的世界，雖然他知道外面的風很大、很危險，可是他也少了某些樂趣，直到他遇到小女孩，透過編故事還有閱讀，讓他的心靈成長，也更懂得把美好的事物一起分享給其他人。除了用說的方式以外，我們也覺得可以用演戲的方式呈現，這應該會很好玩。 ※我們覺得這個故事是在講友情。因為小男孩和小女孩有堅定的友情，才能讓一切不可能的是變成可能。我們覺得除了說故事以外，還可以用演的。 講師總結：你們都說得很對，一個故事裡的確包含了很多意義，就看大家要如何去呈現，也要看大家想要去凸顯哪一部分給孩子知道。除了以上大家所講的主題以外，我還會想補充給大家知道的是，不妨可以以審美的角度來看這個故事，故事內容很有趣，所用的字句也都非常優美；故事的劇情及架構很龐大，可以將這個故事優美的地方介紹給孩子。這樣孩子除了聽故事以外，還可以學到優美的詞句。另外，關於還可以用什麼方式來說這個故事，大家都提到用演的方式，所以接下來我們就來體驗不一樣的說演故事方式，讓你們了解說故事的多元性。		

讀劇本、玩戲劇	2.活動二 故事劇本大探討： 講師：今天要請你們練習如何說演故事，現在就請你們各自分配角色，研究怎麼作演出。當然，你們也可以不必完全按照劇本演出，而可以加上自己的創意改變一些演出。臺上有道具，請你們善加利用，或是利用你們手邊的材料也可以。如對劇本有不懂的地方可以隨時叫我。（按照組別及場景，每一組分配一個場景即可） 學員：領取道具，並作劇本討論。（講師可從旁協助閱讀劇本，並引導有說故事經驗的志工帶領討論） 中場休息時間。	40 20	能夠利用手邊劇本，合作分工編排故事內容。	各組成員能合作研讀劇本並作排演。
上場演出	3.活動三 演技大考驗： 講師：邀請各組上臺按照劇本演出。 三、綜合活動	40	能夠參與演出。	能投入於說演故事的氛圍中。
回饋	1.活動一 問題討論及分享 (1) 請演出的人分享演出時所遇到的困難或是好玩的地方？ ※我覺得最大的困難就是要背臺詞，因為這個故事的旁白有很多句，要看稿子才會講。好玩的地方是可以練習自己的朗讀技巧，發覺自己的聲音可以很甜美。 ※我覺得整個過程都很好玩，雖然演得有點亂，可是卻很好玩，我們好像小孩子一樣。 ※我看到老師作的道具，我覺得這大概我們最困難的地方吧！但是我覺得這又很好玩，如果讓小朋友一起演，又會有不同的感覺吧！ (2) 你喜歡這樣的說演故事嗎？ ※我還蠻喜歡的，因為這樣可以玩在一	30 10	對課程安排表達參與感受。 能夠更加	確實表達心中感受。並提出問題與講師作溝通。

	起，讓大家一起參與整個故事。 ※我覺得很特別，原來還可以這樣說故事，我會嘗試看看。 ※我覺得這樣講故事有點費工夫，可是又覺得這樣很新奇，不然那些一直聽我們講故事的小孩，會覺得我們都沒有變化。 (3) 就整體課程說説看你的感覺，你喜歡的部分，或是你覺得可以改進的部分。 ※我覺得整體課程讓我扎扎實實去了解一本繪本，以前在上課的時候總是想要了解更多的繪本，可是只是了皮毛而已，今天的課程下來，讓我可以很深入去了解一本繪本。 ※我覺得這樣說演故事對我們或對孩子應該都很好玩，可是我們每次去學校的晨光時間都很短，應該很難做到吧！ ※雖然我是第一次參加這類的課程，但是這燃起了我對説故事的興趣，希望下此可以再參加這類的課程。 講師總結：我們今天所做的練習是說演故事加討論，也就是説整場故事有説故事部分，也有演出的部分。譬如先由一個人出場講故事，講到重要情節或我們預定有人扮演角色時，才加入戲劇表演的部分。設計的戲劇表演部分演完後，演員自行離場，説故事的人又上場接續把情節發展下去。如此交叉説演故事，直到把故事講完。所以今天我們完成了很多活動，其中還包括了一開始請你們朗讀故事這部分，這部分也可以獨立成一個晨光時間的活動，你們也加上一些小遊戲，目的是讓小朋友先朗了故事內容。劇本研討和演技考驗，晨光媽媽也可以分次進行，不要貪心要一個晨光時間就做完。 另外，在説故事現場，你們可以問問看孩子如果他們是作者會如何寫這故事的結	了解説演故事活動的內涵。	

局，或是故事中的主角還可以怎麼做之類的問題。這就是今天的課程，希望你們喜歡，也希望你們可以運用在說故事上。			

表 7-4-2　《好大的風》劇本

《好大的風》說演故事劇本			
場景一			
角色	對話	動作	道具、服裝
旁白	呼──呼── 風好大好大。 樹葉、樹枝、果子……都被吹得飛了起來。 鉛筆、剪刀、椅子……也都被吹得呼呼轉。 這兒原本是一個平靜的小城市，可是現在卻天天颳著大風，沒有人知道風是從哪裡來的？也不記得是從哪一天開始的？ 狂風就像一匹匹脫韁的野馬飛奔而過，一點兒也沒有停下來的意思。	站在臺上朗讀。	故事帽：帽子用不織布做成，帽上黏有用不織布剪成的樹葉、樹枝、果子、鉛筆、剪刀、椅子等，這些小道具背面可縫上魔鬼氈，即可黏上故事帽。
旁白	人們的生活也因此變得亂七八糟，身上的帽子、圍巾，一不小心就飛不見了；家具、車子、一不注意就吹走了，而小狗小貓也都得綁得緊緊的，免得一轉眼就失去了蹤影。而大家出門的時，都得在口袋裡放些石頭，以免擋不住狂風的侵襲，變成失蹤人口。 大風一天總要吹上好幾回。到現在，已經整整吹了七年七個月又七天的風。而那些不小心飛到天上的椅子、樹枝、車子、玩具、吉他還組成一個奇怪的暴風圈，繞著地球轉個不停。 不過，小孩們倒是和大風成了好朋友。	繼續朗讀故事，然後把石頭放進自己口袋。 小孩一、二準備上場。	石頭一顆。

小孩一	呼～好好玩喔～	腰間繫著繩索	繩索。
小孩二	看誰飛得最高。	跳上跳下。說完後兩人退場。	

場景二			
角色	**對話**	**動作**	**道具、服裝**
旁白	就在這狂風不斷的小城裡,有一個名叫威利的小男孩。 他的爸媽非常愛他,非常擔心他會被風吹走了。	威利和他的爸媽上場。	
爸爸	兒子,你這是我特地為你建造的花園,夠不夠漂亮呀!		
威利	哇!好漂亮的花,還有好吃的水果,我好喜歡喔!謝謝爸爸!	說完咬一口蘋果。	蘋果。
媽媽	兒子,媽媽我還特地請有名的廚師主你最愛吃的牛排,還有你看這件衣服你喜不喜歡,這我可是特地請城裡有名的裁縫專門為你縫製的。。	拿出一件衣服給威利。	衣服。
威利	好漂亮喔!我喜歡!我先是穿看看。謝謝媽媽!	穿上衣服。	
威利	我好幸福喔!爸爸和媽媽也都會請小朋友到我家玩,我們就可以一直爬樹摘果子吃,還有欣賞鳥叫聲,無聊的時候看螞蟻走路。我好喜歡這樣的生活。可是為什麼這裡會有一座高牆。		
媽媽	傻孩子,外面風太大了!你一出門就會被風吹走。		
威利	可是,外面的樣子是怎樣?		
爸爸	不行!不准走出這片高牆!不然我就要把你關進房間裡不准你玩。	說完和媽媽一起下場。威利留在舞臺上。	
威利	我真好想知道牆外面的樣子。		

場景三			
角色	對話	動作	道具、服裝
旁白	在風特別強的那天，威利決定玩一次大膽的遊戲。他在腰上繫上一根長繩，再把繩子的另一端綁在樹幹上。然後，等一陣大風吹來，他輕輕的跳起來，然後像大鳥一樣的飛上天空。威利飛得好高、好遠，一直飛到那個奇怪的暴風圈上。他跳上一張朝他飛來的沙發，隨著暴風圈繞著星球轉，哇！好多城市、動物、人群、山脈、河流和大海，威利睜大了眼睛，興奮的看每一樣新鮮的事物。	威利拿著繩索照著旁白的話表演。	
旁白	時間一分一秒的溜走，在天空中飛行的威利卻一點也不覺得厭倦。突然間……	小女孩出場。	
威利	咦！有個小院子耶！那個女孩在玩什麼遊戲呀！看起來很好玩！好吧！就去找她玩。	走向小女孩。	
小女孩	我們一起玩吧！		
威利	你在玩什麼呀！		
小女孩	我在玩編故事的遊戲。從前有一個美人魚公主……	美人魚出場。	
威利	我看到美人魚！	美人魚對威利揮揮手。然後下場。	
小女孩	又有一天，巨人和巨龍在搏鬥。	巨人和巨龍在搏鬥。	
威利	是我眼花了嗎？我又看到巨人和巨龍，他們在打架耶！好好玩喔！		
旁白	一整天的時間好像眨個眼就過去了。威利玩得很開心，根本忘記天就要黑了！		
威利	我得回家了，下次再來找你玩！	和小女孩揮揮手後便下場。	

角色	對話	動作	道具、服裝
		小女孩也下場。	
場景四			
旁白	威利從來沒有這麼棒的經驗，小女孩和那些乖巧的玩伴們都不一樣，威利好喜歡和她在一起，有時聽她説故事，有時和她聊聊天。 他不敢把溜出花園的事告訴別人，只是趁大家不注意的時候，偷偷溜出去找小女孩。 不知道從什麼時候開始，小女孩常常邀請威利一起編故事，並把故事寫在記事本裡。而當他們一起讀這些故事時，奇妙的事情就會發生。故事中的世界便出現在他們面前，他們可以和故事中巫婆聊天，也可以和愛麗絲一起夢遊仙境。 現在，小女孩每天都期待威利到來。她喜歡仰頭看天空，等著和緩緩下降的威利揮手。	拿出記事本。	記事本。
旁白	漸漸的，事情發生了一些變化。	威利上場。	
威利	奇怪了！今天的風怎麼這麼弱！害我跳好久才能飛上來。	小女孩上場，仰望著天空再看到威利。	
小女孩	你今天比較晚來喔！		
威利	不知道為什麼？今天的風速變慢了！不管了！我們趕快來編我們的故事吧！在十分鐘我就要回家了！不然會被發現我偷跑出來。		
小女孩	好吧！	牽著威利的手一起下場。	
旁白	接著，風越來越小，樹葉、橘子、小樹枝也不再狂野的滿天飛舞，威利越來越難乘著風去找小女孩。 終於有一天，風停了。沒有人知道為	把故事帽上的樹葉、橘子等拿下來。	

	什麼，整件事情好像一個謎。 人們扔掉放在口袋中多年的石頭，歡欣慶祝終於回復了正常。 但威利卻非常悲傷，他再也不能乘著風，飛到小女孩的身邊，他突然發現前美麗的花園變得又小又醜，花朵好像失去了顏色，樹上的果子也變得又酸又苦，他再也不想待在花園裡。	把口袋的石頭拿出來。 威利出場。	
旁白	一個悲傷的夜晚，威利望著窗外滿天星斗，想念遠方的小女孩。 忽然，他看見一隻蒼鷹飛來，優雅的降落在花園的牆上，嘴裡還啣著什麼東西。蒼鷹看到威利，立刻鬆了口，讓一張紙猶如秋天的落葉，飄到他的窗臺上。 那是一張從故事筆記本中撕下的紙。	蒼鷹出場。	
威利	是她傳來的嗎？	看著手裡的紙張。	
	威利顫抖著攤平手中的紙，上面寫著巨人鼓勵男孩爬過高牆的故事。同時，他彷彿聽見小女孩的聲音在說：「讀我們的故事！讀我們的故」		
威利	從前從前，有個大巨人，他總是告訴寂寞的小男孩……	大巨人出現。	
大巨人	不要怕寂寞，你要勇敢越過高牆，這樣你就可以看到你想見到的人喔！		
威利	好！我決定要走出這片高牆。	小女孩慢慢出場。	
小女孩	嗨！威利！好久不見！	向威利揮揮手。	
威利	魔法果然實現了我的願望，我好高興你在這裡，可是如果魔法消失，我是不是又要回到花園了！		
小女孩	別擔心，每當你唸這個故事時，就可以到我的身邊。		
威利	那真是太棒了！	小女孩退場。	

場景五			
角色	對話	動作	道具、服裝
威利	可是我覺得這樣還是不夠的！我決定要把這個秘密告訴我在花園裡的朋友。	玩伴四人出場。	
玩伴一	威利，每次要摘果子，你都不在，你究竟是跑去哪裡？		
玩伴二	對呀！果子又香又甜，都快要被我們摘光了！		
玩伴三	你還記得牆角下的螞蟻堆嗎？現在另外一個牆角也有一堆耶！		
玩伴四	對呀！快點跟我們説你到哪裡去了啦！		
威利	其實這個秘密藏在我心裡很久了，就是有一天我乘著暴風圈到一個小院子，遇到了一個女生，我們會一起編故事，然後只要説出那些故事就會變成真的喔！		
玩伴一	我才不相信哩！		
玩伴二	對嘛！哪有這種事？我都沒聽過！		
玩伴三	你會不會是精神錯亂了呀！還是你……遇到鬼了呀！哈！哈！		
玩伴四	要不然，我們一起來試試看，證明你沒有騙人！		
威利	好呀！那我一起來編蒼鷹的故事。	拿筆寫下「一千隻蒼鷹飛過來，把圍牆上的石頭叼走。」	筆記本。
威利和四個玩伴	一千隻蒼鷹飛過來，把圍牆上的石頭叼走。一千隻蒼鷹飛過來，把圍牆上的石頭叼走。	蒼鷹五隻飛來，並拿著石頭，飛來飛去的。	石頭。
玩伴一	真的耶！好厲害喔！		
玩伴二	你們看！圍牆都消失了！		
玩伴三	你有沒有看到，那座山好漂亮喔！	指著遠方。	

玩伴四	哇！湖水是亮亮的！		
威利	我看到城市的尖塔！		
威利和四個玩伴	這才是最美麗的花園！	歡呼聲。然後小女孩出場。	
小女孩	你們好棒啊！我就知道你們會編故事了！	說完，所有演員下場。	
旁白	從此以後，孩子們常常在一起編故事、講故事…… 不過他們的故事可是比北風還狂野哦！ 據說他們下次是要送一個小朋友上月球呢！		
說演故事劇結束			

　　志工培訓場域的創意閱讀教學以說演故事為輔助，其目的是讓志工可以學習多元化的說故事技巧，因此在此活動設計上，安排了一些閱讀活動，如一開始的朗讀技巧的訓練，到劇本研讀的閱讀技巧，最後說演故事的呈現，足以讓志工感受不同的閱讀帶領技巧，讓志工在面對不同場域時可以有所抉擇，這也呼應志工因服務的場域有所不同，因此半全面性的創意閱讀教學就特別適合在志工培訓場域實施，目的也是讓志工在面對不同場域時，所做的服務也有所取捨。此外，在這活動一開始以志工朗讀故事開始，就是製造差異的創意教學設計的開始，朗讀故事除了一個人放聲朗讀，還可以以組為單位，甚至加上小遊戲，讓整體志工可以一起參與朗讀；活動也以小組的方式安排了許多討論，讓志工討論還可以以怎樣的方式說故事，以製造差異的教學，讓志工自行去體會及發覺多元的說故事方法，講師再補充說明還有其他不一樣的說故事方法。而無中生有的創意教學體現在於教材的選用，教材本身的語義經驗為無中生有的審美性語文經驗範疇，除了讓志工欣賞故事內容的美以外，有也可請志工在演出時天馬行空加上自己的想像及創意。當然，志工培

訓場域的創意閱讀教學應該不只短短三個小時就可以交代，一整個完整培訓可再加上如兒童文學的賞析、兒童心理探究、故事道具製作等等課程，這也是規畫志工培訓的承辦人所得注意的。

第八章　結論

第一節　場域創意閱讀教學理論建構的成果

在基金會服務已將近六年的我，雖然所從事工作內容為推廣品格教育，但是所推廣的方法為利用說故事、閱讀帶領等閱讀技巧，因為閱讀為學習的基礎，也在此過程中看到孩子們因為閱讀許多關於品格教育的讀物，而看到孩子們行為上的改變，因此讓我們更堅信做好閱讀教育，必能教會孩子學習各種事物，這其中當然也包括品格這部分了。我們所到處有在國小、基金會內故事屋、教養院以及故事志工培訓的場域，而對象則有學齡前孩子、國小學童、特殊兒童或身心障礙人士以及一般民眾。在這四場域裡各有各的教學對象以及教學方法，因此引起我對如何在這四場域進行閱讀教學的研究動機；我深信如果能整理出有關此四場域的閱讀教育進行方式，就能對日後想從事此四場域的閱讀教學的人提供有效的閱讀策略。

雖然閱讀教育已被大眾所肯定，尤其是國小學童的家長一定非常認同閱讀，而國小教育也將閱讀納為正式課程課。從坊間大力推廣閱讀的風氣下，有各地故事屋的成立，但也陸續萎縮經營，我想從講求創意表現的現今來談，應該是缺乏創意的呈現下的結果。因此，將創意跟閱讀作大膽的結合，應能為此找出解決之道。究竟閱讀還可以如何的有創意？志工們如何使說故事變得有趣有創意？這又成為本研究的另一個研究目的。

在閱讀教學這個領域，已有許多人為它付出心血耕耘，但是在眾多的理論當中，實際上並未能完全解決教學時所遭遇到的問題。

林璧玉（2009：6）的研究中提到，在不同場域的教學，老師能運用的教學方法相對不同、師生各自的心態也不一樣，而且師生之間互動的方式各有差異、甚至學生的來源與組成也不一……等因素，在在都會影響到教學的效果。這正反映了我目前所處的情況。因此林璧玉（2009）提出「場域」的概念，讓我可以藉此概念來推演出我所面臨的困境與解決的方法，而閱讀教學更需要有此概念的支持。在實施創意閱讀教學中，學生是否有創意的表現，最重要的影響因素就是老師。本研究針對學校場域、故事屋場域、教養院場域以及志工培訓場域這四種場域建構創造性的閱讀教學策略，希望能解決這四場域中會遭遇到的問題。因此，在上述研究本身的目的外，又擬出以下三個研究者的目的：（一）為自我提升閱讀教學的成效。（二）為回饋給相關場域教學者改善閱讀教學的方法。（三）為提供學校及社會教育政策擬訂的參考資源。

確定了研究動機及目的後，本研究以理論建構的方式先架構出理論基礎，然後再輔以相關的成果說明，讓本研究的整個脈絡更加清楚而可以供人依循。在進行研究之前，必須先設定相關的概念，在經由命題的建立到命題的演繹，形成一個完整的模式，設定好相關的概念、命題、演繹後，必須用研究方法來構思與實踐。而由於本研究各章節所要處裡的問題性質不同，適合的研究方法各異，分別採用現象主義方法、閱讀社會學方法、社會學方法、基進教學理論。

本研究的範圍與限制，大致可分為場域及創意閱讀教學兩大部分來說明。首先以場域部分來說，在「場域」方面，場域所涵蓋的面向非常的廣泛，舉凡教學的地點、教室的空間、師生的互動、教學的情境……等，如果全部的因素都要顧及，則有感於時間、能力的有限，所以本研究選擇我個人工作所涉及的學校場域、故事屋場域、教養院場域以及志工培訓場域。這四個場域我所涉入的時間有限，所以只能就這四場域的特徵作大方向的創意閱讀教學整理以及

探討，而無法深入細分。本研究的資料收集上，故事屋場域、志工培訓場域可加入自己的經驗，但學校場域和教養院場域的資料收集，因涉及時間不長以及所擁有的學識背景也有差異，因此只能靠觀察去收集，而礙於時間與人力，觀察的對象無法太多，可能會造成信度不足的問題，就成了本研究的第二個限制。最後一項限制是，由於本研究是理論建構，沒機會作實證研究，所以在實證研究上可能會有特殊情況發生而無法預先料想，造成理論建構的普遍有效性還有待考驗。其次是創意閱讀教學這一部分，以創意閱讀教學來說，本研究的範圍主要朝向藉由「創意閱讀教學法」的分析來提點。而關於「創意閱讀教學」，採用的是基進教學理論來總綰發揮。大體上本研究對於創意閱讀教學中的創意作品以「無中生有」或「製造差異」為判別的依據，其中無可避免會加入個人主觀意識的解讀；尤其是在無中生有的部分，僅能就個人本身所運用過或是接觸的語文作品中因無前例可循，所以研判為「無中生有」的創意作品。創意作品選定後，進一步再將作品細分「知識性」語文經驗、「規範性」語文經驗、「審美性」語文經驗等三大範疇，透過這些作品來引導學生創造思考。對於場域的大致特性及可用的創意閱讀教學方法，不能推論到特殊情況的場域教學，只能提出大致的方向；特殊的場域教學情況需要再依當時所處的場域特性來訂定適合的教學策略，而這已經超出本研究的對象範圍了。

　　本研究為了能更確立研究的方向，還分別對場域、創意及閱讀教學作名詞解釋。研究的目標確定後，便開始進行文獻的收集與探討，因為有關閱讀教學及相關的文獻資料非常的多，所以將文獻探討獨立成一章來論述，所探討的文獻包含閱讀教學、創意閱讀教學、場域創意閱讀教學。在整理及收集文獻的過程中，閱讀教學的文獻資料非常的多，因此我整理國內近十年閱讀教學的相關研究，可歸納出國內在閱讀教學的研究上以實證研究及行動研究居多，大多在探討不同的教學法在學校班級實施後對學生的閱讀理解及閱

讀興趣的影響，有少部分研究是對閱讀環境作質方面的研究，大多為評估閱讀情境對學生的閱讀表現的影響。可惜的是多半研究場域以學校教室為主，即使是運用網路進行閱讀教學，但也幾乎是脫離不開學校場域。本研究所要加入的半制式場域及非制式場域，在眾多的研究中是缺乏的。

第三章以三個方面來探討場域創意閱讀教學的開展，以相關研究證實主體發展欲求與場域創意閱讀教學的相關性，在此提及不同場域內，閱讀教學應有不同的面貌以因應不同的受教者，而教學者本身仍需要具有閱讀教學的專業，同時也必須顧及被教者的需求，在本研究所論及的四個場域內閱讀主體的發展有賴於場域創意閱讀教學的進行。其次以社會意識更新方面說明場域創意閱讀教學的必要性，社會意識更新層面包括了教育改革、政策干擾、族群意識以及兩岸互動等，它們都有所期待場域創意閱讀教學來長期投注予以促成。最後以文化演進期待方面說明場域創意閱讀教學的開創有利於本國文化的發揚，尤其在現今追求西方文化的臺灣社會更需要場域創意閱讀教學來提醒大眾對自身文化的重視。

第四章提出學校場域創意閱讀教學中學校場域的特徵、學校場域全面性的創意閱讀教學、說演故事及科際整合與多媒體運用的輔助創意閱讀教學、相關的教學活動設計。在學校場域特徵方面以相關理論提出學校內部環境、與社會關係、班級經營和管理、學生心智年齡及態度等學校場域的特徵，並提出因材施教是每個教師的理想。但是在現實的環境中，尤其受限於學校場域，教師在教學環境中屬於支配者，藉「教育權威」而使學生必須相信他所規定的事情對他們是有利的；然而隨著創造觀型文化的引進，教師反而沒學到獨一無二這概念，而是以「役使萬物」的姿態要求學生，但學生也受到創造觀型文化的影響懂得「據理力爭」自己的權利，這便產生現代在教學情境上常常會上演的劇碼。活在當下的我們，既無法改變創造觀型文化已充斥在我們整個社會之中，而如何讓氣化觀型文

化這種包容萬物以為和諧自然的人文素養復甦，則端看教師們的智慧。在學校場域全面性的創意閱讀教學方面，則是提出全面性的創意閱讀教學定義為包含「無中生有」的閱讀教學以及「製造差異」的閱讀教學，而其全面性也涵蓋教學法的創新、教學內容的創新以及教出有創意的學生。其次在說演故事及科際整合與多媒體運用的輔助創意閱讀教學方面提出說演故事的技巧可以藉由反覆練習而達成，而說演故事的內容則需細心挑選及分類，才能使創意的閱讀教學得以發揮。首先可將說演故事的內容細分成「知識性」、「規範性」、「審美性」三大類。創意閱讀透過科際整合必能使閱讀題材更能深入且獲得更多的知識。而透過科際整合，一個小故事也能有多種的角度去詮釋；這其中引導出來的思考可以是客觀的，也可以是非常主觀的，但總是為閱讀帶出創意的教學。多媒體運用在教學上，還需要一「相對」的真切的認知，才能保障整個多媒體運用不致太過「偏離航道」。因此，在學校場域的創意閱讀教學僅以多媒體為輔助工具，並不刻意強調其主體性。最後在本章提出相關的教學設計裡呈現以本章相關理論建構後而得的成果，此活動設計在我所服務的學校內試用過，所得的反應為大部分學生能達到所預設的教學目標，而學生能學到制式化教材外的教材都感到非常新鮮有趣，還進而主動學習探究更深入的問題。此為閱讀教學的真正目的，也是教育的最終目的，就是教會學生主動學習。

　　第五章提出故事屋場域創意閱讀教學中故事屋場域的特徵、故事屋無中生有的創意閱讀教學、讀者劇場與故事劇場的輔助創意閱讀教學、相關的教學活動設計。從故事屋場域的特徵來看說故事活動仍持續在各社會角落進行著，這些角落在本研究統稱為故事屋場域。這些故事屋場域，包括：（一）家庭中的說故事活動；（二）學校的說故事活動；（三）民間協會的說故事活動；（四）公共圖書館的說故事活動；（五）地方產業（或收費故事屋）的說故事活動；（六）

其他型態的說故事活動。故事屋場域的創意閱讀教學，說故事活動是故事屋最主要的特徵，但說故事只是閱讀教學的一部分，倘若能在故事屋場域的活動中加入更多有創意的閱讀教學巧思，必能讓故事屋場域的閱讀教學發揮其教育功能，並非只是聽故事而已。故事屋場域的閱讀教學題材常受社會規範及參與者的價值觀所影響，如時下流行的品格教育。因此，故事屋場域的創意閱讀教學僅以「無中生有」作為閱讀教學的發想，原因為「無中生有」指的是一種原創性、獨創性，也包含靈光一閃、突發奇想的新奇想法或創造力，也因此可以時時刻刻為教學者或參與者帶來不一樣的閱讀教學感受。本章將教學引導材料（創意作品）以無中生有作為創意程度的區分標準，再進一步以此標準將創意作品分為語文經驗三大範疇：分別為知識性的無中生有、規範性的無中生有以及審美性的無中生有。故事屋場域中所著重的是說演故事。現在的故事屋都只偏重在說故事，有時刻意忽略演故事這區塊。說故事固然可以引起孩子的注意，演故事也可以吸引孩子的目光。雖然也有團體專門在演故事，但是鮮少觸及和孩子甚至是家長一起來說演故事，因此在故事劇場和讀者劇場這部分的論述，會著重於親子共同參與故事屋場域的活動。此外，在本章的相關教學活動設計也以親子共同學習為主要教學目標，讓孩子和家長一起說演故事。在實施本活動設計的過程中，得到參與的親子們的良好反應，但是對於某些部分害羞的親子則是需要多一點鼓勵才能讓他們更參與其中。只是唯一稍感不足的地方則是時間的安排不夠詳細，每個活動太過緊湊以致於時間不足，一方面讓教學者總覺得還可以再深入一點；另一方面也讓參與的受教者感到意猶未盡下次還想再來。我想這個創意的活動大體上可以說是成功的設計。

第六章提出教養院場域創意閱讀教學中教養院場域的特徵、教養院製造差異的創意閱讀教學、布偶劇與廣播劇的輔助創意閱讀教學、相關的教學活動設計。從教養院場域的特徵可知，因為院童的

年齡都很小（12 歲以下）且大都來自家庭結構不健全或功能失調的家庭，所以他們生理及心智的發展。常有遲緩的現象，顯現於外的行為也多有偏失，需給予更多的愛心包容及更專業的照顧與輔導。而多數院童因先天條件不足，以致學業、成就、學習動機低落。但他們又是正值國小、國中的義務教育階段，為基礎學力建立最重要的時期。教養院的院童因有其特殊的背景，不同於一般的孩童，因此在推廣閱讀上也有其必要性。然而，志工的課業輔導並不等於閱讀教學。許多院童也許因為志工的輔導而將該完成的課業做完，但成績落後是為事實，不喜歡讀書的院童還是佔多數。因此，場域創意閱讀教學的目的，也在於能讓院童自然而然喜歡上閱讀。在教養院場域由於環境特殊，以致適合採用製造差異的創意閱讀教學。在製造差異方面，本章也提出相關的語文作品給教學者參考。兒童都喜歡玩扮演遊戲，藉著所扮演的角色，常常說出令人驚訝的事情。在教養院場域裡，院童因為環境因素，學習動機低落，因此在帶閱讀教學時，就必須以更有趣的手法來吸引院童們的目光。偶所呈現的說故事活動，不僅孩子喜歡，連大人也愛不釋手，因此放在教養院場域的閱讀教學中，更能讓院童的學習動機加深。此外，教學者如能在教學活動上設計讓院童操演偶戲，更可以培養院童的說話能力以及想像力。在教養院場域加入廣播劇，除了要以廣播劇豐富且精采的內容吸引院童院外，同時也可藉此訓練院童的聆聽與說話，幫助院童學習。以非制式教材作為活動設計內容。在非制式教材的選擇上因考量教養院場域的對象，本章的活動設計主要以同一本繪本故事作為題材，分別設計以布偶劇為輔助的創意閱讀教學設計活動以及廣播劇為輔助的創意閱讀教學活動設計。在實施的過程中，發現院童對偶的操作非常的喜歡，但是對於某些年紀較小的院童或是受創比較深的院童的表現來說，比一般的孩子還來得害羞，需要更多教學者的指引才能說出所要演出的劇情。這也提醒教學者必須有更多的耐心及細心的觀察才能幫助院童參與活動。

　　第七章提出志工培訓場域的創意閱讀教學中志工培訓場域的
特徵、志工培訓場域半全面性的創意閱讀教學、說演故事的輔助創
意閱讀教學、相關的教學活動設計。在志工培訓場域的特徵中可以
了解，志工在投身於服務的場域前，必須先有志工的概念，也就是
說必須先受過志工基礎和志工特殊訓練，才能了解當志工的真義。
此外，志工所服務的機構有很多種類，每個機構夠都需要其有專業
知識及技能的志工。因此，培訓志工有如辦學一樣，機構要能時常
為志工舉辦專業技能的培訓課程，才能讓志工可以在服務的場域內
如魚得水。因本研究為閱讀教學的課題，所以將培訓的課程的重點
放在說故事志工或是閱讀志工方面，其他領域的志工並不在本研究
範圍。就我所觀察了解現今的說故事志工（閱讀志工）培訓方面，
這領域的講師大都是一套理論走遍天下，雖然一方面可以建立自己
的特色，但一方面也讓長期投入此領域的志工感到課程了無新意。
所謂半全面性的創意閱讀教學，也就是在教學過程中只強調無中生
有的創意閱讀教學，或是只強調製造差異的創意閱讀教學，就可以
培訓出故事屋場域以及教養院場域的志工。至於學校場域的志工方
面，因學校場域以施予全面性的創意閱讀教學，志工在從事服務
時，可擇一創意和學校創意閱讀教學靈活使用。在志工培訓場域
中，由於教學者和受教者都是大人，人生經歷也都多於小朋友，因
此在文章的分析或是課程的理解，應該能有更多的互動與學習；而
教學者所要學習的就是要比被教者閱讀更多題材，放寬自己的眼
界，才能在志工培訓場域交出漂亮的成績單。同時本章也提出以說
演故事為創意閱讀教學的重點，並提出多種的說演故事方法提供給
教學者參考。最後的相關教學活動設計方面，志工培訓場域的創意
閱讀教學以說演故事為輔助，其目的是讓志工可以學習多元化的說
故事技巧。每個在志工培訓場域的講師（教學者）雖然各有自己的
上課風格，但目的都一樣，應是培養閱讀推廣的種子。因此，在此
小節所設計的教學活動，以實作作為開端，讓志工親身體驗當小朋

友的感覺，進而去調整自己在說故事時的方法和技巧。當然，志工培訓場域的創意閱讀教學應該不只短短三個小時就可以交代，一整個完整培訓可再加上如兒童文學的賞析、兒童心理探究、故事道具製作等等課程，這也是規畫志工培訓的承辦人所得注意的。

第二節　未來研究的展望

本研究所提出的場域創意閱讀教學，因時間、篇幅的有限，個人的見解也可能還有尚未穿透的層面，因此在最後一節中再予抒論以展望未來。大致上提出四個可以優先展望的層面：

一、場域概念的再擴及

「場域」所涵蓋的範圍有如本研究所探究的結果是非常廣泛的，因我所工作的環境限制，本研究只包含四個場域：學校場域、故事屋場域、教養院場域以及志工培訓場域，這些場域會隨著時間、社會意識、文化演進等等而有所改變，因此對未來研究的展望期許有其他場域的閱讀教學再被開發。因為我目前所處的工作性質為非營利組織，是為社會上的第三公部門，也就是我的工作也許目前是在為基金會推行閱讀教學以及品格教育，但是可以為弱勢團體所做的事情，仍然持續在計畫中，也期許未來的自己可以以此場域的概念去為更多的弱勢團體服務。

二、創意作品及教學法的列舉與收集

本研究創意作品的選用，侷限個人所接觸過的作品，今後可以依此模式再進行其他創意作品的收集與分析。如本研究因著重在孩童國小時期的閱讀教育，因此所選用的教材比較偏向短文、散文以

及故事，比較少論及青少年小說或是長篇小說，但未來研究者也可以一此模式來將此類文本再作廣泛的收集與分析，以提供國小以上的孩童學習。而創意教學法方面，本研究已盡最大努力收集多種教學法。因創意發想乃繫於教學者應時時反思自身的教學成果，教學法可以多變，但仍需與場域的限制作配合；相信熱衷於教學的教學者能時時刻刻創造有趣的創意教學法，讓受教者樂於學習，期許有更多有創意的教學法能夠現身讓更多教學者受惠。

三、進行更細緻的場域創意閱讀教學活動設計

本研究所涵蓋的四大場域非常的廣大，有感於個人能力、時間有限，因只能為各場域設計一～二個活動設計，從第四章到第七章中所論及的創意閱讀教學法可以更予深究。如在學校場域部分，本研究提出以非制式化教材作為活動設計的主要教材，雖然目的為讓教學者可以暫時跳脫制式化教材的拘束，但是因學校場域的特徵使然，學童主要還是接受制式化教材的教學，如何在制式化教材與非制式化教材之間作一個平衡，仍需要更多的心力去完成，這是未來研究者可以再去深入研究的。而在故事屋場域的讀者劇場和故事劇場，也因時間有限，只設計二個小時的課程，只能讓參與者初次體會讀者劇場和故事劇場，如能以學員都了解讀者劇場及故事劇場的運作的背景下再作其他設計，相信能為本活動設計予以更精緻的詮釋。至於在教養院場域所提出的布偶劇的活動設計裡，偶的形式有很多種，後繼研究者不妨可以其他偶來替代本研究中所使用的布偶，相信也能設計出不同的教學模式。最後在志工培訓場域的活動設計只能粗略以說演故事作為創意閱讀教學的輔助，未來研究者可依志工培訓場域的特徵，再作其他課程的設計，如兒童文學欣賞的創意閱讀教學等等，這都是可以再作後續研究的課題。

四、運用實際的教學以為檢證成效

　　由於本研究是理論建構，因個人能力、時間有限，沒機會作實證研究，所以在實證研究上可能會有特殊情況的發生而無法預先料想，造成理論建構的普遍性有待考驗，因此實際教學將是本研究最大的考驗。期許我自己或有興趣的研究者可以將這些活動設計實際運用在課堂上，進行教學成效的實證研究。

　　閱讀是學習的基礎，而生活處處都是閱讀的題材，有創意的教學能夠激起受教的學習意願，使受教者更樂於主動學習。而本研究所提出的場域概念，更是提醒教學者能更加認識本身所處的場域，並在所處的場域中發揮更多有創意的閱讀教學，期望日後有更多有志一同的教育夥伴願意在這個領域投入心血研究，為閱讀教學盡一份心力。

參考文獻

丁允中（2003），《教育改革與制度變遷──臺灣高等教育自由化的社會學分析》，臺灣大學社會學研究所碩士論文，未出版。

丁碧雲（1985），《兒童福利》，臺北：新潮。

天下雜誌編（2008），《閱讀，動起來》，臺北：天下雜誌教育基金會。

王生佳（2009），《閱讀教學策略對閱讀態度與能力影響之研究──以智慧國小三年級閱讀童話為例》，國立臺北教育大學語文與創作學系語文教學碩士班碩士論文，未出版。

王古魯譯（1996），青木正兒著，《中國近世戲曲史》，臺北：商務。

王世德主編（1987），《美學辭典》，臺北：木鐸。

王明仁、彭淑華、孫彰良（2008），《兒童保護的模式與服務》，臺中：家扶基金會。

王弘武譯（1987），Bochenski 著，《哲學講話》，臺北：鵝湖。

王臣瑞（2000），《知識論》，臺北：學生。

王其敏（1997），《視覺創意／思考與方法》，臺北：正中。

王怡棻（2007），〈說故事　說動親子市場〉，《遠見雜誌》，250，151-154。

王玲雁（2008），《閱讀動起來──以繪本融入生活課程之行動研究》，屏東教育大學幼兒教育學系碩士論文，未出版。

王為國（2006），《多元智能教育理論與實務》，臺北：心理。

王書芬譯（2000），Parent-Altier 著，《電影劇本寫作》，臺北：揚智。

王財印、吳百祿、周新富（2009），《教學原理》，臺北：心理。

王清和譯（1988），米羅諾夫（原名略）著，《歷史學家和社會學》，北京：華夏。

王國維（1975），《論曲五種》，臺北：藝文。

王國維（1981），《人間詞話》，臺南：大夏。

王紫虹（2005），《主題統整式的圖畫書閱讀教學行動研究──以中年級為例》，國立臺北教育大學語文教育學系碩士班碩士論文，未出版。

尹世英（1997），《劇場管理》，臺北：書林。

方素珍、郝洛玫（2003），《我有友情要出租著》，臺北：上堤。

白碧華（2007），《『偶』來說故事：多元、多樣、多層面的說故事方法》，臺北：菁品。

打狗543部落格（2010），〈另類教育：劉墉教子，「給我考零分」〉，網址：http://tw.myblog.yahoo.com/blogabc-yahoo/article?mid=5956&prev=5957&next=5955，點閱日期：2010.8.8。

石昭薰（2009），《學校志工參與動機與持續服務的研究——以桃園縣一所國民小學為例》，中原大學教育研究所碩士論文，未出版。

以葳譯（2007），Maxwell 著，《差異製造者——你的態度，決定你的競爭力！》，臺北：易富。

古艷麗（2006），《活動式閱讀教學之行動研究》，新竹教育大學人資處語文教學碩士班碩士論文，未出版。

朱似萼（2007），《國民小學閱讀教育政策執行情形及其影響因素之研究——以桃園縣深耕書田追求卓越專案計畫為例》，國立臺北教育大學教育政策與管理研究所碩士論文，未出版。

朱佩玲（2009），《多元智能融入國語文閱讀教學之研究》，輔仁大學教育領導與發展研究所碩士論文，未出版。

朱建民（2003），《知識論》，臺北：空中大學。

江素枝（2008），《可預測書教學及其對國小二年級學童閱讀理解能力及閱讀動機之影響》，臺南大學教育學系課程與教學碩士班碩士論文，未出版。

衣俊卿譯（1995），Cell,E.著，《宗教與當代西方文化》，臺北：桂冠。

余端長（2002），《育幼機構受虐兒童之社會適應研究初探——以內政部北區兒童之家為例》，中正大學社會福利研究所碩士論文，未出版。

余漢儀（1995），《兒童虐待——現象檢視與問題反省》，臺北：巨流。

何勝峰（2007），《最受歡迎的100個行銷故事》，臺北：德威。

吳若等（1985），《中國話劇史》，臺北：行政院文化建設委員會。

吳芝儀等譯（2001），Strauss, A.著，《扎根理論研究方法》，嘉義：濤石。

吳英長（2007），《兒童文學與閱讀教學》，臺東：吳英長老師紀念文集編委會。

吳春田（2001），《低年級兒童在故事教學中的讀者回應》，嘉義大學國民教育研究所教師在職進修教學碩士學位班論文，未出版。

吳烈文（2006），《圓一個閱讀教學與增能的夢——我和三個閱讀低成就學生的故事》，新竹教育大學人資處輔導教學碩士班碩士論文，未出版。

吳敏而（1994），〈文字書本概念與閱讀能力的關係〉，《國民小學國語科教材教法研究第三輯》，臺北：臺灣省國民學校教師研究會。

呂文峯（2007），《國小教師對教育改革知覺之研究──以雲林縣為例》，中正大學教育研究所碩士論文，未出版。

呂美慧（2003），《一個國小低年級教師對閱讀教學的信念與實踐》，臺中師範學院國民教育研究所碩士論文，未出版。

呂儀君（2008），《國民小學的讀報教育與媒體識讀之關聯性研究》，世新大學新聞學研究所碩士論文，未出版。

李世英（2005），《故事團體成員家庭互動轉化學習的研究──以新竹市科學城社區大學故事媽媽志工培訓為例》，臺灣師範大學社會教育學系在職進修碩士班碩士論文，未出版。

李連珠(1992)，〈早期兒童發展釋疑之一：兼談家庭閱讀活動〉，《臺中師範學院‧幼兒教育年刊》5，109-126。

李連珠(1995)，〈臺灣幼兒之讀寫概念發展〉，《幼教天地》，11，37-68。

李連珠（2006），《全語言教育》，臺北：心理。

李陸芳（2007），《閱讀教學增進幼兒說故事與閱讀習慣之行動研究》，臺北市立教育大學幼兒教育學系碩士班碩士論文，未出版。

李瑞騰（1991），《臺灣文學風貌》，臺北：三民。

李燕妮（2006），《分享式閱讀教學對國小低年級學童閱讀理解能力及閱讀動機之影響》，臺南大學教育學系課程與教學碩士班碩士論文，未出版。

李錦旭譯（1987），Blackledge,D & Hunt,B 著，《教育社會學理論》，臺北：桂冠。

杜宜玲（2005），《學校志工人員培訓與管理運作的研究：以臺北縣彭福國民小學為例》，元智大學資訊社會學研究所碩士論文，未出版。

杜明城譯（1999），Mihaly, C.著，《創造力》，臺北：時報。

杜慈容（1999），《童年受虐少年「獨立生活」經驗探討──以臺北市少年獨立生活方案為例》，臺灣大學社會學研究所碩士論文，未出版。

沈恒伃（2008），《國小校園的志工媽媽現象探討》，中山大學中國與亞太區域研究所碩士論文，未出版。

沈清松（1986），《解除世界魔咒──科技對文化的衝擊與展望》，臺北：時報。

岡田正章監修（1989），《幼稚園戲劇活動教學設計》，臺北：武陵。

林良譯（1998），曼佛列德、歐伯迪克著，《烏鴉愛唱歌》，臺北：格林。

林安全（2002），《讀寫萌發親職訓練方案成效之研究》，靜宜大學青少年兒童福利研究所碩士論文，未出版。

林佑齡譯（2006），Langrehr, J.著，《創意思考是教出來的/200 個益智問答，幫孩子掌握 29 個思考精要》，臺北：久周。

林良淯(2003)，《第七次全國教育會議對我國當前教育改革影響之研究》，臺灣師範大學教育研究所碩士論文，未出版。

林佳慧（2008），《自主學習融入閱讀教學對小二學童閱讀理解影響之行動研究》，國立臺北教育大學國民教育學系碩士班碩士論文，未出版。

林怡心（2002），《公共圖書館推行說故事活動之研究——以臺北市立圖書館為例》，淡江大學資訊與圖書館學系碩士論文，未出版。

林明皇(2006)，《創作性戲劇教學對國小學童創造力與自尊影響之研究》，大葉大學教育專業發展研究所碩士論文，未出版。

林真美譯（1996），Virginia Lee Burton 著，《小房子》，臺北：遠流。

林璧玉（2009），《創造性的場域寫作教學》，臺北：秀威。

邱天助（1998），《Bourdieu 文化再製理論》，臺北：桂冠。

邱婉芬(2006)，《繪本創意教學對國小二年級學生譬喻修辭創造力表現之影響》，淡江大學教育科技學系碩士班碩士論文，未出版。

孟瑤（1985），《中國戲曲史》，臺北：傳記文學。

金明瑋（2006），《糖果姊姊說故事　故事的天空》，臺北：財團法人基督教宇宙關懷全人機構。

周均育（2002），《兒童圖書館員、父母與幼稚園教師對幼兒閱讀行為的影響之調查研究》，中興大學圖書資訊學研究所，未出版。

周新富（2005），《Bourdieu 論學校教育與文化再製》，臺北：心理。

周慶華（1999），《思維與寫作》，臺北：五南。

周慶華（2002），《故事學》，臺北：五南。

周慶華（2003），《閱讀社會學》，臺北：揚智。

周慶華（2004a），《語文研究法》，臺北：洪葉。

周慶華（2004b），《創造性寫作教學》，臺北：萬卷樓。

周慶華（2007），《語文教學方法》，臺北：里仁。

周慶華（2008、4、10），〈收藏自己的方法〉，《國語日報》少年文藝版。

奇摩知識＋（2006 年 1 月 18 日），〈什麼是廣播劇〉，網址：http://tw.knowledge.yahoo.com/question/question?qid=1406011513457，點閱日期：2011、4、28。

姚一葦（1985），《藝術的奧秘》，臺北：開明。

姚一葦（1997），《戲劇原理》，臺北：書林。

姚一葦（2004），《戲劇原理》，臺北：書林。

洪文瓊、洪文珍（1996），《兒童讀物導讀方法與策略教學研究》，臺東：臺東師院。

洪月女譯（1998），Goodman, K.S.著，《談閱讀》，臺北：心理。

洪玉婷（2007），《Super3 技能融入國小一年級國語文閱讀教學之發展設計》，淡江大學教育科技學系碩士在職專班碩士論文，未出版。

洪采菱（2007），《廣泛閱讀與重複閱讀教學法對國小一年級學童識字能力、口語閱讀流暢力及閱讀理解之影響》，屏東教育大學教育心理與輔導學系碩士論文，未出版。

侯明志（2008），《胡錦濤時期中共文化外交之研究──以「孔子學院」為例》，銘傳大學社會科學院國家發展與兩岸關係碩士在職專班碩士論文，未出版。

姜添輝（2002），《資本社會中的社會流動與學校體系：批判教育社會學的分析》，臺北：高等教育。

姜龍昭（1985），《電視劇編寫與製作》，臺北：黎明。

柯華葳（1994），〈從心理學觀點談兒童閱讀能力的培養〉，《華文世界》，74，63-67。

柯華葳（1999），〈閱讀能力的發展〉，《語言病理學基礎第三卷》，81-120，臺北：心理。

柯華葳（2006），《教出閱讀力／培養孩子堅實的閱讀力，打開學習之門》，臺北：天下雜誌。

紀文進（2004），《我的父母是志工──描繪志工子女的學校生活圖像我的父母是志工──描繪志工子女的學校生活圖像》，臺北師範學院教育心理與輔導學系碩士班碩士論文，未出版。

胡永崇（1992），〈語文學習的認知心理學研究〉，《國教天地》，93，46-56。

施教裕（1998），〈兒童福利機關的行政重組和服務整合〉，輯於二十一世紀基金會主編，《美國兒童福利的借鏡》，臺北：中華徵信所企業股份有限公司。

郝明義、朱衣譯（2003），Doren,C. Van 著，《如何閱讀一本書》，臺北：商務。

海峽兩岸兒童文學研究會（2010），〈年度重點工作報告〉，網址：http://tcba.myweb.hinet.net/，點閱日期：2010.8.8。

桃園縣政府網站（2010），〈年度施政計畫──教育處〉，網址：http://www.tycg.gov.tw/site/index.aspx?site_id=026&site_content_sn=12906，點閱日期：2010.8.8。

財團法人黃烈火社會福利基金會（2011），〈創辦人的話〉，網址：http://www.hlh.org.tw/About.asp?id=2，點閱日期：2011、3、21。

孫惠柱（2006），《戲劇的結構與解構》，臺北：書林。

孫智綺譯（2002），Bonnewitz, P.著，《布赫迪厄社會學的第一課》，臺北：麥田。

徐翊瑄（2008），《建構多文本閱讀教學之行動研究》，國立臺北教育大學課程與教學研究所碩士論文，未出版。

高敏麗（2004），《從九年一貫課程綱要國語文能力指標探討國小國語文閱讀教學》，新竹教育大學臺灣語言與語文教育研究所碩士論文，未出版。

陳木金指導（2001），《學校本位的課程統整與主題學習：臺北市中興國小、福星國小教師行動研究的成長記錄》，臺北：揚智。

陳正之（1991），《掌中功名──臺灣的傳統偶戲》，臺中：臺灣省政府。

陳玉如（2007），《閱讀教學教導自我發問策略之研究》，花蓮教育大學國民教育研究所碩士論文，未出版。

陳秀玲（2010），《資訊科技融入閱讀教學對學生閱讀理解效應之行動研究》，國立臺北教育大學課程與教學研究所碩士論文，未出版。

陳佳萍（2009），《多元文化教育融入閱讀教學之行動研究》，嘉義大學國民教育研究所碩士論文，未出版。

陳來紅（2005），〈袋鼠媽媽的努力與回憶。10 寫真書香拓荒史〉，《書香遠傳》，21，38-41。

陳怡惠（2008），《閱讀教學對兒童創造力的影響──以臺北市國小四年級為例》，臺灣師範大學創造力發展碩士在職專班碩士論文，未出版。

陳武雄（2004），《志願服務理念與實務》，臺北：揚智。

陳佩甄（2004），《國民小學說故事義工團體之研究──花蓮故事媽媽與我的故事》，花蓮師範學院鄉土文化研究所碩士論文，未出版。

陳家詡（2003a），〈毛毛蟲基金會讓兒童進入哲學世界〉，《書香遠傳》，1，32-35。

陳家詡（2003b），〈貓頭鷹圖書館 相招來讀冊〉，《書香遠傳》，3，38-41。

陳家詡（2003c），〈華婉兒童圖書館 陪伴新竹孩子〉，《書香遠傳》，6，28-31。

陳家詡（2003d），〈臺中小大繪本館　不一樣的讀書會　帶著小朋友一起讀繪本〉，《書香遠傳》，2，44-47。

陳密桃（1992），〈從認知心理學的觀點──談閱讀教學〉，《國立高雄師範大學「教育文粹」》，21，10-19。

陳秉璋（2000），《道德規範與倫理價值》，臺北：業強。

陳淑真（2007），《資訊科技融入國小一年級閱讀教學之成效研究》，國立臺北教育大學語文與創作學系語文教學碩士班碩士論文，未出版。

陳祥雲（2005），《一位國小教師國語科創意教學之研究》，國立臺北教育大學課程與教學研究所碩士論文，未出版。

陳景輝（2007），《SQ3RD 科學閱讀教學活動對學童科學文章閱讀之研究》，屏東教育大學數理教育研究所碩士論文，未出版。

陳雅鈴（2004），《一個班級的統整課程與閱讀教學的探究──以主題「新的開始」為例》，臺東師範學院兒童文學研究所碩士論文，未出版。

陳曉卉（2008），《國小學童班級閱讀環境、教師閱讀教學信念與閱讀態度之研究》，臺北市立教育大學課程與教學研究所碩士班碩士論文，未出版。

陳曉俐（2008），《運用讀者反應理論於閱讀教學之行動研究》，國立臺北教育大學課程與教學研究所碩士論文，未出版。

陳龍安（1994），〈創意人的十二把金鑰（上）〉，《創造思考教育》，6：35-52。

袁德成譯（1987），Fowler,R 著，《西方文學批評術語》，成都：四川人民。

郭靜晃（2004），《兒童福利》，臺北：揚智。

富米（2002.9.27），〈誰最壞？〉，《中國時報》第 38 版。

張世彗（2003），《創造力/理論.技術/技法與培育》，臺北：張世彗。

張紉（2000），〈青少年安置服務福利屬性之探討〉，《臺大社會工作學刊》，2：191-215。

張素真（2008），《婦女志工服務學習歷程的研究──以南投縣草屯國小故事媽媽為例》，暨南國際大學成人與繼續教育研究所碩士論文，未出版。

張耀水（2007），《兒童故事屋家長消費體驗與消費意願實證之研究》，世新大學資訊傳播學研究所碩士論文，未出版。

張曉華（1999），《創作性戲劇原理與實作》，臺北：財團法人成長文教基金會。

教育部國語推行委員會編纂（2011），《重編國語辭典修訂本》，網址：
　　http://dict.revised.moe.edu.tw/cgi-bin/newDict/dict.sh?idx=dict.idx&con
　　d=%BCf%AC%FC&pieceLen=50&fld=1&cat=&imgFont=1，
點閱日期：2011.1.28。
商金龍（2007），《100 個故事 100 個哲理》，臺北：廣達。
莊國民（2008），《以創新傳佈理論探討互動科技媒體應用於說故事活動
　　之研究》，元智大學資訊傳播學系碩士論文，未出版。
雲林故事館（2011），《雲林故事館 4 月份活動訊息》網址：http://www.
　　ylstoryhouse.org.tw/?inter_url=activities&n_id=325，點閱日期：2011、
　　3、21。
馬森（2002），《臺灣戲劇──從現代到後現代》，宜蘭：佛光人文社會
　　學院。
許美雲（2008），《不同重複閱讀教學法對國小一年級學童認字能力、閱讀
　　流暢度與閱讀理解之影響》，屏東教育大學教育心理與輔導學系碩士
　　論文，未出版。
許淑芬（2006），《臺北市國小教師實施閱讀教學現況之探討》，臺北市立
　　教育大學課程與教學研究所碩士論文，未出版。
許惠晶（2008），《說故事‧聽故事「故事屋」在臺灣的崛起與運作之探
　　討》，嘉義大學幼兒教育學系研究所碩士論文，未出版。
許霞君（2009），《國民小學故事志工團體的研究──以臺中市傳智國小
　　為例》，臺中教育大學教育學系碩士論文，未出版。
連啟舜（2002），《國內閱讀理解教學研究成效之統合分析研究》，臺灣師
　　範大學教育心理與輔導研究所碩士論文，未出版。
郭鴻從（2009），《高雄縣國小學校志工管理與志工參與學校事務動機關
　　係的研究》，臺東大學教育學系碩士論文，未出版。
郭鴻從（2009），《高雄縣國小學校志工管理與志工參與學校事務動機關
　　係的研究》，臺東大學教育學系碩士論文，未出版。
郭寶駕（2009），《導讀志工參與國小閱讀活動的研究──以臺北市永樂
　　國小為例》，臺東大學語文教育學系碩士班碩士論文，未出版。
傅大為（1994），《基進筆記》，臺北：桂冠。
傅佩榮等（1995），〈儒家倫理現代化〉，《哲學雜誌》，12，6-7。
曾永義（1986），《中國古典戲劇論集》，臺北：聯經。
曾永義（2000），《戲曲源流新論》，臺北：立緒。
曾仰如（1987），《形上學》，臺北：商務。

湯慧屏（2007），《學校營造閱讀特色之研究——以一所臺灣中南部國小為例》，嘉義大學國民教育研究所碩士論文，未出版。

覃詩（2008），《讀者劇場對國小五年級學生英文認字能力、學習態度及英語成績影響之研究》，朝陽科技大學幼兒保育系碩士班碩士論文，未出版。

黃佳琪（2007），《故事志工對兒童的啟發：以臺中故事協會為例》，南華大學教育社會學研究所碩士論文，未出版。

黃迺毓譯（1990），Babette Cole 著，《精采過一生》，臺北：三之三。

黃貞瑜（2007），《Blog 出閱讀的火花——國小四年級學童網路讀書會之行動研究》，屏東教育大學教育科技研究所碩士論文，未出版。

黃孟嬌譯（1998），Susan,E.著，《孩子說的故事／了解童年的敘事》，臺北：成長基金會。

黃春秀執行編輯、國立歷史博物館編輯委員會編輯（2007），《臺灣生活館／偶戲之美》，臺北：國立歷史博物館。

黃家勳（2008），《科學數位遊戲改編之繪本電子書閱讀教學對國小五年級學生問題解決能力影響之研究》，國立臺北教育大學自然科學教育學系碩士班碩士論文，未出版。

黃翠蓮（1999），《公務機關志願工作人員參與動機、領導型與組織承諾之研究——以臺北市政府志工為例》，南華大學教育社會研究所碩士論文，未出版。

黃靜芳（2001），《概念取向閱讀教學對閱讀動機、閱讀策略、閱讀理解與概念性知識之影響》，政治大學教育學系碩士論文，未出版。

黃璨慶（2006），《「概念構圖」運用於閱讀教學之行動研究——以晨間閱讀班的學生為例》，花蓮教育大學語文科教學碩士班碩士論文，未出版。

楊文廷（2008），《運用閱讀部落格推動國小五年級閱讀教學之研究》，東華大學教育研究所碩士論文，未出版。

楊玉蓉（2009），《一個小學三年級班級閱讀教學研究——以賴馬圖畫書為例》，臺東大學兒童文學研究所碩士論文，未出版。

楊如蒼（2003），《學習型家庭志工參與動機,參與程度與其組織氣氛之研究——以新竹市中小學校建立學習型組織活化推動計劃為例》，嘉義大學家庭教育研究所碩士論文，未出版。

楊幸枝，（2008），《創造性閱讀教學對國小低年級學童語文創造力之影響》，嘉義大學國民教育研究所碩士論文，未出版。

楊玲枝（2007），《帶領國小志工參與故事劇團運作歷程的研究》，新竹
　　教育大學人資處輔導教學碩士班碩士論文，未出版。

楊美齡（2004），《新臺灣之子》家庭環境與學校生活適應之研究──以
　　臺北市為例》，中央警察大學交通管理研究所碩士論文，未出版。

楊惠芳（2010.12、8），〈國際閱讀素養評比　我退到 23 名〉，《國語日報》
　　第 1 版。

溫雅婷（2008），《以 ARCS 動機模式與資訊科技融入閱讀教學之行動研
　　究》，國立臺北教育大學課程與教學研究所碩士論文，未出版。

葉玉珠（2006），《創造力教學──過去、現在與未來》，臺北：心理。

葉長海（1990），《戲劇發生與生態》，臺北：駱駝。

葉長海（1991），《當代戲劇啟事錄》，臺北：駱駝。

葉益青（2008），〈走進雲林故事館　一段時光的約會〉，《書香遠傳》，64，
　　32-35。

葉琬華（2005），《從多元文化主義論臺灣東南亞外籍配偶輔導政策──
　　澳洲多元文化經驗對我國的啟示》，中央警察大學外事警察研究所碩
　　士論文，未出版。

維基百科（2011），《廣播劇》，網址：http://wikipedia.tw/，點閱日期：2011、
　　4、28。

鄧志浩口述、王鴻佑執筆（1997），《不是兒戲：鄧志浩談兒童戲劇》，臺
　　北：張老師。

趙雅博（1979），《知識論》，臺北：幼獅。

廖韻奇（2006），〈新興的文化創意產業　兒童故事館的經營與發展〉，《美
　　育》，154，40-49。

葉肅科、蔡漢賢主編（2002），《五十年來的兒童福利》，中華社會行政
　　學會。

寫作天下編委會主編（2007），《大家來寫酷作文 2》，臺北：新潮社。

劉育珠譯（2001），Klein 著，《天空不藍，仍然可以歡笑》，臺北：張老師。

劉軒（1993），《屬於那個叛逆的年代》，臺北：水雲齋。

劉輝（1992），《小說戲曲論集》，臺北：貫雅。

劉能賢（2001），《國小五年級創造思考閱讀教學之行動研究──以「冒險」
　　主題為例》，國立臺北師範學院課程與教學研究所碩士論文，未出版。

劉雄夫（2006），《國小資源班語文學習困難學生閱讀能力表現與閱讀教學
　　之調查研究──以臺南市為例》，臺南大學特殊教育學系碩士班碩士
　　論文，未出版。

潘姿吟（2006），《說故事賺大錢，劇團科際人搶兒童商機》，網址：http://tw.myblog.yahoo.com/jw!bR1hxNWXHgOvjgk6bgosURYxfq4-/article?mid=23，點閱日期：2011.3.16。

蔡忠課（2006），《國小彈性課程創意教學之實驗研究》，大葉大學教育專業發展研究所碩士論文，未出版。

蔡伸章譯（1988），Rifkin, J.著，《能趨疲：新世界觀——二十世紀人類文明的新曙光》，臺北：志文。

蔡慧鈴（2006），《國小學童知覺教師閱讀教學行為與其閱讀動機之關係研究——以臺中縣為例》，東海大學教育研究所碩士論文，未出版。

蔡蕙如（2000），《學習外一章：運用兒童讀物實施全語文教學活動之行動研究——以一個課輔班為例》，國立臺北師範學院課程與教學研究所碩士論文，未出版。

談麗梅（2002），《兒童閱讀運動中教師推行信念、學校策略與兒童閱讀態度之研究》，國立臺北師範學院國民教育研究所碩士論文，未出版。

鄭宇樑（1997），《後設認知教學對國小學生科學文章閱讀理解、閱讀態度及後設認知能力影響之研究》，臺南師範學院國民教育研究所碩士論文，未出版。

鄭淑珍（2005），《教育志工參與及其組織網絡分析：以桃園縣中山國小為例》，元智大學資訊社會學研究所碩士論文，未出版。

鄭黛瓊譯（1999），Juliana Saxton 著，《戲劇教學》，臺北：心理。

鄭麗玉（2000），《認知與教學》，臺北：五南。

蔣麗蓮（1982），《廣播電視學研究》，臺北：黎明。

盧彥芬（2004），《故事媽媽照鏡子》，臺東大學兒童文學研究所碩士論文，未出版。

盧冀野（1975），《中國文學八論：戲劇論》，臺北：清流。

貓頭鷹圖書館（2011），〈服務內容〉，網址：http://www.owltale.org.tw/owlpage/service.htm，點閱日期：2013.3.21。

蕭名均（2009），《國小教師、家長與學生對科學類兒童讀物的閱讀觀點與閱讀狀況之調查研究》，臺中教育大學科學應用與推廣學系科學教育碩士班碩士論文，未出版。

鍾明德（1995），《從寫實主義到後現代主義》，臺北：書林。

賴馬（1999），《慌張先生》，臺北：信誼基金。

賴馬（2004），《十二生肖的故事》，新竹：和英。

賴芳伶（1986），〈話本小說緒論〉，《中國文學講話（七）兩宋文學》，臺北：巨流。

賴添發（2003），《校園說故事義工活動現況與推展之研究——以臺南縣市為例》，東海大學社會工作學系碩士論文，未出版。

賴慶雄（1991），《看故事學語言》，臺北：國語日報。

薛惠月（2007），《國小學生繪本閱讀教學與英語學習動機之相關研究》，高雄師範大學英語學系碩士論文，未出版。

謝永坤（2007），《國小志工參與學校教育事務與自我成長關係的探討》，屏東科技大學技術及職業教育研究所碩士論文，未出版。

謝幸雯（2010），《多媒體繪本重複閱讀教學對國語學業成就低落學童閱讀學習成效之研究》，國立臺北教育大學特殊教育學系碩士班碩士論文，未出版。

謝佩璇譯（2000），梅妮妮、辛西雅著，《好大的風》，臺北：格林。

謝夢穎（2003），〈家長社會背景與學生學業成就關連性之研究〉，《國立臺灣師範大學教育研究集刊》，49：255-287。

謝國村（2003），《國小語文領域平衡閱讀教學實施之行動研究》，臺南大國民教育研究所碩士論文，未出版。

謝鴻文（2006），《凝視臺灣兒童文學的重鎮——桃園縣兒童文學史》，臺北：富春。

鍾家瑄（1992），《說故事之研究》，臺灣大學圖書館資訊研究所碩士論文，未出版。

鍾張涵（2008），〈提升兒童識讀能力與媒體近用研究——以《國語日報》實施 NIE 為例》，世新大學新聞學研究所碩士論文，未出版。

鍾譯萩（2007），《運用合作學習法於線上閱讀教學之研究——以國小六年級自然與生活科技閱讀教學為例》，雲林科技大學資訊管理系碩士班碩士論文，未出版。

韓雪屏（2000），《中國當代閱讀理論與閱讀教學》，成都：四川教育。

魏青蓮（2004），《成為教室裡的主人——我在閱讀教學中的實踐》，新竹教育大學進修部課程與教學碩士班碩士論文，未出版。

關永中（2002），《知識論（二）——近代思潮》，臺北：五南。

嚴安安等（1999），《創意教學》，臺北：聯經。

蘇怡如（2009），《Podcast 之教育應用——以國小四年級閱讀教學為例》，國立臺北教育大學教育傳播與科技研究所碩士論文，未出版。

顧志文（2010），《臺海兩岸的未來——新功能主義觀點》，國防大學政治作戰學院政治研究所碩士論文，未出版。

Beck, I. L. (1989). Improving practice through understanding reading. In L. B. Resnick & L. E. Klopfer (Eds.), *Toward to thinking curriculum: Current cognitive reasearch* (pp. 40-58).

Teale, W. H. and Sulzdy, E. (1986). *Emergent Literacy：Writing and Reading，Norwood,* NJ:Ablex.

社會科學類　PF0069　東大學術 40

場域創意閱讀教學

作　　者 / 黃紹恩
責任編輯 / 陳佳怡
圖文排版 / 陳宛鈴
封面設計 / 王嵩賀

發 行 人 / 宋政坤
法律顧問 / 毛國樑　律師
印製出版 / 秀威資訊科技股份有限公司
　　　　　114 台北市內湖區瑞光路 76 巷 65 號 1 樓
　　　　　電話：+886-2-2796-3638　傳真：+886-2-2796-1377
　　　　　http://www.showwe.com.tw
劃撥帳號 / 19563868　戶名：秀威資訊科技股份有限公司
　　　　　讀者服務信箱：service@showwe.com.tw
展售門市 / 國家書店（松江門市）
　　　　　104 台北市中山區松江路 209 號 1 樓
　　　　　電話：+886-2-2518-0207　傳真：+886-2-2518-0778
網路訂購 / 秀威網路書店：http://www.bodbooks.com.tw
　　　　　國家網路書店：http://www.govbooks.com.tw
圖書經銷 / 紅螞蟻圖書有限公司
　　　　　114 台北市內湖區舊宗路二段 121 巷 28、32 號 4 樓
　　　　　電話：+886-2-2795-3656　傳真：+886-2-2795-4100

2011 年 12 月 BOD 一版
定價：450 元
版權所有　翻印必究
本書如有缺頁、破損或裝訂錯誤，請寄回更換

國家圖書館出版品預行編目

場域創意閱讀教學 / 黃紹恩著. -- 一版. -- 臺北市：秀威
　資訊科技, 2011. 12
　　面 ；　 公分. -- (社會科學類 ；PF0069)(東大學術 ；
40)
　BOD 版
　ISBN 978-986-221-874-7(平裝)

　1. 閱讀指導　2. 創意思考教學

019.1   100022535

讀 者 回 函 卡

感謝您購買本書，為提升服務品質，請填妥以下資料，將讀者回函卡直接寄回或傳真本公司，收到您的寶貴意見後，我們會收藏記錄及檢討，謝謝！
如您需要了解本公司最新出版書目、購書優惠或企劃活動，歡迎您上網查詢或下載相關資料：http:// www.showwe.com.tw

您購買的書名：＿＿＿＿＿＿＿＿＿＿＿＿＿＿＿＿＿＿＿＿＿＿＿＿

出生日期：＿＿＿＿＿年＿＿＿＿＿月＿＿＿＿日

學歷：□高中 (含) 以下　　□大專　　□研究所 (含) 以上

職業：□製造業　□金融業　□資訊業　□軍警　□傳播業　□自由業
　　　□服務業　□公務員　□教職　　□學生　□家管　　□其它＿＿＿

購書地點：□網路書店　□實體書店　□書展　□郵購　□贈閱　□其他

您從何得知本書的消息？

　　□網路書店　□實體書店　□網路搜尋　□電子報　□書訊　□雜誌
　　□傳播媒體　□親友推薦　□網站推薦　□部落格　□其他＿＿＿＿＿

您對本書的評價：（請填代號　1.非常滿意　2.滿意　3.尚可　4.再改進）

　　封面設計＿＿＿　版面編排＿＿＿　內容＿＿＿　文／譯筆＿＿＿　價格＿＿＿

讀完書後您覺得：

　　□很有收穫　□有收穫　□收穫不多　□沒收穫

對我們的建議：＿＿＿＿＿＿＿＿＿＿＿＿＿＿＿＿＿＿＿＿＿＿＿＿

＿＿＿＿＿＿＿＿＿＿＿＿＿＿＿＿＿＿＿＿＿＿＿＿＿＿＿＿＿＿＿＿

＿＿＿＿＿＿＿＿＿＿＿＿＿＿＿＿＿＿＿＿＿＿＿＿＿＿＿＿＿＿＿＿

11466
台北市內湖區瑞光路 76 巷 65 號 1 樓

秀威資訊科技股份有限公司　　　收

BOD 數位出版事業部

....

（請沿線對折寄回，謝謝！）

姓　　名：_____　年齡：_____　性別：□女　□男

郵遞區號：□□□□□

地　　址：_____

聯絡電話：(日)_____(夜)_____

E-mail：_____